大学·知识·政策

该成果获2023年广东省哲学社会科学规划一般项目资助
项目名称：学科评估（CDE）影响地方双一流大学内部治理及学科结构研究GD23CJY02

科研评价系统 诞生与变革

【英】理查德·惠特利（Richard Whitley）
【英】约翰·格拉瑟（Jochen Glaser）　著

蒋林浩　吴思颖　译

The Changing Governance of the Sciences

The Advent of Research Evaluation Systems

上海交通大学出版社
SHANGHAI JIAO TONG UNIVERSITY PRESS

图书在版编目(CIP)数据

科研评价系统：诞生与变革/(英)理查德·惠特
利(Richard Whitley),(英)约翰·格拉瑟
(Jochen Glaser)著；蒋林浩,吴思颖译. —上海：
上海交通大学出版社,2023.9
书名原文：The Changing Governance of the
Sciences：The Advent of Research Evaluation
Systems
ISBN 978-7-313-28568-3

Ⅰ.①科… Ⅱ.①理…②约…③蒋…④吴… Ⅲ.
①高等学校—科学研究工作 Ⅳ.①G644

中国国家版本馆 CIP 数据核字(2023)第 082116 号

上海市版权局著作权合同登记号：图字：09-2021-057

科研评价系统：诞生与变革
KEYAN PINGJIA XITONG：DANSHENG YU BIANGE

著　　者：[英]理查德·惠特利　约翰·格拉瑟　　　译　　者：蒋林浩　吴思颖
出版发行：上海交通大学出版社　　　　　　　　　　地　　址：上海市番禺路 951 号
邮政编码：200030　　　　　　　　　　　　　　　　电　　话：021-64071208
印　　制：苏州市越洋印刷有限公司　　　　　　　　经　　销：全国新华书店
开　　本：880mm×1230mm　1/32　　　　　　　　印　　张：10.75
字　　数：266 千字
版　　次：2023 年 9 月第 1 版　　　　　　　　　　印　　次：2023 年 9 月第 1 次印刷
书　　号：ISBN 978-7-313-28568-3
定　　价：78.00 元

版权所有　侵权必究
告读者：如发现本书有印装质量问题请与印刷厂质量科联系
联系电话：0512-68180638

译者序

科研评价改革是近十年来科研体制改革和教育评价改革的热点话题。虽然大学与科研机构的科研工作对国家和地区发展有重要的战略意义，但政府不再认为研究与经济社会目标的实现是线性相关的，而是意识到科研与公共需求之间关系的复杂性和关联性。然而，科研规模的增长意味着经费需求的上升，资源的有限性促使政府对科研的投入是有选择的，也是有所要求的。越来越多国家通过筛选和监控科研项目或者科研机构来引导研究方向，科学家的科研工作也逐步从兴趣导向转变为国家需求导向。科研评价系统成为链接政府和高校或科研机构的重要媒介或工具。不同的国家对科研评价系统的管理程度和评价措施不一，科研评价系统对高校和科研机构的管理、知识生产的组织、知识多样性与使用的影响也有不同的效果。不同科研评价系统的制度化过程和社会影响程度需要跟当地的社会背景、政治和经济制度本质结合。在中国高等教育重点建设工程实施以来的40年，中国的高等教育也步入了在科研评价系统影响下快速发展的40年。这40年我国高教和科学系统形成了系列评价制度和评价方法，这些规模导向的评价系统推动了我国科学工作的快速进步，但其指挥棒效应也为科学界带来了一些新问题，如"五唯"（唯论文、唯职称、唯学历、唯奖励、唯帽子），要破解这些科研评价影响，需要从社会学系统角度来理解科研评价系统的作用，要了解不同国家的科研评价系统的发展历史阶段及其社会影响类型和程度差别，从而改革原有的科研评价系统，建立有助于知识生产和社会进步的科研评价体系。

《科研评价系统：诞生与变革》共十二章，可分为三大部分。

第一部分为第一章。理查德·惠特利（Richard Whitley）介绍了二战后科研评价系统在世界各国盛行的缘由，分析了不同国家科研评价系统的特点及其影响，包括不同类型科研评价体系对公共科学资助政策的影响、对科研人员和大学的系列影响；在此基础上，理查德·惠特利从影响程度和信息公开维度把科研评价体系分为弱式评价体系和强式评价体系，并专门分析了强式评价体系影响知识生产的五个方面，包括会增强与他人竞争的意识，会形成一套学科领域的科研质量评价标准，会减弱学术研究目标和方法的多样性，会抑制学科新领域的开发和新目标的提出，会导致研究人员、研究团队和科研机构的分层等。作者在分析国家公共科学系统的六个特征如何影响科研评价系统运作的基础上，认为尽管强式科研评价系统对科学领域有一些普遍性影响，但是其实际影响常常与国家公共科学系统特征相互作用，因此，强式科研评价体系对不同特征的科学领域也有不同影响。

第二部分为第二章到第十一章。该部分介绍和分析了不同国家科研评价体系的实施、特征、方法和影响。拉尔斯·恩瓦尔和索斯藤·尼布姆（Lars Engwall and Thorsten Nybom）从经济学角度介绍了瑞典政府如何通过机构控制、输入控制和产出控制来实施瑞典大学的科研资源分配；罗伯特·内勒（Robert Kneller）总结战后日本科研体系的主要特征以及前瞻性评估的作用，并思考回顾性评价的出现对未来研究的方向和组织产生的影响。彼得·魏因加特和马森（Peter Weingart and Maasen）分析了德国大学如何转变为"创业型大学"以及"企业精神"如何推动数字问责来重组科学与社会之间的关系。约翰·格拉瑟和格瑞特·劳德尔（Jochen Glaser and Grit

Laudel)探讨了文献计量评价方法的引入、流行和模态、该方法的市场营销过程及其对科学政策的影响,以及如何引进质量控制准则和机制以克服其产生的一些有害影响。约翰·格拉瑟和格瑞特·劳德尔还介绍了澳大利亚研究评估系统的资助公式,分析了纯量化资助公式对澳大利亚的大学、资助环境、大学学者、知识生产产生的预期和非预期影响。斯特凡·兰格(Stefan Lange)访谈了德国五个学科的学者和所在学院的院长,探讨了新公共管理、绩效管理和卓越竞争等对德国大学学者的时间、知识产出、研究驱动力和学术压力等产生的直接影响以及学者们的适应模式。克里斯托弗·斯恩和邬·席曼克(Christof Schiene and Vwe Schimank)以一位工程学教授对下萨克森州的科研评估活动的批评为导引,通过对化学(代表自然科学)和历史(代表人文社科)两门学科的实证研究,证实了科研评价体系对学者心目中的"好"研究的认识的影响。巴伦德·范德默伦(Barend Van Der Meulen)认为科研评估是荷兰的科研体制和学科治理方案的一种新现象,其不直接影响政府拨款,却直接影响大学治理方法和对研究质量的定义。劳拉·克鲁兹·卡斯特罗和路易斯·桑兹·梅内德斯(Laura Cruz-Castro and Luis Sanz-Menendez)分析了西班牙的科研体系中的个体评价和机构评价,西班牙是唯一一对科研工作者进行系统化个体评价的国家,这意味着科研评价系统对学者个人的影响是非常直接的。苏珊·科仁斯(Susane E. Cozzens)反思了美国的成果导向科研管理体系是否真的有回报的问题:一方面科研评价体系是否改善了国家科研水平,另一方面,科研评价体系是否导致研究创造力的下降。对这些问题的反思对我们如何看待科研评价体系是颠覆性的,更是重构性的。

第三部分是第十二章。基于第二部分对不同国家的科研评价系统的分析,约翰·格拉瑟在本章聚焦科学政策和知识生产之间的联系,尤其关注科学知识生产的主要社会背景,即科学社群,从社会学的角度分析科研评价系统如何影响知识生产的社会秩序变化。认为对科学社群的忽视会导致对科学知识生产和生产管理的社会结构的忽视。于是，他把科学社群带回研究范围。科学社群有着自己独特的社会秩序，这个秩序会蔓延至所有的科学政策机构和组织中。基于此，约翰·格拉瑟研究了科研评价系统在科学社群的社会秩序管理中的地位，分析了实施科研评价系统的理由，介入型和竞争型科研评价体系的特征，以及大学如何回应科研评价体系。总体来看，认为尽管科研评价系统能否大幅提高研究绩效依然存疑，但学者普遍同意科研评价系统是新的准市场等级体系，其通过扩大具有重要影响力的质量评估领域范围，使科学领域在整体上更加关心质量问题。除此之外，约翰·格拉瑟还提出了可以从"市场失灵"和"等级体系失灵"两个角度来讨论科研评价系统的可能缺陷。

近十年，中国的科研评价系统也高度活跃。科研项目评价、科研成果评估、学科评估、博硕士学位点评估等同类评估工作也在不断摸索中前进，科研评价已然成为我国高等教育资源和科研资源分配的重要参考或依据。从不同国家的科研评估体系及其影响程度看，科研绩效的数字化为政府资金分配提供了很好的工具。新公共管理主义认为科研评价关注效率和效能，通过结果问责机制来激励高校参与竞争，提高了政府资金使用的有效性。然而，也有学者认为科研评价作为隐形指挥棒，对高等教育界、科研机构、知识生产、学者个人都产生了一些负面作用。因此，越来越多国家开始反思科研评价体系与学术研究质量之间的关系，越来越多学者认为科研评价体系促使了研究人员分层分级，学术资源不断向主流研究者倾斜，其他边缘学科、非主流研究者或者年轻研究者处于资源竞争中的下游方。这些影响无疑需要引起科学界和高等教育界的警醒和重视。现有研究鲜有从科学的社会秩序角度来研究科研评价系统的影响。因此，《科研评价系统：诞生与变革》一书为深刻认识科研评价体系带来了新的视角，为我国科研评价改革提供了有益参考。

　　本书翻译工作由华南师范大学的蒋林浩和华南师范大学附属中学的吴思颖承担。主译者蒋林浩博士毕业于北京大学教育学院，现为华南师范大学教育学副研究员，主攻高等教育、研究生教育、科研评估和管理研究方向。本书在翻译过程中还得到北京大学教育学院沈文钦的指导，华南师范大学硕士研究生李晓兰、张艳鹿等的支持。

蒋林浩

2023 年 5 月

前　言

　　本书萌芽于 2003 年在哥本哈根举行的欧洲组织研究小组讨论会（European Group for Organization Studies Colloquium），会上拉尔斯·恩瓦尔（Lars Engwall）和理查德·惠特利（Richard Whitley）针对未来研究的方向等重要议题进行了对话。我们一致认为，研究评估计划的快速增长（尤其在欧洲）是国家、大学和科研之间关系变化的一个重要特征，这个观点在随后的各项实践中得到证实，也需要我们进行更系统的比较分析。

　　在瑞典银行百年基金会（Bank of Sweden Tercentenary Foundation）的支持下，这次对话还促成了在乌普萨拉和曼彻斯特举行的一个研讨会，该研讨会聚集了来自澳大利亚、德国和荷兰的同行，对该议题的主要研究框架因此得以形成。该框架随后成为 2005 年比勒费尔德会议的基础。本书大部分章节的早期版本，也在本次会议上进行了介绍和热烈讨论。

　　我们非常感谢欧洲委员会（European Commission）的 PRIME 网络和马克斯·普朗克科学史研究所（Max Planck Institute for the History of Science）对本次会议的支持，也同样感谢来自比勒费尔德大学的彼得·魏因加特（Peter Weingart）的付出。我们也非常感谢本书编辑委员会的成员，他们对本书的论文多版草稿进行评论，同时感谢担任评审员的艾恩特·艾尔增格（Aant Elzinga），斯蒂芬·库曼（Stefan Kuhlmann），菲利普·拉雷多（Philippe Laredo），阿尔瑞·里普（Arie Rip）和尼克·维诺塔斯（Nic Vonortas）。在本书的出版准备工作中，我们也得到了凯瑟琳·莫里斯（Kathryn Morrison）的大力协助，我们对此表示感谢。另外也非常感谢凯特·贝克（Kate Barker）在与 PRIME 网络、作者和评审者的联络工作中提供的帮助。

理查德·惠特利（Richard Whitley）

约翰·格拉瑟（Jochen Glaser）

目　录

第一章
公共科学的管理变革：科研评价体系的建立对不同国家与科学领域知识生产的影响

理查德·惠特利
Richard Whitley

一、引言

二战后，世界经合组织(Orgnization for Economic Cooperation and Development，OECD)的成员国对国家的科学技术政策有越来越深入的讨论，这些讨论涉及了国际科学技术政策的不同阶段和不同范式(Ruivo，1994)，既体现现了工业化国家对科研的差异化认识，也反映了公共科研体系的规模和复杂度的变化(详见如 Brooks，1990；Freeman and Soete，1997：374-395；Martin，2003)。政治精英不再认为学术研究或基础研究与实现经济社会目标是呈线性相关的，而是开始意识到科研与公共需求之间关系的复杂性和关联性。他们认为要满足社会经济发展需求，就需要对科研进行更积极的引导(Braun，2003)。

越来越多社会主体(比如政治家、商业精英或其他有影响力的人物)意识到大学或其他科研机构开展的基础研究对国家和地区发展具有重要战略意义。公共科学规模日益扩大，经费需求不断上升，导致科研工作者无法独立工作(Dasgupta and David，1994；Whitley，2000)；同时科研成果逐步成为国际竞争、新产业发展、经济可持续发展的战略性资本。越来越多国家将公共科学的发展和管理定位为国家发展的重心，纷纷设立科学技术管理部门或机构，引导科学研究的方向和发展（Drori 等，2003）。

通常做法是将公共政策的目标和评价标准与科研资助机构的项目筛选和监控结合，以确保受资助的项目对公共政策目标的实现有所帮助（Braun，1998）。"战略性"科研资助机构［比如英国医学研究委员会（the British Medical Research Council）、美国国家卫生研究院（the United National Institutes of Health）］主要负责资助对国家战略性目标有重要贡献的研究项目，以引导研究人员开展实用价值最高的研究项目。这种研究属于斯托克斯（Stokes，1997：71－74））所说的"巴斯德象限"（Pasteur's quadrant），指那些能解决实际问题的基本机制的研究项目。

由于很多国家的科研资助规模趋于稳定或者缩小，为了确保资金的使用更具实用性，科研资助机构的设立及其对研究方向的引导就显得尤为重要（Braun，1998）。大部分科研资助机构通过选择和监控科研项目来引导研究方向，主要手段是对申请项目和申请人开展前瞻性评估工作，再组织不同形式的同行评审以形成激烈的竞争，确保研究的高质量。很多国家用来开展前瞻性评估工作的投入已远超科研成果的回溯性评估投入。正如柯仁斯（Cozzens，1990：283）所说的：

> 美国的科研资助体系将重点放在前期评估，却极少关注科研成果的验收评价。意味着美国的科研资助机构把精力都集中在经费的分配上，却很少了解经费发放后会发生什么。

尽管如此，柯仁斯还是预言越来越多国家会对科研资助组织常规性评价，一方面是为了确保研究成果的高质量，另一方面是为了满足政治需要（详见本书第三、第十一章）。20 世纪 90 年代后，用于评定研究成果质量的回溯性评估体系也在不同国家迅速增长，许多国家形成了"事前评价"为主，"事后评价"为补充的科研评价体系（Research Evaluation Systems，RES）。

许多国家不再对大学批量分配资金，也开始转移对基础研究的资助重心，转而支持那些能响应国家需要的研究委员会和资助机构（Block，1990），通过这些机构来优化资金的分配和次序。通过对研究成果进行质性和量化的评估，重新分配资金给那些"优秀的"研究机构。总的来说，这些国家改变了以往（像日本和许多欧洲大陆的国家）对大学直接控制的方式，以不同形式进行行政分权，资金的分配更多依赖于研究成果的评价。然而，这些国家与科学之间关系的变化，在不同国家出现的速度和方式是不同的。总体上，越来越多国家的趋势是把大学、科研机构与国家分离，但是不同国家对大学的资金供给、组织和控制仍有较大差异（详见本书第二、第三、第五、第六章，另参见 Campbell，2003；Gaughan and Robin，2004；Liefner，2003）。不同国家间的公共科学体系的差别直接影响着科研评价体系的种类和影响结果。差异主要体现在对学术研究资助制度的本质、研究机构的战略能力、科学精英的结构以及大学、研究机构和科学劳动力市场的划分（Whitley，2003a）。不同国家对科研机构的引导监控和评价措施，对知识生产的组织、知识多样性与使用的影响均有所不同。

科研评价体系的制度化是过去 20 年来不同国家学术系统管理变革的重要组成部分。要研究科研评价体系的制度化，必须将变化的过程融入特定的社会背景进行分析，结合正在变革的政治和经济制度本质去理解。同时，我们也要注意到不同学科领域的知识生产和社会组织形式是不同的（Whitley，2000），这些差异也会影响科研评价体系的实施以及国家和科学之间的关系。本研究主要分析科研评价体系在新公共科学管理变革中发挥的作用，及其对知识生产带来的影响。

首先，讨论不同国家的科研评价体系的特征和差异；其次，分析不同科研评价体系对科研政策的影响。本文尝试形成一个理想化的

"强有力的"评价体系，以期更好分析不同科研体系的影响。最后，讨论不同学科领域的知识特点，分析这些特点如何影响科研评价体系的实施及其作用。

二、 科研评价体系的特点及其影响

科研评价体系是指有组织的、有周期的由国家机构或国家委任机构实施，用以评价科研项目优劣的程序。科研评价体系在不同国家的不同时期都会有所不同，不同的地方在于其组织管理和对资源分配决策的影响程度。首先，在组织管理方面，本研究对科研评价体系的频率周期、组织形式、标准化和透明度进行区分。频率是指评价组织的周期，比如英国科研评估框架（the British Research Assessment Exercise, RAE）周期是3～7年，澳大利亚科研评估测量每年举行。组织形式是指由哪些机构来组织实施评价过程，比如有些评价由国家中央机构组织实施，有些是由大学或院系临时实施。标准化是指不同学科领域和不同时期均使用同样的评价程序和方法，不同国家有不同标准。但要特别强调的是，有些科研评价程序是正式规定的，但在不同学科领域的操作方式（比如同行评审小组的操作）却相差甚远（Langfeldt, 2001）。英国科研评估框架就一直致力于评估程序标准化和不同学科领域特点相互结合。科研评价在公共透明度方面的差别也非常大。在高度透明的评价体系中，评价小组按公开透明的、规定明确的标准和方式来实施评价，评价结果会被公开发表并作为大学和学科排名的基础。而在其他评价体系中，评估工作由少量的非正式任命的同行专家实施，他们可以自行决定评价程序，并采取非公开的方式向大学或国家机构汇报。譬如，欧洲大陆国家的科研评价方式多数为非正式方式，评价过程和结果都不对外公开。

部分国家已经形成了频率高、组织正式、过程标准化和结果公开透明的科研评价体系。这些国家采取上述评价方式对过去 4～5 年间的大学和科研机构的科研成果进行评估并排名。评估管理通常由国家统一实施，其组织过程高度规范化和标准化，评估专家小组是通过正式程序遴选并相对固定的，评估的过程和程序是公开化、标准化和系统化的。英国科研评估框架就是典型例子，评价过程的日渐正式化、评价结果的公开化、评价程序的合法化使得英国科研评估框架在科研人员心目中越来越重要，因为评价结果关系着他们的公众声誉和科研资助。

科研评价体系影响知识生产过程的另一个因素是评价单位的组织形式（详见本书第八、第九章）。在不同的科研资助体系和学术系统中，评价的单位不同也会造成大学科研管理模式的差异。譬如，在荷兰，最初的评价单位是科研项目，大学就会有组织地组建科研项目来申请科研资金；在德国萨克森州，评价单位主要是个人，大学就重点整合个人或科研队伍，以增强研究能力；还有一些评价单位是整个学科，比如历史学科或哲学学科；也有一些评价单位是专门化领域或跨学科领域，比如环境领域或经济历史学等。这些评价单位的差异都直接影响了大学的科研管理模式差异。

不同科研评价体系的另一个差异是其对公共科学资助的影响，即是否对资源分配和科研人员收入产生了直接影响。欧洲大陆很多国家是通过直接控制方式来分配大学和院系资源的，因此科研评价与学校资源决策没有直接挂钩（Campbell，2003；详见本书第二、第九、第十章）。但在英国或澳大利亚，科研评价体系与资源分配结果是直接相关的，其相关度在不同学科领域和科研机构间有差异（详见本书第六章）。

越来越多研究提到，科研评价体系对科研人员和大学产生了一系列影响（Martin and Geuna，2003；Tabil，2001），包括大学愈加意识到声誉的重要性，愈加重视科研成果的国内外发表和学界认可，核心期刊论文的发表竞争和科研资金的竞争更加激烈，更加重视热点问题的研究。系统化和公开透明化的科研评价体系会促进研究者、大学和期刊的分层，也促成科研机构的科学研究和成果发表规范化管理，但其风险是，科学家们为了在短期内有更多科研成果，不再投入到长期的、高风险的、跨学科的研究中，也不敢挑战现有的传统学术权威。

系统化和公开透明化的科研评价体系对这方面的影响会更加明显。为了分析不同类型科研评价体系如何影响公共科学系统，本研究对比了两种理想化的科研评价体系，即弱式评价体系和强式评价体系。

弱式科研评价体系是指由资助机构或大学组织的非正式评价体系，这种体系没有标准化的评价程序和指标，也没有公开化的评价结果，其主要目的是促进研究机构的发展，我们称之为形成性评价，而非验收评价（终结性评价）。这类评价体系不对评价对象进行国际排名，也不会与资金分配直接挂钩。尽管弱式科研评价体系也会鼓励科研人员或大学重新思考他们的研究策略，但其影响程度并不是很大。

与弱式科研评价体系对应的强式科研评价体系，是指高度制度化的公共科研评价体系，其特征包括：评价开展常规化、评估规定和程序高度正式化、评价结果会有公开的标准化排名。被评价对象能查到自己的相对位置。其评价结果会直接影响科研资助决策，而这部分资助又是大学或机构收入来源的重要组成部分，因此其对大学或机构管理带来了很大影响。强式科研评价体系对知识生产的影响主要包括五个方面：

一是研究者会增强与他人竞争的意识，也会认识到项目合作的必要性，以获得学界认可。研究者会努力为学界精英所认为的该领域的共同目标作贡献，后续的研究也会更加集中在这些公认的研究目标上。

二是评价专家不得不对比不同研究成果的优劣，他们会形成一套该领域科研质量和学术价值的评价标准，为个体科研人员、大学或科研机构提供统一化的评判标准。随着科研评价的常规化，这些评价标准和研究目标会逐步制度化，成为该领域的主流评价标准。

三是研究目标和评价标准的集中化会减弱该领域的学术研究目标和方法的多样性，尤其是挑战现有传统权威的研究目标和方法会明显减少。科研评价对科研人员和大学机构越来越重要，探索差异化的研究方法或策略的成本会日渐增加，为主流研究目标作出贡献的压力也会逐步增加。新手研究人员也受到很大影响，因为他们的研究方向和方法必须与当下的研究热点和标准一致，才能获得工作机会和晋升机会。

四是学科标准的增强和学科目标的一致化会抑制学科新领域的开发和新目标的提出，因为这些新领域和新目标超越了现有的学术组织界限，偏离了传统的研究目标，其资金投入的风险也会增加。强式科研评价体系也会导致声誉和资源竞争加大，探索新领域和使用新方法的风险增加。在这种情况下，学术创新就会受到很大的抑制，科研评价体系推进了学术判断的保守趋势。

五是评估排名的标准化、正式化和公开化导致了研究人员、研究团队和科研机构的分层。强式科研评价体系增强了大学或科研机构的排位意识，鼓励研究人员或机构改善策略以提升排名位置。其后续影响是，科研资助机构逐渐把科研资源集中到名校，英国科研评估框架便造成此类影响。当然，这些影响在不同学术系统和不同学科领域也是不同的，下面将讨论不同科研评价体系对不同科学系统和不同学科领域的影响的差异。

三、 强式科研评价体系在不同公共科学系统中的影响

国家公共科学系统有以下 6 个主要特征会影响科研评价体系的运作，以及科研评价体系对学术组织和知识生产的作用。

（一）国家科研资源的分配方式

首先，越来越多国家采取竞争性科研项目来分配资源。传统的资源分配方式是成批的分配方式［通常是按照已有的常规份额对院系进行分配，或者根据在读学生和毕业生数量进行调整（Hansen and Borum 1999；Liefner，2003）］，这种方式给了科研人员在课题方向和研究方法选择等方面更多自主权，也有更多时间去达成学术目标。在成批资助的体系里，是否有能力继续做研究并非完全取决于科学家中短期内的表现。

与成批分配方式相对应的是基于项目的竞争性资金分配方式。这种资助体系会缩短研究成果和资源分配之间的循环周期。由于越来越多国家降低了成批的资金分配方式的比重，更大程度选择了竞争性项目资助方式，基础科研成果的资助方式变得越来越主流和重要，这种方式缩短了科研人员科研成果的产出时间。同时，资金分配与科研项目对公共政策目标的贡献度的直接挂钩促成了国家对科研目标和方向的直接引导（Braun，2003）。

（二）国家政策目标与资源分配的结合

随着国家希望利用科学研究来解决公共政策问题，以增强国家经济竞争力，科研资助体系与国家的公共政策目标（比如发展新技术和新产业目标）结合起来变得非常重要。不管是通过签订正式合约、使用解决公共问题作为项目筛选条件，还是通过让用户群体加入科研项目开发，都会促进科研资金的分配与公共政策目标和标准的结合变得制度化，也使支持应用导向研究的做法合法化。

将公共政策目标融入科研项目的资助程序的做法，可以限制学界精英对学术目标和研究方法的集中控制，同时也能增加相关科学的多元性。布劳恩(Braun, 2003)认为，在公共科学政策用于成批分配的资金在逐步减少，而用于问题导向和应用导向的研究资金逐步增加的情况下，上述影响发生的可能性更大。总的来说，我们把资助制度与公共政策目标的结合称为第二个特征，这个特征与传统的只关注学术目标的做法是有区别的。

（三）资助机构与目标的多样性

科研评估资助体系的第三个重要特征是资助机构及其目标的多样性。格拉泽(Glaser)和劳德尔(Laudel)(详见本书第六章)指出，澳大利亚公共科学系统的一个显著特征，是科学家们对仅有的一个机构，即澳大利亚研究理事会(Austrilian Research Council)具有高度依赖性。而英国、瑞典及其他欧洲国家均有多个不同类型的资助机构为不同的科研目标提供资金，科研人员有多个选择和渠道获得科研资金。美国的科研资金来源就更多样了，包括不同联邦和州政府机构(Stokes, 1997)。一般来说，资助机构越多，资助的科研目标越多样，研究者就更少依赖于某个特定的同行群体或机构人员，也可以从事不同科研目标的研究，并有可能采用一些新的研究方法。这个特征也可称为外部研究资助渠道的多元化。

（四）大学和科研机构的独立性差异

第四个影响特征是大学和其他研究机构的组织独立性和组织能力的差异。尽管以前对大学集中化管理的国家逐步趋向于去除集中化而形成分散体系，大学的自主程度在不同国家间依然各有差异。这种差异主要体现为战略规划独立的程度差异、资源分配形式的差异、科研成果监控管理程度的差异、设立不同研究目标的自主程度差异等(详见本书第四章)。

在大学管理高度集中的国家，科研人员若是国家或地方政府的公职人员,大学的预算很大程度由中央政府决定,这类大学的管理会受到很大限制,难以像私人企业通过签订雇佣合同来增强某方面科研能力。长期以来,欧洲大陆的许多国家以及日本的研究机构管理部门形同虚设,财政和管理政策基本上由教育部和科技部制定,多数关于研究和教学的决策是由上级学会制定的(Clark, 1995;Coleman, 1999;Muller-camen and Salzgeber, 2005)。在这些国家,大学和科研机构的组织自主权、凝聚度、独特性是相对受限的,特别是资源分配、建立新部门或废除旧部门等方面。

利夫纳(Liefner, 2003)认为,大学的组织创新和结构变革相对缓慢,主要与政府的成批资金拨款和国家财政管理的介入程度有关。在欧洲的大学里,一旦国家预算确定后,院校和协会就可以自主选择学术课题,国家和组织很少进行引导和评价。在职的科研人员,至少是研究团队中的主导者就享有相对高度的学术自主权,但是当政府资金紧张时,在新科学领域和研究方法上的灵活度就变得有限。事实上,这种自主权是一种形式自主权,由于大学和其他科研机构的可控资源非常有限,而且还会受到在职教授的限制,大学和科研机构的组织创新能力是非常薄弱的。如果研究机构内部的权力结构是高度分层的[比如德国研究所系统(the German Institute System)](Clark, 1995;Muller-Camen and Salzgeber, 2005),普通研究人员就会受到很大限制,他们不得不跟随组织中上级的研究目标和方法。更进一步,如果大学管理像战后日本的国家学术系统一样(Coleman, 1999;Kneller and Sienko, 997),研究人员的职位流动主要发生在大学内部而非大学之间,那么学术和组织的创新就更受限。

而在美国、英国,或者是澳大利亚和加拿大,这些国家的大学对资源分配有更大的自主权。因为他们能够直接聘请研究人员,而非由政府来统一管理。大学管理比我们前面所谈到的情况具有更大的意义,特别是在美国。相比于更为集权的学术系统,这里的每个机构都更有可能发展出它们独特的整体能力。内部资源的分配、人员的任命与晋升、部门的设立和废除以及其他决策都是每个研究机构自己的事情，因此它们能够使研究团体之间进行资金流通，且以更自主多样的方式应对国家政策。

公共科学体制的这种特征，显然取决于国家资助制度的情况。如果大学的科研基因主要依赖于一两个国家机构的资助，大学就无法控制用于教学和科研的资金数额和分配方式，大学实施战略管理的自主权就会受限，即便他们相对于国家的控制来说有较大的形式独立性。例如，克鲁兹·卡斯特罗（Cruz-Castro）和桑兹·梅内德斯（Sanz-Menendez）指出（详见本书第十章），在西班牙，大学无力提供科研资金以至于不能作出战略性的部署。格拉泽和劳德尔也指出（详见本书第六章），在澳大利亚，大学之前拥有的较大的形式独立性实际上已经在大大削弱了，原因包括资助金额的减少、大学对项目资金拨款的高度依赖以及基于评价的资助方式（Marginson and Considine，2000）。我们还需继续观察，在很多欧洲国家以及日本，目前的变革是否会同样地出现形式上自主性的增加，而对国家政策的实际依赖性却很大的情况（详见本书第二、第三、第四章）。

（五）社群中科学家和知识的社会地位

这个特征是指每个社群中科学精英的凝聚力和声望，以及科学家们与科学知识的总体社会地位。这个特征反映的是科学界精英如何进行有效的内部组织、形成一个利益团体的能力，从而控制学术声望与资源在不同机构和领域的分配方式。其中很重要的一个方面是，学术声望与资源都集中在一些一流大学和科研机构中，使它们处于一个相对稳定的学术和社会等级制度中的顶尖位置，例如英国的剑桥大学和牛津大学、日本的东京大学和京都大学。

（六）大学在资金拨款、研究目的和劳动力市场上的分化

在公共科学系统中研究目的、事业和劳动力市场的组织分化

(Whitley, 2003a)，指的是科研机构系统组织结构划分上的强度和稳定性，这种划分是为了开展不同种类的知识生产活动，例如理论驱动的知识、应用导向型研究和科技转化。

在大学、应用研究机构和私人企业组织高度分化的研究系统中，科学家们从事不同类型的工作，评价标准不同，他们也会走上完全不同的职业生涯道路；这种系统也不鼓励他们调职到其他科研机构，科学家们很少在同一个劳动力市场上竞争。相对来说，很少有人愿意离开大学，利用自己的科研成果建立自己的公司，因为若是公司倒闭，他们是很难回到原来的研究岗位的，特别是在一些高风险的子行业，例如治疗性生物技术行业（Casper，2000；Casper and Whitley，2004）。

相反，在大学、应用研究机构和私人企业组织分化程度较低的地方，比如美国，科学家的流动性会更大一些。相较其他国家，美国的大学似乎能够融合更多种类的学术目标和学术活动，而且它们一直对市场的敏锐性更高（Clark，1995；Kenney，2000；Casper，2006；Mowery 等人，2004）。总体来说，分化程度越低，越能吸引国家或其他机构投资，就越容易建立新的科学领域，特别是那些属于"巴斯德象限"的领域，比如计算机科学（Mowery，1999）。

公共科学系统的这六个特征的变化，很可能会左右强式科研评价体系对知识生产的影响方式和程度。以上所述的它们对五种影响的增强和减弱情况，总结在表 1.1 中，并且我们现在要对之进行更详细的讨论。

首先，竞争研究项目资金对研究目标、成果评价频率产生了重要影响。强式科研评价体系在学术系统中的引入，需要研究者对外部拨款进行激烈的竞争，就很可能会产生很多这样的影响，特别是当资金拨款集中到一两个机构、项目评价是基于与英国科研评估框架相似的理念来组织时。在这种情况下，评价体系会使得同行评审的重要性加大，也会使学术精英在重大问题和解决方法的提出方面的重要性大大提高。学科内声誉和专业声誉的竞争会非常激烈，科学家们不得不把自己的项目目标和研究方法与国内外同行的结合起来。科研机构（Research organizations，ROs）对声誉和资金的竞争也会非常激烈，研究人员、院系和大学的分层也会更加明显。

表 1.1　公共科学系统的特征对强式科研评价体系作用的影响

公共科学系统的特征	强式科研评价体系的主要作用				
	促进研究机构分层	增强名誉竞争与促进研究目标的协调	增强核心的学科标准和优先次序的影响力	减少学术多样性与多元化	加大限制新领域的开拓与新方法的提出
资助方式高度基于项目、高频的成果审查	增强	增强	增强	增强	增强
公共政策的大量介入、应用导向型项目资助方式普遍	减弱	减弱	减弱	减弱	减弱
资助机构与研究目标多样	减弱	减弱	减弱	减弱	减弱
研究机构具有高度的战略自主权	在一流大学中会减弱，因为它们能够控制自己的资源	在一流大学中会减弱，因为它们能够控制自己的资源	在一流大学中会减弱，因为它们能够控制自己的资源	取决于科研评价体系资助的重要性	在一流大学中会减弱，因为它们能够控制自己的资源
执行研究评价的学术精英具有影响力和凝聚力	增强	增强	增强	增强	增强
研究机构目标与事业的分化	在学术科研机构中会增强	在学术科研机构中会增强	在学术科研机构中会增强	在学术科研机构中会增强	在学术科研机构中会增强

科学精英为了争取项目资金和提高研究产出的激烈竞争限制了大学和科研机构实施创新的、独特的、挑战权威的研究策略和方法。当大学越来越依赖于事前事后的同行评审，大学能够行使的学术自

主权就逐步降低，大学也因此越来越关心如何获得好评和如何提高排名。尽管部分政府机构也采取了一些补贴措施来鼓励非核心的和非主流的科学领域和研究方法，但是这种补贴短期是可行的，但是长期来看是很难实践的。

基于项目的资助方式与强式回溯性科研评价体系会相互促进和影响，从而限制大学的学术自由和独立，导致大学不敢使用非正统的方法来研究新课题，也不敢投入研究非热门的科研问题，更不敢提出学界主流认为是错误的理论，比如 20 世纪 20、30 年代所提出的大陆漂移说（Hallam，1973）。尽管在一些国家的公共科研系统中，大学形式上享有学术自主权，但这些事前事后的科研评价使得大学或多或少会受到评价结果的影响，限制了那些挑战主流科学的新领域的开拓。尽管目前还没有资助系统完全把基于项目的资助方式与强式科研评价体系结合，但如果像英国皇家学会（Royal Society）所提倡的将所有的公共科研资金都通过英国研究委员会（Research Councils）来分配，并且取消对英国大学学术研究的年度拨款，那么两者的结合就会很快实现。

如果科研人员对于科研资金拨款没有那么依赖，那么强式科研评价体系的影响就没有那么显著，尤其是当大学具有较高水平的管理自主性并且具有多样化的资助机构时。如果大学和科研机构能够控制招聘制度和资金分配，它们就能开展更多样化的科研领域研究。相比于以国家为核心的学术科研体系，它们会有更强的组织创新能力，研究领域和方法也会更多样化。但是如果在这样的公共科学系统中实施强式的科研评价体系，就会在一定程度上增强学术声誉竞争，促进研究课题的合作协调，降低研究类型的多样性，缩短科研项目的研究时间。这种变化是逐步发生的，并不是很激烈的一步到位的变革。

下面我们要讨论的是国家或其他资助机构对有贡献于公共政策

目标的战略性研究项目的资助，它似乎可以缓冲强式科研评价体系所导致的集中化与标准化，特别是当资源分配与非科学团体和非科学标准有关的时候。基于学科精英标准的评价与基于公共政策问题为导向的出资机构的评价之间形成了矛盾，这种矛盾冲突加强了大学内部和大学间关注学科研究的目标与公共资助部门关注应用导向研究的目标之间的差异，也就有可能会降低从事应用导向型研究项目的吸引力。

尽管强式科研评价体系很可能会加大研究者对学术声誉的竞争，促进研究者在学术目标和研究方法方面的合作，但是评价的主体不仅应该包括学术精英，也应该包括应用导向的研究人员。大量的项目资金是由追随公共政策的资助机构提供，如果公共政策的目标是跨学科研究的话，上述影响就会被弱化。在这种情况下，研究机构才能有更大的战略自主权，也能发展自身独特的研究目标，并在内部不同研究团体和研究方法间自主分配科研资源。

一般来说，资助机构的目标和评估标准越多样化，强式科研评价体系的影响就会越弱。因为科研人员可以从不同途径来获取资源，这些资助机构对学术价值的判定方式也是多样化的，那么，整个资助体系对同行评审的依赖性就会减弱。因此，少数的科学精英就不能垄断科研项目的评价标准和程序，也不能主导科研资源的分配了。

研究机构的学术目标和评价标准多样化，有利于科研人员开拓新的研究领域，应用新的研究方法，选择新的研究方向，这些新方向不一定是学科精英所认可的。在学科精英主导的评价体系中，科研人员可能会在问题导向的研究领域发展新的方向，但是这取决于基于评价的资助方式与具有多样化目标和标准的资助机构之间的资源来源平衡。具体来说，研究机构目标和评价标准的多样化，使科学家们能够开拓新的研究领域，使用新的研究方法，选择新的事业道路，这些新方向可能都是不被控制着质量评价的学科精英所认可的。

如前所述，大学和科研机构的实际战略自主权很大程度上取决于资助方式。高程度的组织自主权是如何通过强式科研评价体系对知识生产产生作用的，这是一个值得考虑的问题。如果这种自主权和独立性反映的是机构的高地位和对关键资源的控制权（比如机构可以通过捐赠来获取资源，而不需要国家支持或同行评审分配的资源），一般来说，地位较高的机构比如大学就可以采用独特的策略来支持多样化的学术课题和研究方法，而地位较低的科研机构就无法做到。

声望以及对关键资源的控制权使得大学有足够能力投资一些周期长、风险大的项目，也能聘请和支持科学家采用非常规的研究方法。至少，一流的科研机构能够聘请科研人员来研究那些非学术主流的课题，或支持跨学科研究以开拓新研究领域。因此，一流的科研机构，如果拥有一定的自主权和对资源的独立控制权，他们就可以减少强式科研评价体系所带来的影响。

下一个要讨论的是科学精英的凝聚力和声望。这个因素影响着他们能否左右评价体系的组织和方向。有影响力的科学精英会按自己的看法来设计评价体系，使得评价体系中所谓的"好研究"都符合他们的标准和要求，并与他们的学术目标一致。科学精英会偏向于同行评审体系，同行评审体系赋予他们设计评价标准的权力。因此，一旦科学精英们有很大的凝聚力，他们便能够直接影响评价体系的实施和发展，也会加大科学界对学术声望的竞争，使得研究目标都往精英们关注的方向发展，也会逐步强化当前的学科分界。

综上，有影响力的科学精英和强式科研评价体系结合，会阻碍新的研究目标、方法和领域的发展，降低应用导向型研究的吸引力。此外，当大学和科研机构处在一个稳固的学术社会声望等级结构中时，科学精英对评价体系的设计和实施的影响力也会促进等级分层。因为，科学精英通常就职于最好的机构，由于评价标准是科学精英所制定，这种基于质量的评价方式会促进资源集中到这些一流机构中。高度等级化的学术系统，又会反过来强化评价研究成果的标准，日本就是一个实例。如果提供研究资助的机构是多样化的，它们追求多样化的学术和政策目标，那么大学和科研机构能够获得用途不一的资源，大学和科研机构的层级化就不会太稳固，战后美国就是一个实例（Stokes，1997）。

下面讨论科研机构的研究目的、研究类型和劳动力市场分化是如何影响强式评价体系的作用的。在研究型大学中，研究类型的高度分化增强了强式评价体系的影响。这是因为研究型大学将"纯科学研究"从应用导向研究中分离出来，减少了大学开展多样化学术研究的可行性，不同类型研究争取资金的难度也会加大。由于强式科研评价体系以同行评审为主要手段，那么领头的科学家成为主要的决策者，他们又处在高度分化的科学系统中，他们的标准和追求便主导着科研评价体系，也鼓励了大学研究人员对学术声望的竞争。

一般来说，只有新的科学领域和研究方法在应用导向型的研究中是受鼓励的。公共科学系统中有多种资助机构，不同资助机构追求的研究目标是多样化的。高度的组织分化会将多样化研究的压力引导到专门的研究机构，而不是落在研究型大学身上，战后德国便是如此。这意味着，在高度分化的公共科学系统中，至少在研究型大学中，要想开拓新的学科领域，使用新的研究方法是非常困难的。

如果在一个公共科学系统中，提供研究资金的机构和基金会是非常多样化的，同时大学也能高度控制自己的资源，有高度自治权和战略能力，那么强式科研评价体系的影响就会大幅度减少。对于社会声望很高、具有独立资金来源渠道的顶级科研机构，强式科研评价体系使学术趋于保守的影响也会比较有限。相反，如果研究资金的来源渠道只有一两个国家机构，其他资助渠道又很少，那么，强式科研评价体系的影响就会很明显，澳大利亚便是这种情况。

四、 强式科研评价体系在不同科学领域的影响

正如强式科研评价体系很可能会增加国家公共科学系统的保守趋势，它们也会鼓励学术精英间在确定研究目的和标准方面进行协调合作，特别是当这些学术精英们需要对学术成果的质量进行公开排名时。通过评价的制度化和标准化，并使这套评价标准在大学和其他科研机构中的研究人员之中广为接受，国家科研评价体系促使领先的科学家们为各学科和专业设定研究的优先次序，从而促进该领域内研究策略和方案的进一步结合。然而，不同科学的学术与社会组织结构大相径庭，而且会产生变化，这些不同与变化会左右着科研评价体系的种种影响（Whitley，2000）。

具体来说，科学领域的不同之处在于：①提供科研资金的机构的多样性与研究结果合法读者的多样性；②研究人员是否能够获取外部提供的项目资金；③研究目标和研究框架在实际组织上的可变程度；④研究人员多大程度集中于某些核心问题和研究方法，而非研究不同的课题；⑤该科学在整个科学等级结构中的地位和声望；⑥精英有多强的凝聚力，对学术目标、研究方法及成果的价值在多大程度上达成共识。这些特征是如何左右强式科研评价体系的影响，又是如何因科研评价体系的实施而发生改变，都总结在表1.2和表1.3中，并且对此会有进一步的讨论。

表1.2　科学领域的不同特征对实行强式科研评价体系的作用的可能影响

科学领域的特征		对强式科研评价体系作用的影响
资金来源与影响研究声望的合法读者的多样性	高	减弱
	低	增强
研究目的与方法的多变性	高	减弱
	低	增强
研究人员与研究问题的比率	高（"城市"科学）	增强
	低（"乡村"科学）	减弱
精英结构	具有凝聚力，在核心目标与方法上达成共识	增强
	具有不同的认识	减弱
在科学领域中的重要性和声望	高	增强
	低（边缘领域）	

表1.3　强式科研评价体系对科学领域特征的可能影响

科学领域的特征		强式科研评价体系导致的特征变化
资金来源与影响研究声望的合法读者的多样性	高	无
	低	
研究目的与方法的多变性	高	降低，因为研究目标的协调合作增加
	低	增强
研究人员与研究问题的比率	高（"城市"科学）	增强
	低（"乡村"科学）	增加，因为研究边缘领域所获得的荣誉声望减少
精英结构	具有凝聚力，在核心目标与方法上达成共识	增强
	具有不同的认识	领域分化和资源控制的分化都增强
在科学领域中的重要性和声望	高	更高，因为领域分层的强化；精英控制加强，科学典范性增强
	低（边缘领域）	更低，因为领域分层的强化；模仿主流研究方式和规范

　　首先要讨论的是资助方式，资助方式对科学领域的影响与其对国家研究系统的影响类似。如果在某些科学领域中，研究人员能够从不同的机构获得科研资金，能够通过对不同的目标有所贡献、满足不同读者群体的需要从而合法获得学术声望的话，那么，这些科学领

域受到强式评价体系的影响不会太大；但如果在一些科学领域中，科学家们的资金来源高度依赖于评价体系的话，这些科学领域会容易受到这种强式评价体系的影响。因此，相较于资助来源有限的科学领域，在具有多样研究目标与研究框架的科学领域中，有多种资助机构提供资金，会更少地因为强式评价体系的存在而在一些学科目标上紧密合作。具体来说，与一些依赖于仅有的几个国家资助机构的领域相比，那些能够获得应用导向型科研资金的领域，比如工程学、医学以及很多政策主导的、实践导向的社会科学，会更少地受到强式科研评价体系的影响。

此外，相较于更大程度依赖于科研评价体系的科学领域而言，若科学家能够从外部机构——如国家学会和研究委员会——获得大部分科研资源，这些领域受到强式科研评价体系的影响会较小。尽管很多外部资助机构的评审和决策委员会成员很可能也会参加到科研评价体系的执行当中，导致科研评价体系的标准常常是强调在项目选择上用的标准，但这个强式科研评价体系的影响会是渐进式的、有限的，因为在这种情况下，基于评价体系的拨款所占的资金总量的份额会相对较低。

相反地，在一些科学领域中，主要的资源——特别是那些为主要的学术课题提供的资源——取决于强势科研评价体系的评判，而且如果研究者们之前没有经历过常规的同行评审，那么，这种强式科研评价体系对科研活动的影响会更加明显。在这种情况下，引入这种影响大学资金预算的系统化评价方式的影响会更显著，会提高学术声誉竞争的质量以及研究精英间研究目标与方法的学术协作的水平。至少在公开辩论与研究项目的选择和组织上，强式科研评价体系对这些科学领域的影响比对科学家们能够从外部资助机构获得资源的科学领域的影响更大。

相类似的，如果在一些科学领域中，不同大学不同团体因研究目标和方法的不同，在不同的研究机构中形成了不同的思想流派，那么，这些评价体系会大大促进学术的协调与研究的整合，使研究围绕共同的话题开展。特别是对于一些学科——比如说哲学——地方传统是学术多样与学术忠诚的重要来源，系统化、公开性、影响力大的研究质量评价体系的建立会很可能促进研究方式与策略的标准化，同时也会促进关于重大研究问题与研究贡献看法的趋同。在丹麦的哲学领域，当科研资助与国际知名度挂钩的时候，就会产生是这种情况（Van der Meulen and Leydesdorf，1991）。另一方面，如果一些科学领域本来就有较大程度的在研究目标与方式的国内外协同，引入系统化的科研评价体系可能只会对此具有渐进式的促进作用，而不会导致研究问题和方法的重大转变。

这种强式科研评价体系对学术整合度较低的科学领域较为明显的影响，也适用于研究人员与研究问题比率低的"乡村"领域。正如巴彻（Becher）和车勒（Trowler）（Becher and，2001：106 - 107）所总结的，在这些科学领域中，研究者们所研究的问题更为发散而多样，较少集中研究相同的或联系紧密的问题。对比之下，"城市"领域指的是，科学家们会集中研究某些中心问题，并且基于对这些研究问题的贡献进行对学术声誉的竞争。

在强式科研评价体系中，一方面学科精英们需要评判不同研究问题的价值与对解决这些问题的贡献，若把这种体系引入到高度"乡村"的科学领域中去，很可能会减少被认为是该学科的研究话题与研究方法的多样性，而随着研究者们对这种研究问题的等级化处理作出反应，业内会出现更多的学术协调与竞争。经过一系列这样的评价之后，某些研究课题会逐渐被认为是更重要的、回报更大的课题，因此，科学家们更会竞相争取解决这些核心问题。另一方面，对已经是"城市"领域的科学，强式科研评价体系会促进竞争与协调。

但这种影响的大小，取决于科学精英的凝聚力以及他们对学科核心问题的共识程度。如果科学精英的凝聚力大、对学科核心问题达成广泛共识，那么，强式科研评价体系会增强他们的权威以及他们对该领域学术议程的控制，特别是当基于这种体系的资助是科研资源的主要构成部分时。因为一般会由他们来执行研究评价，所以他们就能够制定衡量研究成果质量的标准，决定需要考虑的因素的优先次序，从而激化竞争，使研究者们争相解决该学科的中心问题，争取为此作贡献，获得荣誉。在这种情况下，非正统的研究很有可能会被认为是无价值的，甚至是没有竞争力的，这样一来，学术多元性会进一步减少。

相反，如果精英们在学术目标与方法上的认识有差别——就算不是认识有分化——而且对于领域内的核心问题没有广泛共识的话，强式科研评价体系的形成可能就会强化学术专长与研究问题的分离，而不是增强学科内的竞争和协调。只要没有哪个流派或团体能够形成主导并集中控制关键资源，那么，这些流派的领头人就可以默许或明确认可彼此的目标和标准，从而在评价操作上结合不同的目标和标准对研究结果进行排名。从本质上来说，科研评价体系会促进不同领域和学术流派的协调，而非促进它们的融合，这样就会维持学科内现有的学术权力结构。如果对关键研究资源的控制集中程度低，每个团体都能够相对容易地获得这些资源的话，这样的影响就更有可能发生。

最后，大学和其他科研机构的声望与对资源的控制力不同，对强式科研评价体系的回应也会不同，与此相似，科学领域的相对声誉和重要程度也会对评价体系的作用有所影响。由于这种评价体系基本上反映的是占主导地位的科学领域的领头研究人员的看法和标准，并且基于精英们的标准进行组织和执行，因此强式科研评价体系就更有可能强化他们的观点，增强精英们对研究议程和优先次序的控制，而不是跟随边缘科学的研究方式和研究目标。由于科研评价体系关乎资助决策与大学的研究策略，这会鼓励名声较小的领域模仿重点领域的研究程序和方法——至少是在表面上模仿。

因此，强式科研评价体系对边缘领域的影响——即增强领域内的竞争和协作——会比重点领域更明显，特别是如果科学家们高度依赖基于这种评价的科研资助的话。学术期刊的分等、其他出版媒介的贬值、排名体系的正式化以及国际标准意识的增强，都会在这些边缘领域中更加制度化，而这些很大程度都是模仿发展得更成熟的科学领域、按照它们现有的规范建立起来的。同样的，这些影响会对声望较小、自主性较低的科研机构更加明显，因为他们的管理者会有一种压力，觉得必须要遵循领头的机构所设的"游戏规则"，放弃他们认为科学领域之间有差别的看法。若依赖于文献计量指标来衡量学术影响，则会增强研究方法减少的趋势，而关于其他影响，格拉泽与劳德尔会在本书中讨论（详见本书第五章）。这会导致边缘科学领域在研究方法和技巧上的转变，因为传统的精英们会受到"更加科学"的同僚的质疑，他们寻求研究目标和标准的制度化，以整合研究，展示该领域的科学性。有些情况下，这种对科学体面性的寻求，引发了一些建立库恩主义（Kuhnian-style）范式的呼吁，以实现学术上的进步——不管它们是否足够地好，任何一个人提出都可以（Pfeffer，1993）。这意味着强式科研评价体系的建立会导致声望较小的科学领域中精英阶层和研究目的的质性转变，这取决于领域内现有的精英们的凝聚力和自身力量，以及基于评价体系的资助方式与声誉的重要程度。

五、结论

本章讨论了几点关于在公共科学系统中建立科研评价体系的发

展和影响，可总结为以下三个主要的结论。第一，这样的回溯性评估体系具有高度的多样性，因为不管国家与科学关系的制度创新的制度化以及在不同学术系统中的变化如何，还是它们对科研方向和组织的影响，都反映了不同国家不同的公共科学系统的组织方式，也反映了该国专业劳动市场的总体结构及某些特征。在不同类型的国家系统中，不同组织的政治家、精英公职人员、商界精英及其他有影响力的政策顾问以不同的方式建立了不同的科研评价体系，这些体系的作用又受到国家学术系统的各种特征的影响，本书中关于澳大利亚、德国、荷兰、西班牙和瑞典的部分会说明这一点。

因此，正如本书的多个章节所提到的，尽管在科研评价体系的某些方面上，经合组织的成员国已经有互相模仿和借鉴的情况，有时候借鉴的程度还非常大，但实际的实施受到了国家间差别的影响，包括国家机构是如何对科研和高等教育进行资金拨款的、科学精英内部是如何组织的、他们是如何处理与政客和国家部门的关系的、以及研究人员的聘用方式与职业发展情况。

第二，影响科研评价体系在公共科学中的发展与作用的一个重要因素是，在很多引入了评价体系的社会系统中，大学及其他科研机构本质和行为的改变。这些大学和机构如何应对和影响不同类型的评价的实施，对科学家的职业生涯、专业劳动力市场以及研究团体和领域的组织和方向，都有重大的影响。由于很多科研评价体系已经成为分配部分财政和管理权力以及资源到大学和其他机构过程的一部分，它们已经成为更加重要的集体化主体，以发展和组织科学知识，更深程度地协调国家政策（如对科研评价体系的引入）的影响。

尽管这种财政和管理权分散的程度在欧洲及其他地方的不同国家有很大不同，而且在有的地方这种权力下放是表面多于实际，它还是在不同程度上促进了资源控制和战略自主权从国家到研究机构的转变，因此，不同的管理者和研究人员如何利用这种自主权，比他们只是执行国家部门的决定更加重要，特别当他们能够提出一套更加独立的研究政策，而不只是复制研究评价制度的同行评审及项目审议的结果时。

随着大学和其他科研机构的独立性加强并且能够掌控自己的资源，它们作为独立的人员聘请机构如何发展不同的研究管理能力对公共科学的组织和发展越发重要。尽管大学和其他科研机构不太可能通过权力关系和管理等级像市场经济的私企一样通过资源基础理论发展出如此特征鲜明的组织能力（Metcalfe and James，2000；Penrose，1959；Whitley，2003b），但是，在许多国家，科研评价体系和管理权的下放，使得大学和其他科研机构的管理和行为对科学研究的影响比以前更为重要。然而，在欧洲大陆和日本，很多大学和科研机构实际的自主权和战略能力目前来看似乎还是十分有限。

第三，尽管采用强式科研评价体系对科学领域会产生一些普遍性的影响，特别是当这些评价体系是围绕着稳固的学科分界和学科精英建立的时候，但是，这些评价体系在不同的科学领域的实际影响会大有不同，而且这种影响常常会跟国家公共科学系统的特征互相作用。在一个国家中，不管施行何种评价体系，又对这种体系作何种改变，都会对其中某些科学领域和研究形式更为有利，对其中的某些领域的改变程度更大。

由于科学领域有各种各样的不同，并且随着时间的流逝，一些领域会突显出来，逐渐在或隐性或显性的科学声望等级中成为主导，因此，任何企图使评判科研效率与质量的方式标准化的评价体系都一定会对不同的科学领域有不同的影响。正如本章已经说到的那样，这是否会最终促进研究范式、出版方式及科研工作组织的标准化，取决于每个国家科研评价体系的本质、重要性以及实施方式，也取决于公共科学系统的本质和主要的大学和科研机构的行为。

参考文献

Becher, Tony and Paul Trowler (2001), Academic Tribes and Territories: Intellectual enquiry and the culture of disciplines, Buckingham: Open University Press and the Society for Research into Higher Education. Second edition.

Block, Hans-Juergen (1990), 'The University Systems in Transition: Possibilities and limitations of universities in the 'steady state', in Susan E. Cozzens, Peter Healey, Arie Rip and John Ziman (eds.), The Research System in Transition, Dordrecht: Kluwer, pp. 35 - 50.

Braun, Dietmar (1998), 'The Role of Funding Agencies in the Cognitive Development of Science', Research Policy, 27,807 - 821.

Braun, Dietmar (2003), 'Lasting Tensions in research Policy-Making-A delegation problem', Science and Public Policy, 30,309 - 321.

Brooks, Harvey (1990), 'Lessons of History: Successive challenges to science policy', in Susan E. Cozzens, Peter Healey, Arie Rip and John Ziman (eds.), The Research System in Transition, Dordrecht: Kluwer, pp. 11 - 22.

Campbell, David F. J. (2003), 'The Evaluation of University Research in the United Kingdom and the Netherlands, Germany and Austria', in Philip Shapira and Stefan Kuhlmann (eds.), Learning from Science and Technology Policy Evaluation. Experiences from the United States and Europe, Cheltenham: Edward Elgar, pp. 98 - 131.

Casper, Steven (2000), 'Institutional Adaptiveness, Technology Policy and the Diffusion of New Business Models: The Case of German Biotechnology', Organization Studies, 2,887 - 914.

Casper, Steven (2006), 'How Do Technology Clusters Emerge and Become Sustainable? Social network formation and inter-firm mobility within the San Diego biotechnology cluster', Working Paper: Keck Graduate Institute of Applied Life Sciences.

Casper, Steven and Richard Whitley (2004), 'Managing Competences in Entrepreneurial Technology Firms: A comparative institutional analysis of Germany, Sweden and the UK', Research Policy, 33,89 - 106.

Clark, Burton R. (1995), Places of Inquiry: Research and advanced education in modern universities, Berkeley: University of California Press.

Coleman, Samuel (1999), Japanese Science: View from the inside, London: Routledge.

Cozzens, Susan E. (1990), 'Options for the Future of Research Evaluation', in Susan E. Cozzens, Peter Healey, Arie Rip and John Ziman (eds.), The Research System in Transition, Dordrecht: Kluwer, pp. 281 - 294.

Dasgupta, Partha and Paul A. David (1994), 'Toward a New Economics of Science', Research Policy, 23,487 - 521.

Drori, Gili S. , John W. Meyer, Francisco O. Ramirez and Evan Schofer (2003), Science in the Modern World Polity: Institutionalization and globalization, Stanford: Stanford University Press.

Freeman, Christopher and Luc Soete (1997), The Economics of Industrial Innovation, London: Pinter.

Gaughan, Monica and Stephane Robin (2004), 'National Science Training Policy and Early Scientific Careers in France and the United States', Research Policy, 33,569 - 581.

Hallam, A. (1973), A Revolution in the Earth Sciences: From continental drift to plate tectonics, Oxford: Oxford University Press.

Hansen, Hanne Foss and Finn Borum (1999), 'The Construction and Standardization of Evaluation: The case of the Danish university sector'. Evaluation, 5,303 - 329.

Kenney, Martin (ed.) (2000), Understanding Silicon Valley: The anatomy of an entrepreneurial region, Stanford: Stanford University Press.

Langfeldt, Liv (2001), 'The Decision-Making Constraints and Processes of Grant Peer Review, and Their Effects on the Review Outcome'. Social Studies of Science, 31,820 - 841.

Liefner, Ingo (2003), 'Funding, Resources Allocation, and Performance in Higher Education Systems', Higher Education, 46,469 - 489.

Marginson, Simon and Mark Considine (2000), The Enterprise University: Power, governance and reinvention in Australia, Cambridge: Cambridge University Press.

Martin, Ben (2003), 'The Changing Social Contract for Science and the Evolution of the University', in Aldo Geuna, Ammon J. Salter and W. Edward Steinmuller (eds.), Science and Innovation: Rethinking the rationales for funding and governance, Cheltenham: Edward Elgar, pp. 7 -

29.

Martin, Ben and Aldo Geuna (2003), 'University Research Evaluation and Funding: An international comparison'. Minerva, 41,277 - 304.

Metcalfe, J. Stanley and Andrew James (2000), ' Knowledge and Capabilities: A new view of the firm', in Nicolai Foss and Paul Robertson (eds.), Resources, Technology and Strategy: Explorations in the resource based perspective, London: Routledge, pp. 31 - 52.

Mowery, David C. (1999), 'The Computer Software Industry', in David C. Mowery and Richard R. Nelson (eds.), Sources of Industrial Leadership, Cambridge: Cambridge University Press, pp. 133 - 168.

Mowery, David C. , Richard R. Nelson, Bhaven N. Sampat and Arvids A. Ziedonis (2004), Ivory Tower and Industrial Innovation: University-Industry technology transfer before and after the Bayh-Dole Act, Stanford, California: Stanford University Press.

Muller-Camen, Michael and Stefan Salzgeber (2005), 'Changes in Academic Work and the Chair Regime: The case of German business administration academics', Organization Studies, 26, 271 - 290.

Penrose, Edith (1959), The Theory of the Growth of the Firm, Oxford: Blackwell.

Pfeffer, Jeffrey (1993), 'Barriers to the Advance of Organization Science'. Academy of Management Review, 18,599 - 620.

Ruivo, Beatriz (1994), ' ' Phases' or ' Paradigms' of Science Policy?', Science and Public Policy, 21,157 - 164.

Sienko, Tanya (1997), A Comparison of Japanese and U. S. Graduate Programs in Science and Engineering, Tokyo: National Institute of Science and Technology Policy, Discussion Paper no. 3.

Stokes, Donald E. (1997), Pasteur's Quadrant: Basic science and technological innovation, Washington, D. C: Brookings Institution Press.

Tabil, Ameen Ali (2001), ' The Continued Behavioural Modification of Academics since the 1992 Research Assessment Exercise ', Higher Education Review, 33,30 - 46.

Van der Meulen, Barend and Loet Leydesdorff (1991), 'Has the Study of Philosophy and Dutch Universities Changed under Economic and Political Pressure?', Science, Technology, and Human Values, 16,288 - 321.

Whitley, Richard (2000), The Intellectual and Social Organization of the Sciences, Oxford University Press. Second edition.

Whitley, Richard（2003a），'Competition and Pluralism in the Public Sciences：The impact of institutional frameworks on the organisation of academic science', Research Policy, 32, 1015 - 1029.

Whitley, Richard（2003b），'The Institutional Structuring of Organisational Capabilities：The role of authority sharing and organisational careers', Organization Studies, 24, 667 - 695.

第二章
"看得见的手"与"看不见的手"
——瑞典大学的科研资源分配

拉尔斯·恩瓦尔　　索斯藤·尼布姆
Lars Engwall　　Thorsten Nybom

一、引言

　　资源分配是社会科学的一个重要研究问题,其基本任务是合理分配资源使得资源的社会效益最大化,这在经济学中尤为突出。科研资源的分配也遵循这个原则,但是,科研资源分配工作会更复杂,因为科研具有不确定性,而且效益产生周期较长。尽管如此,对科研资源和投资进行某种形式的中央战略性控制是必要的。在企业中,这种控制通过研究投资预算方案和管理控制系统实现;对于政府资助的研究来说,这种控制主要通过以下三方面实施:机构控制(institutional control)、输入控制(input control)与产出控制(output control)。

　　第一个是机构控制,这与机构的资格认可及其所需履行的条款有关,通过许可授予和机构规则实现。许可授予指政府认可特定的机构享有开办大学或学院资格的权力。政府的许可授予对机构的信誉及其对科研资源的获取有重要意义。机构规则是指机构在获得大学或学院资格后必须遵循的规则。

　　第二种控制是输入控制,即教师与研究人员的筛选,这种控制与许可授予的机制相似。这种控制包括招收学生、授予研究人员职位及选定高级研究人员的程序。这些程序对研究系统的效率也是非常重要的。但只有研究人员是不够的,还需要资金来开展研究。这就产生了对资源分配系统的需求,即实现资源从政府与立法机构到经筛选后的机构或研究员的流通。在这种背景下,一个重要的问题是,资源是应该以整笔补助金的方式发放,还是以各种类型的个人或机构间竞争方式获得。除此之外的一个相关问题是资助的时间周期的长短。①

第三种控制是产出控制,这种控制与研究成果的产出有关。传统上,这种控制主要是通过输入控制来实现的,即将个人研究成果的评价与聘请和职称评定挂钩。近年来,这种方式的研究控制也应用到了学院申请升为大学等级的审批中。② 但是,除了这些评定以外,一个愈加明显的趋势是,连续性的产出控制体系的形成,在不同程度上把评价结果与资源分配联系起来。③

我们会使用这个框架来说明瑞典科研资源分配体系的变化。基本的问题是政府如何选择策略来管理瑞典的研究系统。由于瑞典基本是采用洪堡模型(Humboldtian model),即研究与高等教育相结合的模式,因此,高等教育系统的指导与组织方式的变化在分析中也发挥着重要的作用。④

二、 机构控制

(一)准入控制

不像银行需要一个许可才能用"银行"这个标签,"大学"的标签

---

① 关于这个问题的一般性讨论和分析,参见理查德·惠特利所著本书第一章。

② 有关这种评估的示例,请参见瑞典高等教育机构(Högskoleverket, 1998)。

③ 此外,最近公众对某些研究程序和结果的激烈争论以及随之而来的媒体干预趋势的加剧,导致伦理和其他"非科学"委员会和机构的监督越来越多,这些委员会和机构已被引入研究资助系统。有关不同资助制度和不同学科影响的一般性讨论,请参见理查德·惠特利所著本书第一章。

④ 关于类似的历史案例,请参见彼得·魏因加特和赛拜因·马森对本书第四章关于德国案例的贡献。

是不受这种方式限制的。任何人都可以建立一所大学，且这种机制被普遍接受。因此，在现代社会，大企业常常将其教育部门称为"企业大学"［如：麦当劳的汉堡大学（McDocald's Hamburger University）见 Crainer and Dearlove，1999］。但是，尽管"大学"的标签使用不受限制，政府依然发挥着一项重要作用以保证大学质量，即决定各机构是否具有授予学位的权力——也就是说，通过准入控制以实现质量控制。

对于瑞典这样的国家，准入控制特别重要，因为事实上所有的非商业性研究都集中于大学。[①] 因此，要分析瑞典科研体系的质量控制过程和发展，首先要知道瑞典高等教育机构的发展和系统结构特征。还要注意的是，工商业部门在瑞典的科研体系中也发挥着关键作用。公共资助在瑞典的科研资金中占比不足 30％，接近于同为世界经合组织成员国的日本 2005 年的最低水平。[②]

好几个世纪以来，瑞典只有两个大学，一个是成立于 1477 年的乌普萨拉大学，另一个是建校于 1668 年的隆德大学。[③] 经由私人倡议，19 世纪后半叶，两个新学院在瑞典最大的两座城市，斯德哥尔摩（1878）和哥德堡（1891）创立起来。两所学校都在 20 世纪中成为国立大学（分别是在 1960 年和 1954 年）。

1965 年，瑞典在北部的于默奥成立了第五所大学，这是瑞典高等教育区域化的起点。在 20 世纪 60 年代后期，现有的大学被要求

---

① 随着 20 世纪 40 年代中期一项正式科学政策的出台，瑞典政府和议会宣布瑞典将放弃建立校外研究机构，类似西德的马克斯·普朗克研究所。相反，以大学为基础的研究原则被提升为研究组织的特殊"瑞典模式"（Nybom，1997）。

② 艾尔增格（Elzinga）对私人（行业）资助的影响和后果进行了讨论（Elzinga，1993），近期席林（Schilling）又对其进行了详细讨论（Schilling，2005）。

③ 史实是，17 世纪瑞典地缘扩张期间，它的大学数量不止于此。瑞典的大学得以于 1632 年和 1640 年在爱沙尼亚的多尔帕特（塔尔图）和芬兰的奥博（图尔库）分别建立。通过 1648 年《威斯特伐利亚和约》，德国的格赖夫斯瓦尔德大学归瑞典，并一直保持至 1815 年。

在卡尔斯塔德(哥德堡)、林雪平市(斯德哥尔摩)、厄勒布鲁(乌普萨拉)、松兹瓦尔(于默奥)与韦克舍(隆德)建立分校。在后来建立的学校中,林雪平市学院在 1975 年升级为大学,其他分校逐步成为独立的学院。1997 年,剩余的学校也都申请升格为大学,但只有卡尔斯塔德学校在同行评审中得到批准。[①] 1999 年,政府决定授予除松兹瓦尔以外的其他学校"大学"的等级。2005 年,松兹瓦尔也被授予大学称号。自此,瑞典大学的数量升为 10 所。

此外,瑞典在农业、管理、医学与技术领域中有 6 所专业性的学校,这些学校都先后获得大学等级,包括卡罗林斯卡学院(成立于 1810 年,1861 年获得考核权资格)、皇家理工学院(成立于 1827 年,1877 年升级为学术机构)、查尔姆理工学院(成立于 1829 年,1937 年获得完整学术地位)、斯德哥尔摩经济学院(成立于 1909)、吕勒奥理工学院(成立于 1971 年,1996 年升格为大学)以及农业大学(1977 年由几所机构合并而成)。[②] 这些学校不像前面的 10 所学院一样是多学科型的,但同样具有任命教授和开展博士培养项目的权力。至此,瑞典总共有 16 所拥有大学资格的学校。

20 世纪的后半叶,瑞典成立了 14 所地区性学院,所在地包括布罗斯、埃斯基尔斯蒂纳/韦斯特罗斯(马拉达伦)、法伦/勃朗哥(达拉纳)、耶夫勒、哈尔姆斯塔德、延雪平市、卡尔玛、卡尔斯克鲁纳/龙讷比(布莱金厄)、克里斯蒂安斯塔德、马尔默、舍夫德、索德脱恩、特罗尔海坦/乌德瓦拉及维斯比。[③] 此外,在斯德哥尔摩,有 10 所艺术表

① 请参见瑞典高等教育机构(Högskoleverket, 1998)。

② 关于成立年代的信息源自《国家百科全书》。农业大学由几所较老的农业、林业、园艺和兽医学院合并而成。由于历史原因,农业大学是由农业部主办的。该大学一直在努力向教育和研究部转移,但至今未成功。另外,斯德哥尔摩经济学院是一个与国家资助有特别协议的私人机构,而查尔姆理工学院自 1993 年以来一直是一个基金会。

③ 与查尔姆理工学院一样,延雪平学院也是一个基金会,设有一个母基金和四个全资的研究和教育有限公司。

演、护理学及教师培训的专科学院。[①]

　　至今，瑞典的高等教育系统包括 40 所学校：10 所大学、6 所有大学资格的专门性的学校、14 所学院以及 10 所专科学院。[②] 它们有不同的形象和传统，但是，它们基本上在资源分配及政府参与的方面都遵循同样的管理原则。主要的不同点在于，有大学资格的 16 所机构能获得政府的整笔补助金，专门用于科研与研究教育。

　　准入控制是质量控制中一个基本筛查机制。它决定了研究领域的主体机构，反过来又对资源的分配（即科研资助的输入控制）有重要作用（另见以下关于分配程序的部分内容）。

（二）机构规则

　　总体来说，瑞典的大学和学院都是正式的政府机构，由政府和议会管辖，与其他政府部门一样受到同一套规章制度体系的制约。规范大学和学院的基本文件是《高等教育法》（the Higher Education Act，Högskolelagen）与《高等教育条例》（Higher Ordinance，Högskoleförordningen）。这两个文件分别在 1992 年（SFS No. 1992：1434）与 1993 年（SFS No. 1993：100）启动实施，实施后也曾多次修订。《高等教育法案》由 5 个小章组成：①规章介绍；②政府大学与学院的组织；③教授及其他教师；④学生；⑤特别规定；共约 10 页。《高等教育条例》的规范更加细致，篇幅更长，但不超过 42 页。《高等教育法》与《高等教育条例》在地位上有所不同，前者由议会修订，后者由政府修订。

---

① 这些学院分别是：舞蹈大学学院、戏剧学院、斯德哥尔摩体育与运动大学学院、国立艺术与设计大学学院、皇家美术大学学院、斯德哥尔摩皇家音乐学院、斯德哥尔摩教育学院、斯德哥尔摩歌剧大学学院、红十字护理大学学院和斯德哥尔摩表演大学学院。

② 这些数字可以与加利福尼亚州横向对比，该州人口约为瑞典的 4 倍。加州大学有 10 个校区，学生超过 20 万人；加州州立大学有 23 个校区，学生超过 40 万名，在 100 多个地方设有地方学院（Trow，1998；加州大学网站 http://universityofcalifornia.edu/campuses/welcome.html）。

在《高等教育法》的 5 个章节中,第二章的内容是大学与学院的组织,与学校管理密切相关。该章节规定大学及学院必须设董事会,董事会的组成架构要求经历了多次更改。目前,瑞典高等教育机构的管理董事会由 15 个成员组成。政府任命其中的大部分成员(8 个),学生和教师分别任命 3 个,校长(rektor)也是其中一员,但不任主席。自 1997 年以来,主席由政府任命,且需为"一个有足够资格与资历的并且不在该机构任职的人员"。大多数管理规定与对主席的任命权,体现出政府希望控制大学及学院的战略性决策。主席的选择也有相当明显的政治色彩。研究显示,2004 年 1 月 1 日,16 所大学和 14 所学院任命的主席中,18 位(60%)与政党有关,其中四分之三的主席与执政党有关(Engwall,2007)。可以看出,对学术机构的管理具有明显的政治色彩。

显而易见,20 世纪 80 年代末以前,瑞典高等教育体系中,传统的政府控制和管理是高度正式化的、起中间调节作用且集权的;在 20 世纪 90 年代初期这种体系被废除——至少是部分被废除;自 20 世纪 90 年代中期以来,该体系转化为由社会民主党执政的政府实行或多或少直接的政治介入。可以说,在过去十年中,高等教育机构越来越不是国家的"文化机构",而变成实现其他政治经济目标的工具。同时,大学及公共研究的创始人们还被明令要求把一些政治性价值观("优质""可持续性""伦理包容")作为"整合性的、可测量的"维度纳入学校传统职责中。

校长任命方式的转变也是瑞典大学和学院管理受到的日渐增加的外部影响之一。以前通常是由同僚决定,即校长是通过大学或学院的内部程序任命的。后来,(经常使用寻找顾问)从外部寻找候选人的做法变得普遍。主席被看作是运营一家学校的企业执行长。但是,他们仍旧是由政府任命的,所以或多或少是政府委任的公职人员。主席的任期最长是 6 年,最多可延长 2 个委任期(3 年为一个委任期）①。到目前为止还没有形成完全成熟的"政党分割制"，即当执政党失势时，校长与主席自动辞职。这种可能性曾在公共辩论中提出，并被认为是一种逻辑性结果。

同时，随着政府在大学及学院的正式管理中的地位提升，对高等教育的限制变得没那么严格。20 世纪 70 年代的特点是高度集权，但过去 25 年逐步变为分权。② 中央政治官僚部门对决策权保持总体掌控，但扩大了高等教育中地方政治决策的范围。分权这一特征在财政管理领域表现最为明显，以前主要关注点为资金花费的类型，后逐渐被以目标为导向的管理体系所代替。1988 年，政府提出了关于新的中央管控体系总纲领，赋予学校或机构更多的职责，实行 3 年为期的预算循环〔（此方案已在 1982 年的研究政策规划中实施（Premfors，1980））〕。这项法令标志着中央政府预算与控制体系大规模改革的开端，这最终会对高等教育及科研资助体系产生重大影响。③

20 世纪 90 年代，高等教育体系与科研资助体系经历了一系列影响深远的变化（Benner，2001）。

（1）《高等教育法》（1992 年）与《高等教育条例》（1993 年）引入了一个新的以目标与成果为核心的高等教育管理体系，由政府与议会设定目标，高等教育机构需在规定范围内达到这些目标。

（2）原来负责整笔补助金发放的中央协调与监管机构（全国高校委员会）被废除，取而代之的是将政府制定每个高校的年度拨款指南作为教育资源的分配依据。

---

① 有关新法规的评估，请参见瑞典高等教育机构（Högskoleverket，2000；SOU，2001：101）。

② 有关集权时期的讨论，可参考（Premfors，1980；Lane and Fredriksson，1983；Lindensjö，1981）。

③ 为回应 20 世纪 60 年代和 20 世纪 70 年代高等教育体系的快速扩张，"仅教书"（讲师）和以研究为导向路径的双职业模式被引进，这进一步增加了大学各部门的内部压力（Nybom，1997）。

（3）高校获得对其校址建筑群更大的控制权，但是高校需付租金给新成立的政府企业，该企业拥有大部分学术机构房产的所有权，并对从财政部获得的资金回报率有具体的要求。这个准市场租赁原则曾受到很大争议。

（4）像其他所有对中央政府负责的权力部门一样，高校也需向政府递交年度报告、中期报告和预算方案。此外，它们也需提交4个定期报告，预测高等教育资金拨款的预计目标成效（SOU 1996：21）。

（5）1993年以前，专项资金拨款体系是由实际花费所决定。1993年以后，新的拨款体系代替了原有体系，该新体系某种程度上是受"买卖体系"启发而形成。"买卖体系"早已在其他公共部门中广泛使用。新的体系中，国家对高校的拨款取决于高校所取得的"成绩"。"成绩"指的是每年全日制学生的数量（full-time equivalent，FTE）以及全日制课程的完成数量。同时，科研资助体系的明显转变是从"同行评审"向约翰·齐曼（John Ziman）所说的"价值评审"（merit review，John Ziman，1994：94）逐渐转变。

（三）结论

对于瑞典科研体系的机构控制，我们可以得出一个结论：政府在准入控制中发挥着至关重要的作用。政府希望高等教育与研究机构分布到全国各地的政治压力使得大学和学院的数量显著上升，这反过来也导致了高等教育管理日渐强化的决策分权。政府逐步更多通过制度规定与经济鼓励政策来行使其权力，而不再依赖于正式的决策。同时，政府也企图通过对高校董事会主席与其大部分成员的任命，对高校施加更大的影响力。①

---

① 有关讨论可参见（Strömholm，2006）。

三、　输入控制

（一）候选人的筛选

20 世纪 60 年代以前，像其他欧洲高校科研体系一样，瑞典的科研部门对候选人的筛选仅限于对入校学生和终身研究员的筛选。第一，入校学生需要通过严格的全国中学考试以保证生源质量。第二，为保证科研人员和学者的质量，他们需参加特许任教资格考核，其后还要参加公共辩论以及时长为 8 到 10 小时的考试。第三，所有的学术职位，特别是数量极少的主席职位（lärostolsprofessorer），是经过严格的、长时间的审核及申诉过程后由国王任命的，其本身就被认为是维持学术品质的充分保证。[①]

然而，对候选人的筛选方式经历了各种改变。随着中学考试及格人数的上升，学术机构不得不实施"录取名额限制"，即学生需要根据质量标准进行遴选。遴选标准通常以学校毕业证书、全国考试（Högskoleprovet）和其他标准（Högskoleförordningen，2000，Ch. 7）作为补充。

1969 年，基于各种原因，瑞典以往采取的传统德国毕业论文体系逐步转变为类似北美博士学位授予方式的体系，该体系包括各项课程要求和 4 年学习总时长。新体系保留了外部审查员审核毕业论文环节，取消了评分制度，并且没有设置考核委员会。然而，经过几次论文质量不过关的事件之后，政府又重新设立了考核委员会。[②]

在 20 世纪 90 年代，教授的聘请制度也发生了改变。1992 年的《高等教育法》规定，高校可以新设教授职位，工资也可以个别协商决

---

① 很多时候，这些过程让候选人之间以及候选人与外部评价者之间产生敌意。
② 关于该系统的讨论，请参见（Engwall，1987；Nybom，1997）。

定。1992 年前,上述内容都由政府特权决定。尽管如此,《高等教育条例》还是对高校可以聘请哪些类别的教师做了规定,并规定了某些特定类型的教师(特别是教授)的合法招聘程序。

1999 年,《高等教育法》对教授职位授予的特别审查(即皇家宪章,Royal Charter)被废除,准许拥有与教授同等学术能力的个体获得教授职称(Högskoleförordningen 2000,Ch. 4,11)。在对候选人评审时,在职教授们会提出相当高、甚至被有些人认为是过分的要求。

当前,在瑞典,将期刊发表文章及其被引情况作为候选人筛选的标准之一已经越来越普遍。但是,由于不同学科的文章发表方式有不同传统(比如主要发表于期刊还是撰写专著),这就导致不同学科代表间的冲突。这种差异和冲突对学科人员筛选有很大影响。因为在专家评审之后,学术职位的候选人会由大学有关院系的代表审查,而非他们自己的院系部门。同时,这些差异和冲突也会引起资源分配的争议(Regeringens Proposition,2004/05:80)。

(二)分配程序

在很长一段时间内,瑞典高等教育与科研系统是集中进行资源分配的,政府以整笔补助金的方式对大学进行拨款,并对资金使用有具体要求。但是,在 20 世纪 40 年代,政府决定不仅要通过整笔补助金的方式资助科研,还要对某些特定的项目给予资助。为了实现这一目的,政府创立了不同研究领域的研究委员会。这些委员会的任务是根据项目负责人提出的研究申请进行科研资金分配。这些资金是作为整笔补助金资助方式的补充。[1] 更早的时候,私人基金会也提供这样的资助,瓦伦堡基金会(Knut and Alice Wallenberg Foundation)就是其中最重要的一个。[2]

---

① 另见(Nybom,1997:65 - 104)。

② 有关克努特和爱丽丝.瓦雷贝格基金会的说明,参见(Hoppe 等人,1993)。

1977 年，瑞典研究资助体系发生了一个重要改变。一个政府委员会(Forskningsrådsutredningen)提议(SOU，1975：26)对二战结束时成立的研究委员会组织进行重组，先是整合了一些小型的、学科导向的研究协会，后又成立了一个新的研究资助机构即研究规划与协调委员会(Forskningsrådsnämnden，FRN)，主要负责支持跨学科的研究。这意味着，学术与学科的卓越不再是研究委员会组织资金拨款的唯一标准和前提，学科之间的社会关联也成为标准之一(Premfors，1980；Landberg 等人，1995)。

对研究资助体系更为重要的改变是大规模地建立起产业研究机构，即应用导向型研究机构。20 世纪 70 年代的变化意味着大多数的政府部门开始设立自己的研究资助机构(Stevrin，1978)。对于瑞典科研体系来说，新的科研体系通常都有较大的资源投入，且资助对象多数是政府委派的短期项目。多数情况下，这种科研的分配不是通过传统的同行评审进行，而是政治官僚内部决定的结果。学术和学科竞争力的重要性已经逊色于政治需求(Elzinga，1985；Gustavsson，1989)。

公共科研资助体系的变化趋势不仅发生在技术和医学研究领域，也发生在社会科学等其他领域，逐步引起大学现有研究机构的解体或部分解体。渐渐地，学术圈对这种科研资助方式的批评越来越多，指责这种方式下产生的研究成果质量不过关。20 世纪 80 年代，社会民主党政府尝试重组这些产业机构，使它们更像是一个科研机构，科学家们在这些机构中拥有最终决定权。

由于研究体系的扩张与市场化的国际趋势，在 20 世纪 90 代初，取代了社会民主党的新政府对瑞典高等教育与研究体系做了几项改变，这些改变是随着"学术资本主义"的国际趋势产生的(Bok，2003；Slaughter and Leslie，1997；Slaughter and Rhoades，2004)。正如前面提及的，这些变化意味着当今高等教育资源的分配是基于输入和产出指标而进行的。① 用于科研的整笔补助金(这里的"科研"包括研究培训和博士学位的学习)按照特别拨款方法发放给每所大学和部分学院(这些学院指已经获得批准、有权授予某个特定领域攻读博士学位的高校)。此外,政府对 4 个"研究领域"的博士学位规定了具体的教学目标,"研究领域"是一个新的行政或立法/司法用词,用以取代传统的院系分派。

此外,有时会对一些资源的使用颁布具体的指导纲领。比如,2000 年,政府支持成立了 16 所国立"研究生院",对这些"研究生院"的研究方向、组织方式以及合作方式都做了明确规定。② 两年前,大学招收博士生的法律和财政条件也有具体且强制的规定,但保证 4年期的资助(SFS, 1998:80)。

到 20 世纪 80 年代末,尽管竞争式资金占研究总资金的比例逐步增加,但其总的份额还是相对低的(10%~20%)(技术和部分医学研究的领域除外)。大学的科研费用主要出自直接拨款到大学的整笔补助金,外部资助只是研究机构的经费补充。但在 20 世纪 90 年代,这种资助体系发生一定程度的反转。

1994 年起,自由保守党政府决定将大部分工薪阶层基金(Wage Earners Funds)用于成立若干个自主研究基金会,提供科研资金给一些具有战略性意义的知识和创新领域(Regeringens Proposition 1991/92:92)。政府为这些具有战略性意义的基金会制定了政策目标(如战略环境研究基金会)和管理条例(如知识基金会)。非学术人

---

① 瑞典不允许个人支付学费,除博士研究外,其高等教育几乎完全由国家拨款资助,唯一的例外是雇主委托教育。2004 年,政府任命了一名专员来调查向非欧洲学生收取费用的可能性(SOU 2006:6)。值得注意的是,自 20 世纪 90 年代中期以来,每个全日制当量(FTE)学生和全日制当量课程完成的收入减少了。根据国家机构 2002 年的年度报告,从 1994 年到 2001 年,用于本科教育的资源实际下降了 17%。这一趋势一直延续至今。

② 参见(Regeringens 命题,2000/01:3)和瑞典高等教育机构(Högskoleverket, 2004);有关介绍另参见 http://www.forskarskolan-mit.nu。

员在这些基金会的委员会或评审团成员中占据较大比例。但是，尽管政府任命的委员会是由外行人（工业和社会人士）和学术人员组成，资金的分配还是需要经过传统的同行评审才能决定。在与资金接收方即学术机构的互动中，不同的学术研究委员会或基金会有显著差异。有些研究委员会仍然依靠绝对的信任，而有些已经采用了更加实际可操作的手段对所资助的机构进行持续性的评价（Sörlin，2005））。

成立这些基金会的最初目的是激励一般的研究机构，但很快基金会成为了研究体系的重要组成部分。在 20 世纪 90 年代后半叶，基金会成为政府缩减公共资助的理由，其中政府对大学基础研究资金的缩减尤为突出。2002 年，这些新的研究基金会的资助额为 11.45 亿瑞典克朗（约人民币 7.565 亿元），占研究资助总额的 5%。①

最后的结果是瑞典大学科研基础被大幅削弱。20 世纪 80 年代初，外部竞争性资助平均占大学总科研资金的 33%，而到 2002 年，对应的数字提升到 55%。在不到 20 年的时间里，整笔补助金的资助方式与竞争性资助方式的关系发生了相当大的转变。在 20 世纪 80 年代，3% 的营运开支由外部资助支付，到 2004 年，这个数字平均超过了 50%。后者也引发了一个几乎是永久性的且起反作用的争议，这个争议就是关于大学以及资助机构、研究人员的公正合理的营运开支问题（Nybom and Stenlund，2004；Engwall，2005）。

以上这些改变反映了社会民主党政府提出的新政策，即政府给大学的国家研究资助应该经过竞争程序后再进行拨款，竞争程序由国家研究委员会来组织和把控。瑞典政府把这种模式作为保证科研质量和"强化瑞典科研形象"的主要策略。国家直接分配给大学的科

---

① 关于这些基金会前十年的检查，参见（Sörlin，2005）；关于瑞典银行三百年纪念基金会，见（Nybom and Stenlund，2004）。

研经费的大幅减少,使得大学发生了明显的改变:大学难以自己设定科研的优先次序,其科研活动也缺乏特点。相反地,瑞典树立科研形象的雄心壮志,促使科研在大学、科研工作者和科研单位逐步产生了主流化的趋势。

高等教育系统的扩张、政府对学院的重视、批准新的科研机构授予博士学位的新方案等做法都导致了科研资金分配的进一步改变,这种改变对传统的研究型大学产生了一些不利的影响。[①] 在 1998 年到 2000 年间,对科研和博士学位教育的投入预估增长 29 亿瑞典克朗,其中超过 30% 即 10 亿瑞典克朗分配到 3 所新建大学以及其他学院。同时,本科与职业教育的同步扩张又使得资金投入不足的问题更加明显。

为了推进竞争性资助这一新政策的实施并提高公共研究资助的效率,2001 年,政府决定合并一部分学科组织的国家基础研究协会,形成一个新的专门的单独机构,即科学研究委员会(Vetenskapsrådet, VR)。同时,将偏应用导向的研究资助机构合并到 3 个国家机构中,包括瑞典创新局(技术方面)、瑞典环境、农业科学和空间规划研究理事会(环境方面)以及瑞典职业生活与社会研究委员会(社会政策方面)。

为了进一步强化政策指导,2000 年的政府法案(《研究与复兴》)也确定了 8 个不同的具有战略性意义的领域,并指出科学研究委员会及其他公共科研资助机构应该特别注意这些领域。此外,政府也强调了跨学科与多学科研究的重要性。

在过去几年中的一个趋势是,除了整笔补助金之外,其他的拨款主要用于资助大项目,即"研究实力强或优秀的机构",而非资助小项目。国际同行的观点也越来越多地应用到评价工作中。这些策略逐

① 一些大学学院也有权在指定的"研究领域"获得有限的集体研究资助(和授予博士学位)。

步被不同研究资助机构采用。研究资助的方式也在发生转变，传统上是资助个人研究，如今更多是资助整个研究机构。

（三）结论

可以注意到，输入控制体现出一定程度的权力下放。招生、研究教育和教授职称评选方式经历了一系列的变化，这意味着，在一定程度上，高校有更多的自主权。同时，对高校学生的要求（特别是博士生）提高，教授的就业环境有所恶化，尤其是就业保障和公休保证的特殊条例的废除，都是愈加强调通过短期项目间竞争而非通过长期的整笔补助金发放来获得科研资金的结果之一。然而，在过去几年间，政府和研究资助机构倾向于资助大项目而非小的个人项目。① 因此，我们可以看到向整笔补助金资助方式的回归趋势，尽管这种整笔补助金不是直接从政府获得，而是由研究资助机构发放。这个过程与以往最大的不同在于：资源的分配是基于同行评审而非政治决策。

四、产出控制

研究委员会经过发展并逐步成为研究资源分配中心后，其认为系统地评估它们所资助的研究是应该的。这是瑞典研究系统评估过程的开始。出版物数据库和引文分析技术的发展为促进评估提供了重要工具。20 世纪 60 年代末 70 年代初，自然科学研究委员会（Natural Science Research Council）首先对自然科学中的不同学科领域进行定期评估，例如物理（*Regeringens proposition*，1981/82：37；NFR 1981）。这些评估通常由非瑞典籍的同行评审小组实施，包含两个主要目标：一是对特定学科领域进行总盘点；二是审查研究委员

---

① 正如理查德·惠特利在本书第一章中指出，许多其他国家也呈现类似趋势。这一趋势似乎一如往常由美国带头［参见苏珊.科森（Susan Cozzen）所著本书第十一章］。

会自身的科研资助政策。评价通常包括一些研究政策建议。在 20 世纪 80 年代和 90 年代,其他国家研究委员会(如人文和社会科学)随之效仿,发起了更多类似的基于学科的评价(如历史、经济学、社会学和教育)。[1]

这些内部发起的评价与资助没有任何联系,它们对一般的政策或实际的资源分配只有一些很小的影响。[2] 由于这些内部评价提出的建议不是强制性的,因此也很少被付诸实施。然而,从 20 世纪 90 年代末开始,出现了对现有研究机构的公开排名。排名可以看作是政府向研究委员会发出指令的直接结果,要求研究委员会增加其资助政策中的竞争成分和质量考虑。

20 世纪 90 年代,无论是在高等教育还是科学研究领域,评价的方式和方案都发生了较大转变,政府的放权管制过程伴随着产出控制制度的实施,即正式科研评价的实施。90 年代初,自由保守党政府首先设立了评价秘书处,秘书处既是学术项目的认证机构,也是评价程序的评价者[大学校长斯蒂格·哈格斯特龙(Stig Hagström)定义秘书处的主要目标不是"对结果进行评价",而是"对评价程序进行评价"]。这里的评价程序指的是高校所实行的评价程序。秘书处明确表示,这些评价不应与资助有任何关系。[3]

1995 年,社会民主党政府把评价秘书处改为瑞典高等教育机构(*Högskoleverket*)。该机构的主要任务是对高等教育进行质量审计,对高等教育机构进行监督以及对高等教育系统进行审查和分析;其他任务包括评估在国外获得的资质证明,支持教育的创新和发展,提

---

① 关于研究委员会评估的示例,见(Engwall, 1992);马顿(Marton)也从评估中提供了一些一般性结论(Marton, 2005: 167 - 169)。

② 至少有一个该内部评价的效果可以报告: 在(Engwall, 1992)报告的经济学评估之后,经济学教授们碰头并对各自学科内的学位论文提出了更现实的要求。

③ 有关这个系统的描述,请参见(Engwall, 1997)。

供高等教育的有关信息和鼓励招生等。1999 年，政府指示该机构在 2001 年启动对高等教育的所有学科和项目开展一项为期 6 年的质量监测。监测工作包括有关部门院系的自我评价与外部审查，审查小组需向该机构提交一份包含措施建议的报告。

这些对学科与项目的评价有三个主要目的：一是促进质量的提升；二是审查教育是否符合《高等教育法》和《高等教育条例》所表述的目标和规定；三是为利益相关方提供信息。2001 年，9 个评价小组共进行了 222 次质量监测，其中只有 8 次对授予学位的权利提出质疑。而且，在报告提交后，有关部门或项目组有机会纠正被指出的不足。只有在第二次检测不通过的情况下，政府才会考虑真正撤销这些学校授予学位的权利。国家高等教育机构也会考虑科研和科研教育的问题，但这些评价与资助没有直接关系，其建议也不是强制性的。[①]

除了研究委员会和高等教育机构实施的评估外，两所皇家学院也开展类似的评估。这是在由工薪阶层基金资助的新的自主研究机构设立后，它们所收到的任务（见上文关于分配程序的部分）。瑞典皇家科学院（The Royal Swedish Academy of Sciences，KVA）和瑞典皇家工程科学学院（The Royal Swedish Academy of Engineering Sciences，IVA）被赋予法定权力：有权审查与评价除了瑞典银行百年基金会以外所有新设立的基金会的政策和程序。这些评估除了按正式程序对基金会进行常规性评价外，还调查了所批准的研究项目的质量。[②]

在瑞典，研究机构也越来越倾向于开展自我评价。其中一个例子是乌普萨拉大学的 BASTU 工程（SAUNA IV，2005）。该工程要

---

① 有关北欧评价体系的比较，参见（Kim，2002）。

② 例子可参见（KVA，2001）。

求大学的不同部门总结自己的研究成果,为未来的工作设定优先次序,并形成报告。这些报告成为不同部门得到评价小组推荐和资源重新分配的依据,评价小组的成员包括了来自伯克利、爱丁堡和赫尔辛基的杰出人士。另外一个长期的影响是学校建立了出版物数据库(OPUS)以便于大学内部分析。目前为止,出版模式和资源分配还没有形成直接的联系。最后,应该提到的是,某些研究领域(如商业和工程)需要接受国际评估排名或通过国际认证。评估的重点是教育,但研究也是考虑因素之一。[①]

综上,瑞典的产出控制依然相对较弱,对学科的评价主要由研究委员会和国家高等教育机构承担。[②]此外,皇家学院还评估了由工薪阶层基金创立的基金会所资助的研究。这些评价都没有与资助直接挂钩,但它们是资源分配决策的重要参考。在整个体系中,文献计量法越来越多地被用于区分学者的能力等级,尽管这种使用未必足够系统化(关于文献计量,详见本书第五、第六章)。文献计量标准(尤其是"国际能见度")不仅对外部资助(研究委员会等)产生了明显的影响,也在大学内部研究资源的分配方面发挥了更重要的作用,尤其体现在教授的任期和聘请程序中。

五、结论

研究资源的分配是更大的分配决策的一部分,共同目的是使有

---

① 有关认证和排名分析,分别见(Hedmo,2004)和(Wedlin,2006)。正如彼得.魏因加特(Peter Weingart)和赛拜因.马森(Sabine Maasen)在本书第四章中所指出,目前已有很多针对大学整体设计的各种排名,其中最引人注目的是上海交通大学世界大学学术排名(http://ed.sjtu.edu.cn/ranking.htm)。瑞典杂志《现代潮汐》(Moderna tider)也于1999年对大学进行了类似排名。

② 澳大利亚的约亨.格拉泽(Jochen Gläser and for Australia and)和格瑞特.劳德尔(Grit Laudel)在本书第五章、荷兰的巴伦德.范德莫伦(Barend van der Meulen)在第九章的内容也证实了其他国家有更严格的制度。另请参见理查德.惠特利在本书第一章的一般性讨论。

限资源的效益最大化。然而，研究资源的分配决策很难制订，因为研究具有很高的不确定性，研究的时间跨度也较长。在这种情况下，我们建议政府通过机构控制、输入控制和产出控制来实现对研究领域的把控。通过利用上述框架对瑞典的研究系统进行分析，我们的发现如下：

（1）政府在控制新研究主体的进入方面发挥重要作用。大学和大学学院的数量从战后几十年的有限数量发展到今天的40所高等院校，政府如何向这些单位分配研究资金具有很大的压力，但总体上得到了较好的解决。

（2）不管是较早的自由保守党政府，还是现在的社会民主党政府，都将新公共管理体制理念引入高校系统。高等教育与研究机构被委派明确的任务，在完成这些任务时才可以得到奖励。社会民主党政府还推动大学和学院进行更为企业化的治理，董事会中的外部成员占大多数，并有一名外部主席，主席越来越倾向于从政治家中选拔。在机构控制方面，我们看到了市场和政治力量的结合。[1]

（3）政府已经把教授的任命权力交予学术界。因此，政府不再正式控制哪些人有资格被称为能力最强的研究者。学术机构在聘用教授方面获得了一定程度的自由。但是，教授们也成普通的国家雇员，不再享有先前的就业保障特权。

（4）不断变化的瑞典科研体制的另一个特点是，科研资源越来越多地通过短期项目资助而不是长期的整笔补助金进行分配。这种变化背后的逻辑是，项目资助会更加灵活，也意味着研究人员会持续承受着做出高质量研究的压力。不过，我们也注意到，研究委员会和研究基金会倾向于支持少量的大方案，而不是许多小项目。因此，在

---

[1]　2006年9月，非社会主义政府上台并赋予大学和学院向政府推荐董事会成员的权利（政府法案，2006/07：43）。

某种程度上可以说,整笔补助金的资助方式已经悄悄回归。但也可以说,政界人士已经把真正的政治责任和决策角色交给了研究界。

(5)产出控制(即研究评价)的趋势越来越明显。在瑞典,这种趋势始于20世纪60年代的研究委员会,此后一直由这些组织和其他机构(如国家高等教育机构和皇家学院)继续进行。到目前为止,研究评价与资助的联系还处于薄弱状态。

本章的总体结论是,高等教育研究体系在过去几十年里所呈现的特点是权力的下放。无论是在高等教育还是科学研究方面,早期通过控制国家预算和任命教授等实施封闭式治理的"看得见的手",已逐步将权力移交给"看不见的手"的市场治理。很难说这是否形成了一个更有效的系统。然而,对引用的研究结果似乎恰恰相反,即瑞典的研究人员在国际舞台上的影响力已经降低。[1] 不同的主体对这些发现有不同的解释,对改变这种状况提出的解决办法也不计其数。它们都可以被看作是各要素在学科间、机构间和代际间研究资源方面的持久斗争。幸运的是,解决这些冲突并不是本章的任务,本章只是指出高等教育和研究系统的发展状况。我们能作出的唯一预测是,上述的冲突将继续存在。

最后,我们简要讨论一下瑞典的案例研究在多大程度上具有推广意义,即瑞典的情况是否会在未来在其他国家出现。在没有对国家间进行广泛比较的情况下,似乎有理由相信这是可能的。首先,科研系统和高等教育在大多数国家的政治辩论中变得越来越重要。长期以来,科学创新和学术能力被认为是国家未来繁荣和获得竞争优势的手段(如 Porter, 1990)。其次,绩效管理模式从企业界迅速扩散到公共部门。在这个过程中,一个特别显著的变化特征是向审计社

---

[1] 据海曼(Heyman, 2003)报告,瑞典研究的被引用量明显下降,尤其是在医学领域。挪威的一项研究也得出了类似结果(Aksnes and Sivertsen, 2003,也见 http://www2.db.dk/jws/Files/Workshop%20Prentations/Askness_Sivertsen.pdf)。

会的转变（Power，1999），即对增强产出控制的转变。[①] 这也是现代
社会管理模式广泛扩散的一部分（Sahlin-Andersson and Engwall，
2002）。

参考文献

Aksnes, Dag W. and Gunnar Sivertsen (2003), How Should One Measure
　　the Overall Citation Rates of Countries?, Discussion Paper. Oslo:
　　Norwegian Institute for Studies in Research and Higher Education.

Benner, Mats (2001), Kontrovers och konsensus. Vetenskap och politik i
　　svenskt 1990 - tal, Nora: Nya Doxa.

Bok, Derek (2003), Universities in the Marketplace: The Commercialisation
　　of Higher Education, Princeton: Princeton University Press.

Crainer, Stuart and Des Dearlove (1999), Gravy Training: Inside the
　　Business of Business Schools, San Francisco: Jossey-Bass.

Elzinga, Aant (1985), 'Research, Bureaucracy and the Drift of Epistemic
　　Criteria', in Björn Wittrock and Aant Elzinga (eds.), The University
　　Research System: The Public Policies and the Home of Scientists,
　　Stockholm: Almqvist & Wiksell, pp. 191 - 217.

Elzinga, Aant (1993), 'Universities, Research and the Tranformation of the
　　State', in Sheldon Rothblatt and Björn Wittrock (eds.), The European
　　and American University since 1800. Historical and Sociological Essays,
　　Cambridge: Cambridge University Press, pp. 191 - 233.

Engwall, Lars (1987), 'An American Dream. Postgraduate Research
　　Training in the Social Sciences in Sweden', in Postgraduate Research
　　Training in the Social Sciences, Copenhagen: International Federation of
　　Social Science Organizations, pp. 122 - 128.

Engwall, Lars (ed.) (1992), Economics in Sweden, London: Routledge.

Engwall, Lars (1997), 'A Swedish Approach to Quality in Education', in
　　John Brennan, Peter de Vries and Ruth Williams (eds.), Standards and
　　Quality in Higher Education, London: Jessica Kingsley, pp. 220 - 244.

---

① 彼得. 魏因加特和赛拜因. 马森在对本书第四章也得出了类似结论。

Engwall, Lars (2005), 'Hur har vi det med beredskapen idag? Utbildning och forskning som modern försvarspolitik', in Anders Björnsson, Martin Kylhammar and Åsa Linderborg (eds.), Ord i rättan tid, Stockholm: Carlssons, pp. 281 - 300.

Engwall, Lars (2007) "The Universities, the State and the Market: Changing Patterns of University Governance, " Higher Education and Policy, 19,87 - 104.

Government Bill 2006/07: 43. Frihet att välja ett ökat inflytande för universitet och högskolor när styrelseledamötor utses, Stockholm: Fritzes.

Gustavsson, Sverker (1989), 'Den sista forskningspropositionen', in Thorsten Nybom (ed.), Universitet och samhälle. Om forskningspolitik och vetenskapens samhälleliga roll, Stockholm: Tiden, pp. 165 - 178.

Hedmo, Tina (2004), Rule-making in the Transnational Space: The Development of European Accreditation of Management Education, Uppsala: PhD Dissertation, Department of Business Studies, Uppsala University.

Heyman, Ulf (2003), Sveriges vetenskapliga publicering-en analys av NI, Stockholm: Vetenskapsrådet.

Högskoleförordningen (2000), in Utbildningsväsendets författningsböcker, Del 3, Universitet och högskolor, Stockholm: Norstedts, pp. 27 - 108.

Högskolelagen (2000), in Utbildningsväsendets författningsböcker, Del 3, Universitet och högskolor, Stockholm: Norstedts, pp. 13 - 22.

Högskoleverket (1998), Högskola i dynamisk utveckling: fyra högskolors förutsättningar att bli universitet, rapportserie, 11 R, Stockholm: Högskoleverket, http://www. hsv. se/download/18. 539a949110f3d5914 ec800087718/9811R. pdf (accessed 29 May 2007).

Högskoleverket (2000), Att leda universitet och högskolor: en uppföljning och analys av styrelsereformen 1998, rapportserie, 15 R, Stockholm: Högskoleverket, http://www. hsv. se/download/18. 539a949110f3d5914 ec800083506/0015R. pdf (accessed 29 May 2007).

Högskoleverket (2004), Uppföljning av 16 nationella forskarskolor-samverkan, rekrytering, handledning och kurser, rapportserie, 18R, Stockholm: Högskoleverket, http://www. hsv. se/download/18. 539a949110f3d5914ec800092647/0418R. pdf, (accessed 29 May 2007).

Hoppe, Gunnar, Gert Nylander and Ulf Olsson (1993), Till landets gagn:

Knut och Alice Wallenbergs stiftelse 1917 – 1992, Stockholm: Norstedt.

Kim, Lillemor (2002), Lika olika. En jämförande studie av högre utbildning och forskning i de nordiska länderna, Stockholm: Högskoleverket.

KVA [Kungl. Vetenskapsakademien] (2001), Stiftelsen för forskning inom områden med anknytning till Östersjöregionen och Östeuropa (Östersjöstiftelsen). En granskning av verksamheten 1994 – juni 2001, KVA rapport 2001: 3, Stockholm: KVA, http://www. kva. se/KVA_ Root/publications/reports/reportbaltic. pdf (accessed 29 May 2007).

Landberg, Hans, Olle Edquist and Uno Svedin (1995), Riksdagen, regeringen och forskningen. Några drag i svensk forskningspolitik under två decennier, Stockholm: Fritzes, SOU 1995:121.

Lane, Jan-Erik and Bert Fredriksson (1983), Higher Education and Public Administration, Stockholm: Almqvist &. Wiksell.

Lindensjö, Bo (1981), Högskolereformen. En studie i offentlig reformstrategi, Stockholm Studies in Politics 20, Stockholm: Gotab.

Marton, Susan (2005), 'Humaniora och samhällsvetenskap-'business as usual'?', in Sverker Sörlin (ed.), 'I den absoluta frontlinjen'. En bok om forskningsstiftelserna, konkurrenskraften och politiken möjligheter, Nora: Nya Doxa, pp. 159 – 199.

NFR [Naturvetenskapliga forskningsrådet] (1981), International Evaluations of Research Projects Supported by the Swedish Natural Science Research Council. Summary of Reports, Achievements and Criticisms, 1977 – 1980, Stockholm: NFR.

Nybom, Thorsten (1997), Kunskap, politik, samhälle. Essäer om kunskapssyn, universitet och forskningspolitik 1900 – 2000, Stockholm: Arete.

Nybom, Thorsten and Bengt Stenlund (eds.) (2004), 'Hinc robur et securitas '. En forskningsstiftelses handel och vandel-Stiftelsen Riksbankens Jubileumsfond 1989 – 2003, Hedemora: Gidlunds.

OECD [Organisation for Economic Cooperation and Development] (2005), OECD Science, Technology and Industry Scoreboard, Paris. OECD.

Porter, Michael E. (1990), The Competitive Advantage of Nations, New York: Free Press.

Power, Michael (1999), The Audit Society, Oxford: Oxford University Press.

Premfors, Rune (1980), The Politics of Higher Education in Comparative

Perspective: France, Sweden, United Kingdom, Stockholm Studies in Politics 15, Stockholm: Gotab.

Regeringens proposition 1981/82: 106, Proposition om forskning, Stockholm: Fritzes, 1981.

Regeringens proposition 1991/92: 92, Om utskiftning av löntagarfondernas tillgångar m. m. , Stockholm: Fritzes, 1992.

Regeringens proposition 2000/01: 3, Forskning och förnyelse, Stockholm: Fritzes, 2001.

Regeringens proposition 2004/05: 80, Forskning för ett bättre liv, Stockholm: Fritzes, 2005.

SAUNA IV (2001), Rektors förslag till förnyelse och fördelning av BASTU-medel universitet. e, Uppsala: Uppsala universitet.

Sahlin-Andersson, Kerstin and Lars Engwall (eds.) (2002), The Expansion of Management Knowledge. Carriers, Flows and Sources, Stanford, CA: Stanford Business Books.

Schilling, Peter (2005), Research as a Source of Strategic Opportunity? Rethinking Research Policy Developments in the Late 20th Century, Umeå Studies in Economic History 32, Umeå: Umeå universitet.

Slaughter, Sheila and Larry L. Leslie (1997), Academic Capitalism. Politics, Policies, and the Entrepreneurial University, Baltimore: The Johns Hopkins University Press.

Slaughter, Sheila and Gary Rhoades (2004), Academic Capitalism and the New Economy, Baltimore: Johns Hopkins University Press.

Sörlin, S. (ed.) (2005), 'I den absoluta frontlinjen'. En bok om forskningsstiftelserna, konkurrenskraften och politikes möjligheter, Nora: Nya Doxa.

SOU 1975: 26 [Statens Offentliga Utredningar] (1975), Forskningsråd. Betänkande avgivet av forskningsrådsutredningen. Stockholm: SOU. Liber.

SOU 1996: 21 [Statens Offentliga Utredningar] (1996), Reform och förändring : organisation och verksamhet vid universitet och högskolor efter 1993 års universitets-och högskolereform, Stockholm: Fritzes.

SOU 2001: 101 [Statens Offentliga Utredningar] (2001), Högskolans ledning. Slutbetänkande av Utredningen om högskolans ledning, Stockholm: Fritzes.

SOU 2006: 6 [Statens Offentliga Utredningar] (2006), Studieavgifter i högskolan. Betänkande av studieavgiftsutredningen, Stockholm: Fritzes, 2006.

Stevrin, Peter (1978), Den samhällsstyrda forskningen: en samhäll-sorganisatorisk studie av den sektoriella forskningspolitikens framväxt och tillämpning i Sverige, Stockholm: Liber.

Strömholm, Stig (2006), 'Tankar om universitetsstyrning', in Kjell Blückert and Eva Österberg (eds.), Gränslöst-forskning i Sverige och världen, Stockholm: Natur och Kultur, pp. 422 – 441.

Trow, Martin (1998), 'Governance in the University of California: The Transformation of Politics into Administration', Higher Education Policy, 11, 201 – 215.

Wedlin, Linda (2006), Ranking Business Schools: Forming Fields, Identities and Boundaries in International, Cheltenham: Edward Elgar.

Ziman, John (1994), Prometheus Bound: Science in a Dynamic Steady State, Cambridge: Cambridge University Press.

第三章
前瞻性和回溯性评估体系：来自日本的启示

罗伯特·内勒
Robert Kneller

一、引言

日本大学的研究评估一直到最近都还依赖着对竞争研究提案的前瞻性评估。过去的 10 年里，在竞争性研究提案中进行评估和选择的过程（以下简称"前瞻性同行评审"）不断发展。与 20 世纪 90 年代中期相比，2006 年的过程更加透明，同时也以专家意见为基础。然而，由于每个项目通常都有自己的同行评审流程，而且有可能提供竞争性资金的政府项目相当多，因此潜在的申请人要面对各种同行评审系统。

尽管前瞻性同行评审已有所改进，但还是存在着两个棘手的问题：首先，日本的研究资助体系和前瞻性同行评审体系是否能鼓励年轻研究人员跟随资深教授的脚步呢？这种做法对创新性、开创性的研究是有阻碍的。其次，正如附录所示，竞争性研发（research development，R&D）资金（约占大学研发资金总额的一半）的分配仍然高度倾斜，偏向于少数几所精英大学。这反映了人才分布的不平衡及同行评审体系根据机构地位和声誉分配资金的倾向呢？

资金分配不平衡是最近实施回溯性评价体系的一个核心问题。该体系旨在为个别研究人员的表现提供客观的衡量标准，用于晋升决策，并鼓励研究人员提高工作效率。但其另一个目的在于区分 30 多所研究型大学和众多教育型大学。研究型大学将继续接受政府的大量资助，以期成为世界级的研究中心；教育型大学将研究视为一项附属活动，并将获得相应的资金。这种区分是国家科研评价体系的共同目标，在澳大利亚（详见本书第五章）和英国最为明确。

日本正在逐渐实施回溯性评价体系，在 2010 年之前，预计不会出现差异化的预算削减。然而，二流和三流的大学已经在抱怨不应该用与精英大学一样的标准来评判他们。于是，关于新的回溯性评价制度的一个关键问题就在于：评价的结果是否由预期系统的偏斜结果和通用资金分配的等效差异提前决定？日本的整笔补助金也向精英大学倾斜，尤其是战前被定为"帝王大学"的 7 所州立大学（如附录 3 所示），这种拨款被称为运营和行政补贴（Unei Koufu Kin）。普通用途的资金中只有一部分用于支持研究，但该表仍然显示了总体分配的差距。那么，如果回溯性评估的结果确实是预设的，那该制度还有什么其他作用呢？

正如本书引用的文稿所示（Whitley, 2003），在尝试解决这些问题时，理解评估体系和评估程序如何在其更广泛的体制环境中发挥作用是至关重要的，特别是资助学术体系和控制奖励体系方面。因此，本章先是总结了战后日本研究体系的主要特征以及前瞻性评估在其中的作用，然后再考虑回溯性评估对未来研究的方向和组织可能产生的影响。因此，下文将对日本的大学研究体系和预期同行评估的作用进行描述，包括对预期评估过程和主要资金来源的详细说明。随后，对试行头几年的回顾评审体系做出概述。本章最后一部分将对改善日本和其他国家创新氛围的配套改革提出一些建设性的意见。

二、 科学研究和前瞻性同行评审

（一）大学研究体系

2004 年，日本高等教育体系由 87 所国立大学、文部科学省

(Ministry of Education，Sports，Culture，Science and Technology，MEXT)下属的 4 个国家学术研究所、80 所都道府县、市和地方各级政府管辖的大学和 542 所私立大学构成。2002 年，对日本研发的贡献度，大学约占比 14％，而政府研究机构（government research institutes，GRIs)占比 9.5％(NSB，2006)。国立大学占研究贡献的 75％左右，并在 2004 年培养了 78％的理工科博士(MEXT，2004)。在国立大学开展的研究活动中，有很大一部分(55％)是由"外部来源"支持的。在私立大学中，这一比例约为 50％，私立大学的研究资金大部分来自学费。这些外部来源中最重要的是政府竞争性研究资金，但行业资金和上级支持也同样重要。

　　虽然许多大学是地区经济的主要贡献者，但是除了一些赞助的研究，日本国立大学几乎没有从都道府县或地方政府获得资金。作为许多边远地区首屈一指的教育机构，这些大学有潜力为当地的经济发展做出重大贡献。就较富裕的都道府县而言，县级政府与其所辖大学之间以及与文部科学省之间的官僚竞争阻碍了区域层面的合作；而在较贫穷的都道府县，地方政府则缺乏支持当地国立大学的途径。

　　日本的学术体系阶层分明，特别是京都大学和东京大学等历史较悠久的国立大学，它们是声望最高的，也掌控着最丰富的资源（见本章附录）。大多数有学习能力的高中生（或者至少是他们的父母）都梦想进入东京大学或京都大学，大多数学者梦想在那里度过自己的职业生涯。这些虽是陈词滥调，却也是不争的事实。由于这些强烈的地区和机构的偏好，一些备受推崇的大学的招聘和晋升制度对全国的学术职业战略产生了影响。名牌大学确实在努力招聘和提拔有能力和高产出的研究人员。但即便如此，候选人的筛选通常取决于小型内部委员会，在这些委员会中，通常只有一位教授拥有话语权。大多数大学教职工很少对委员会选取的候选人提出质疑，就更别提公开辩论和征求外界意见了。

一流大学设法使用这个系统招募有创造力和有能力的人，因为它们对全国各地聪明的年轻研究人员都很有吸引力。但是，对资金的需求可能会阻碍年轻研究人员追求非正统的研究主题或使用非正统的研究方法（Coleman，1999）。由于资金总是倾向于同样少数的大学，所以对于他们而言，失败不仅意味着他们将失去在名牌大学工作的机会，还意味着其职业生涯可能要在研究资源匮乏的大学里度过。①

2004 年，国立大学成为文部科学省下的独立行政组织（正式的大学法人）。国立大学以前只是文部科学省的分支机构，人事和财务事务都受到控制。注册成立后，国立大学现在拥有了大多数关键领域的法定权力。理论上，国立大学可以自由决定长聘教员的数量和职务，及其这些教员在现有或新设的院系之间的分配；原则上，这些大学可以从校友、地方政府和其他来源筹集资金，并可以调整学费，但是每年的增幅不能超过 10％。然而事实上，国立大学仍然依赖文部科学省支付基础设施费用和长聘工作人员的工资，这些费用主要依靠上述的运营和行政补贴来支付。②

为了在减少政府开支的同时鼓励自主性，从 2005 年开始，相对

---

① 可以说，基于东京、名古屋、大阪-京都-神户等大都市地区（以下简称 A 组地区）的人口占日本总人口很大比例的情况，这些地区，甚至人口比例稍小的 4 个地区［札幌、仙台、广岛、福冈（以下简称 B 组地区）］的大学获得相应比例的研究支持是合适的。然而，将占 2006 年文部科学省助学金 95％ 的大学对应到标准分类的大都市区，就会发现 A 组地区的人口虽然只占 2006 年总人口的 43％，该地区的大学却获得了 63％ 的助学金。A 组和 B 组两个地区的人口占总人口的 49％，但该地区的大学获得了 83％ 的助学金。即使是根据县而不是大都市对大学和人口进行分类，也显示出资金与人口比例存在偏差。因此，如果把千叶县、埼玉县和神奈川县包括在东京地区，大阪-京都-神户地区包括志贺县、奈良县和兵库县（这些县大多存在大量远离主要城市的农村地区），A 组地区大学获得的 63％ 的助学金仍然只分配给全国人口的 49％。同样的，合并 A 组和 B 组地区所获得的 83％ 的助学金将仅分配给 58％ 的人口。

② 学费、患者住院费与补贴的结合形成了用以支付工资和一般基础设施费用的主要资金池。

于 2004 年的基数,所有国立大学的补贴每年减少约 1%。从 2010 年开始,以教学为导向的大学每年的减幅将增加到 2%,而以研究和教学为导向的大约 30 所大学的减幅将保持在 1%。每年收集的关于研究成果的数据将在确定大学的分类上发挥关键作用。

到目前为止,削减补贴并没有导致长聘教职员工数量的减少。相反,裁员是裁减暂时空缺却仍在接受着补贴的教职工职位。但随着裁员的继续,预计教职员工和其他长聘工作人员将会减少,特别是在以教学为导向的大学。此外,根据预计,一些实力较弱的教学导向型大学将合并到一起或被实力较强的大学兼并。鉴于大学数量众多,其中许多大学研究资源匮乏,因此进行一些兼并是可行的。尽管如此,认为世界一流的研究应该在 30 个左右的机构内进行整合的观点似乎在假定着科学卓越是精英主义所成就的,而非广泛的竞争。它还假设不做研究或不与研究同事接触就可以有效地教授更高水平的学科,因此解决日本诺贝尔奖级别的科学研究份额较少这一问题的方案是更加集中研究资源。

(二) 大学研究组织与学术奖励制度

日本大学的基本组织单位是讲座(kouza),这是以 20 世纪初德国大学的教授席位制度为模型构建的。讲座通常由一名正式教授、实验室负责人、助理/副教授(jo kyou ju)和一名助理(joshu)组成。教授退休后,助理/副教授通常会成为继承实验室领导职务的主要候选人。通常每个讲座都有一个实验室,因此,实验室设立于讲座的领导下。讲座的初级成员通常要与讲座的领导共同申请研究经费,当然,也必须与其领导协调合作。

某些讲座中包含一名讲师(koushi),其职级介于助理和助理/副教授之间。人们认为讲师主要侧重教学,有时不适合填补空缺的副教授职位。在 2007 年,这些头衔发生了变化。助理教授(Assistant professors)成为副教授(jun kyou ju),助理成为助理教授/副教授

(jokyou)。

决定个人学术生涯发展情况的是资助而不是履历（Coleman，1999）。在 1990 年代之前，空缺职位都是从讲座内部填补的，讲座代表着一个狭窄的职业晋升阶梯，空缺的职位通常由下一个等级中的人员填补，而教授在选择新的助手时实质上选择了他的第二代继承者。而今，从助手到助理教授的内部晋升是不被鼓励的，助手通常会在不同的讲座（有时在另一所大学）找到他们的第一位助理/副教授。尽管如此，学术招聘和升职仍然主要取决于关键的高级教授的建议。就广泛征聘人员来填补空缺的岗位以及择优录取而言，公开招聘仍然很少见。^① 邀请外部专家对候选人的成就进行深刻且客观的评估，并在考量中给予这些外部评估相当大的权重，这种做法就更加罕见了。^②

然而，讲座体系正变得更加灵活。一些院系已经放弃了正式的讲座从属关系，教授们能真正基于申请者的优点和院系的需求，共同做出招聘决定，而不是根据申请者过去与该系成员的从属关系、或者申请者的研究兴趣与特定资深教授的相近程度去判断。然而，即使是在这些部门，整个评审过程通常也没有客观的外部评价参与。

（三）研究经费与前瞻性同行评审

日本政府各部委已经实施了各种关于研究资助的计划。评审申请和资金发放的程序各不相同，这反映了各部委的不同使命和不同的运作方式，某种程度上还反映了它们之间的竞争。其中一些比较重要的问题值得我们去总结，以便与回溯性研究评估的程序进行

---

① 我（作者）只熟悉几所日本大学的招聘和晋升机制，但其中包括两所一流国立大学和一所一流私立大学。据我所知，这 3 所大学中，每一所都有一个部门在实行这种形式的公开招聘，但这些部门的人声称他们是自己大学里的先驱。换句话说，他们的例外正好能证明这个规则的存在。

② 一些部门正在考虑采取此类措施，但据我所知，没有任何部门实施过此类程序。

对比。以下总结包括文部科学省的基础研究助学金（Basic Research Grants-in-Aid）、日本科学技术振兴机构（Japan Science and Technology Corporation, JST）战略性推动的创新研究计划（Strategically Promoted Creative Research Program）、文部科学省科技促进特别协调基金（Special Coordination Funds for Promoting Science and Technology）以及卓越中心计划（Centres of Excellence Programme, COE）。

文部科学省基础研究助学金是支持日本大学研发项目的中坚力量。虽然申请者可以指定合作者，但申请者应该对实施项目负主要责任。申请者从涵盖人文、社会科学、法学、自然科学、工程、农业和医学等大部分领域的 276 个学科类别中进行选择。每个类别都有一个由 6 到 15 人组成的审查委员会，其中大部分是大学教授，他们履行着正常的职责。例如，"化学"这一领域有 13 个类别，其中有一个包含了"物理化学"。① 申请者不知道审查本年度申请的评审团成员，但日本科学促进会（Japan Society for the Promotion of Science's, JSPS）网站上列出了前两年评审团成员的姓名及其所在单位。② 例如，2004 年物理化学专业的申请者可以知道 2002 年物理化学评审委员会有 12 名成员。③

---

① "化学"这一领域的 13 个类别包括分子结构、晶体结构、电子态、辐射化学、化学反应、流体化学、分子光谱学、高分子能态过程、电化学、辐射化学、电子能过程、表面和边界化学等主题。

② 日本科学促进会是文部科学省下属的一家机构，管理过许多文部科学省的额外资助项目以及合作活动的学术研究。日本科学促进会负责管理单个项目资金较低的助学金计划，而文部科学省直接管理具有大预算的项目。除了基础研究资助外，文部科学省助学金还包括具有不同前瞻性审查机制的子项目（见表 3.2）。

③ 专家小组成员由各种专业协会向日本科学技术委员会（Japan Science and Technology Council）提名，然后由该委员会向日本科学促进会推荐名字。委员会成员的任期为两年。2002 年物理化学评审小组由 1 名副教授和 11 名教授组成（10 男 2 女），来自东北大学（主席）、东京大学、国立自然科学研究所（文部科学省的主要研究中心）以及冈山大学、九州大学、广岛大学、御茶水大学、长野大学、北海道大学、北陆大学和庆应义塾大学。

委员会主席基于对研究主题的快速浏览，将申请书邮寄分发给 6 名成员。然而，在繁忙的新年期间，每位评审员常常必须在 5 周内审查 150 多份主题广泛的申请。评审员先根据研究主题（原创性、重要性等）和研究计划（清晰度、可行性、研究人员能力等），按照 0—5 分来给每个申请者打分，再将 6 组分数呈送给上级委员会。该委员会根据申请者的分数对申请者进行排名，必要时进行调整，并做出初步决定进行资金支持。在化学的所有领域都有一个这样的委员会，此种上级委员会由来自各所大学理工学院的 12 名教授组成。[①]

最后，一个由 20 人组成的超级委员会监督日本科学促进会管理所有项目，认证 18 个上级委员会的资金支持决定，并解决任何全球性或有争议的问题。然而事实上，资助情况是由最初专业领域审查委员会的 6 位评审员分配的分数决定的。在这一过程中，评审员没有就特定提案的优点进行讨论，他们也不需要解释他们的分数，成功或失败的原因也不会告知给申请者。但是提案被拒绝的申请者可以要求查看 6 位评审员的平均分和他们大致的排名。

2002 年，大约有 960 亿日元（约合人民币 48.576 亿元）以上述方式发放，占文部科学省直接拨付大学研发的竞争性支持中的三分之一以上。此外，从数量上看，这占据了大学研发项目的一大部分。基础研究奖的年均规模从 140 万日元（约合人民币 7.084 万元）的 C 类奖项到 2 000 万日元（约合人民币 101.2 万元）的 S 类奖项不等。

继文部省基础研究助学金之后，日本科学技术振兴机构战略性推动的创新研究计划成为大学研发资金的最大来源。该计划下的 3 个主要项目类型是评估科学和技术核心研究（Core Research for Evaluation Science and Technology, CREST）[②]、胚胎科学和技术的前

① 这些委员会成员的名字和从属关系在文部科学省的官网上都能找到。在化学领域中，从 2004 年开始，审查助学金申请的 12 名成员中有 3 名恰好来自东京大学。

② CREST 用日语表示为：senryaku teki souzou kenkyuu suishin jigyou.

沿研究（Precursory Research for Evaluational Science and Technology，PRESTO）[①]和先进技术探索性研究（Exploratory Research for Advanced Technology，ERATO）[②]。

评估科学和技术核心研究的申请必须涉及多个实验室的合作研究，并且应该针对日本科学振兴机构每年宣布的大约 12 个新研究主题中的某一个。[③] 日本科学技术振兴机构选择一位受人尊敬的科学家作为主管来监督每个主题的申请审查，这些负责监督的科学家多数是名牌大学的教授。主管们依次为各自的审查小组挑选 6 到 8 名顾问，这些顾问大多数也是名牌大学的教授，另外许多专家小组中也有一名来自大公司的成员。主管将每份申请分配给两名顾问，由他们阅读并评分，然后委员会开会决定能够参与面试的候选人名单。面试结束后，委员会就最终获奖者达成一致。不成功的申请者会被告知他们申请失败的原因。2003 年共颁发了 117 个新奖项，大多数奖项为期 5 年，平均每年的支持金额略低于 100 万美元。

胚胎科学和技术的前驱研究项目通常只涉及一个实验室。然而，每年确定新的优先研究领域以及挑选申请者的过程与确定胚胎科学和技术的前沿研究主题的过程是类似的。在 2002 年，有 147 个新项目获得资助，每个项目年均资助额约为 15 万美元，大多数项目持续 3 年。在胚胎科学和技术的前沿研究中，有一个特殊的子项目为培训博士后和博士生从事论文研究提供支持。该子项目的资金支持新手研究人员和导师，因此金额通常只比支持单个研究人员的项目高。

每个先进技术探索性研究项目都是由一位具有个人魅力和组织

---

① PRESTO 用日语表示为：sakigake kenkyuu.

② ERATO 用日语表示为：souzou kagaku gijutsu suishin jiggyou.

③ 2003 年新主题的例子是"用于高性能通信的纳米级工艺和制造"和"用于医学治疗的分子生物元素和生物系统"。

能力的创新型科学家所主导的，而他们也被日本科学振兴机构招募来启动和监督项目。虽然先进技术探索性研究每年只启动 4 个周期为 5 年的项目，但项目每年可获得一笔巨额资金——约 300 万美元。日本科学振兴机构的工作人员向各个年龄段的科学家征询意见，以便选择在日本科研能力不足的领域进行开拓性研究工作、同时具备优秀领导和指导能力的人员。经过多阶段的审查和面试过程，日本科学振兴机构会选出 4 名项目主管，他们会获得建立一个新实验室的资金，并可以自主招募一个研究团队。研究团队通常由大约 30 人组成，分布于 2—3 个研究中心（场地通常在大学或政府研究机构租用）。

过去，很少有讲座中的成员参与这些项目（项目主管除外，因为主管通常是一名学者，会投入大约 20％的时间到项目中），大部分的成员通常是借调到该项目 2—3 年的公司研究人员，以及完成论文研究的博士研究生或博士后。现在讲座中参与者的比例增加了，而行业参与者的比例降低了。在先进技术探索性研究项目的前 10 年（1981—1990），大约 25％的项目是由行业科学家领导的。但从那以后，只有大约 5％的项目有行业主管，这表明先进技术探索性研究项目转向更基础的研究主题。最近十年的情况更是如此，监管者主要来自名牌大学。

在日本所有的政府科学项目中，先进技术探索性研究无论从本国还是外国人那里都获得了最多的赞誉。在产出专利申请和联合不同机构的科学家共同撰写的学术论文方面，该研究一直是最成功的项目之一。[①] 国外大学中的外国人和日本人也参与了这一项目，甚至作为项目主管。[②] 先进技术探索性研究成功的例子表明，在某些情况

[①] 本段的来源信息是日本技术评估中心（JTEC, 1996）和（Hayashi, 2003）的一份报告。

[②] 例如，蓝色二极管激光器的发明者中村修二博士是先进技术探索性研究项目的主管，该项目始于 2001 年，他在离开日亚化学的一年后成为加州大学圣巴巴拉分校的一名教授。

下，由一小部分科学人员进行自上而下管理以及由非同行对项目进行评审和选择是可行的。① 然而，既然该计划已经转向更基础的研究，后续评估工作的开展可能是为了评定该项目是否还能像过去那样频繁地产出重大成果。

虽然科学技术振兴机构在其战略性推动的创造性研究项目上有着可观的预算，但在选择研究主题和顾问科学家的管理方面，受过科学培训的工作人员可能只有 20 人左右。这比美国国家科学基金会（US National Science Foundation，NSF）或美国国家卫生研究院的内部科学人员少得多。日本科学技术振兴机构的少数资深科学家顾问可以就优先开展的研究以及审查委员的组成做出关键性的决定。虽然这些顾问声名显赫，但是他们的名气有时只是基于过去多年的工作经验。虽然他们中许多人仍然活跃在大学、政府研究机构或企业研究中，但是他们的工作也很忙碌。这种金字塔式的自上而下的决策系统是日本科学技术振兴机构项目的特征。这样的系统，对于仍在追赶其他引领着科学前沿的国家的日本而言，是可以帮助国家做出正确决策的。对于那些追随杰出科学家的工作者来说，这样的系统可能使他们在申请基金时更有优势。② 而对于那些已经站在人类知识前沿的科研社群来说，这样的系统也许不是支持其进一步扩大这些前沿研究的最有效方式。

文部省科技促进特别协调基金已经投入使用数年。但是，自

---

① 1981 年的首批项目之一研究了超细颗粒并开发了这种超细颗粒沉积薄膜的方法，目前这种方法已在商业上使用。该项目的参与者之一饭岛澄男博士后来在日本电气股份有限公司工作时发现了碳纳米管。目前，世界范围内的大多数超级计算电子学研究都是基于对单通量量子的操作，该操作又是基于 1986 年开始的先进技术探索性研究项目的研究。另一个先进技术探索性研究的项目开发了用于 x 射线光刻制造计算机芯片的超精细分辨率双激光干涉仪。2001 年获得诺贝尔化学奖的野依良治博士从 1991 年开始带领一个先进技术探索性研究的分子催化项目。

② 基于与申请这些项目的研究人员的对话。

2001 年起，根据首相科学技术委员（Prime Minister's Science and Technology Council）会的建议，每年将有约 1.5 亿美元开始用于新计划，以提高日本在科学、技术和医学等关键领域的水平。重点在于提高日本的国际科学技术竞争力，从而增强大学与产业的合作，并确保那些前景可观的政府资助的研究项目得到发展。专项协调基金的一个独特方面在于其可用于支付短期讲座等职位人员的薪水，换言之，该基金可用于支付非长聘的（通常为 5 年）教授、副教授等人员的薪水。在 2003 年，各种专项协调基金的子项目设立了 90 个奖项，这些子项目大多数涉及对特定项目的资助。最小的奖项约有 20 个，是授予年轻研究人员的。其中最大的奖项是三项战略性人类研究资源（Strategic Human Research Resources）奖，每年约 1 000 万美元，颁发给整个部门或中心，以雇用短期研究人员。

无论这些子项目如何，所有奖项都是由 15 个工作组决定的。例如，一个工作组审查了所有与生命科学有关的申请，审查会由国家神经病学中心主任主持，其他 13 名成员包括日本味之素公司（Ajinomoto）的基础研究负责人、Kissei（一家中型制药公司）的知识产权（Intellectual Property，IP）部门负责人、GeneCare（一家生物技术公司）的研究主管、国家癌症研究中心（National Centre for Cancer Research 日本最大的癌症研究中心）的主任、日本理化学研究所（文部省/日本科学技术振兴机构的旗舰研究中心）的研究小组组长以及 8 名教授，其中 5 名教授来自东京大学或京都大学。换言之，委员包括很多忙碌的知名人士，他们或许可以就广泛的政策问题发表有用的见解，但他们在评估各项建议的细节（或缺乏细节）时可能会存在困难。① 经过初步评审后，邀请入围者参加面试。参与面试的人员表示面试问题往往是一般性的，在面试后，委员会将提出最后的推荐名

① 各委员会可以要求外部专家审查特定的申请，但目前尚不清楚他们这样操作的频率。

单，并由一个以 15 个工作小组的主席和其他 6 人组成的咨询委员会做最后的审核推荐。

2003 年新奖项的分配反映了附录①所示的文部科学省助学金和政府委托研究的分配情况。除了相当数量的奖项分配给了政府研究机构，奖项主要还是分配给了几所精英大学。② 尽管对计划结果尚未进行全面评估，但高级学者和政府官员经常对某些项目的构思不佳和浪费感到担忧。

卓越中心（COE）计划是 2001 年富山计划③的主要成果之一，该计划旨在对日本的大学进行改革，以帮助重振日本经济。人们将该计划视为提高约 30 所大学的教育质量和研究水平的手段，从而使它们能够达到世界卓越的标准（有关德国类似尝试的讨论，请参阅本书第四章）。卓越中心计划还打算引入"基于外部评价的竞争性资源分配"概念。大学可以在 2002 年和 2003 年提交资金申请，资金主要用于聘请博士后等研究人员和研究助理、向研究生支付津贴、购买设备、建造或租赁研究场地、邀请海外顶尖研究人员以及支持国际合作研究。2002 年启动的项目有 113 个，2003 年有 133 个，2004 年有 28 个，④2005 年和 2006 年则没有项目启动。从 2007 年开始，在新的全球卓越中心计划的实行下，新的项目开始获得资助。资金将集中在数量较少的大学上，以实现该计划的初衷——发展多达 30 个世界级学术中心，上文提及的回溯性评估制度也会用于选择受资助的大学或院系。

---

① 本段信息参见以 http://www.mext.go.jp/a_menu/kagaku/chousei 开头的各种网站链接中可访问的文档。

② 此外，只有一项青年研究员奖授予了来自 7 所前帝国大学（详见附录表 3.3）之一的申请人。

③ 该计划以文部科学省大臣远山敦子女士命名，她在与小泉首相协商后于 2001 年 6 月发布了该计划。

④ 2002 年的申请必须与生命科学，化学或材料科学，信息技术或电子产品，人类文学或者新的跨学科领域有关。2003 年的申请必须涉及医学，数学，物理或地球科学，机械或土木工程，社会科学，或者新的跨学科领域。2004 年的申请仅要求具有创新性（日本国家科学基金会，2004）。

　　奖项的授予过程类似于特别协调基金的申请。在上文提及的 10 个领域中，每个领域都有一个由 22—27 名成员组成的审查委员会。相比于特别协调基金工作人员，卓越计划审查委员会成员的背景更为多样。例如，2003 年的医学审查委员会有 23 名成员，包括癌症研究中心主任、护理学教授、康复技术学院的负责人，甚至还有技校的负责人。这些审查委员会可以选择请外界对特定提案发表评论，由 6 名文部省管理人员和 17 名其他人组成的委员会做出最后决定，这 17 位委员会成员主要是大学教授或政府研究机构实验室负责人，每个项目平均每年获得 150 万美元的资助。

　　下表显示了 2002—2004 年启动的项目和 2006 年卓越计划资金的资助情况，它更倾向于那些接受助学金和政府委托研究的领先精英大学（附录）。

表 3.1　卓越中心 2006 年为 2002—2004 年启动的项目资助的款项[①]

排名	大学	10^8 日元[2]	百分比
1	东京大学	44.24	12.7
2	京都大学	33.35	9.6
3	大阪大学	24.14	6.9
4	东北大学	20.06	5.8
5	庆应义塾大学	17.69	5.1
6	北海道大学	17.39	5.0
7	东京工业大学	17.21	4.9
8	名古屋大学	17.07	4.9
9	九州大学	12.15	3.5
10	早稻田大学	10.19	2.9
11	神户大学	8.51	2.4
12	东京医科齿科大学	5.02	1.4
13—91	其他所有接受者	121.81	34.9
总数		348.83	100

[①] 来源：http://www.mext.go.jp/b_menu/houdou/18/04/06041308/003.htm。大多数项目持续 5 年。在本章中，资金数字以亿日元为单位，大约等于 90 万美元（约 684 万元人民币），或大约 100 万美元（约 760 万元人民币）。确切的等价性取决于浮动的汇率和购买力平价。

　　最近，日本政府把增加年轻研究人员的研究资助机会作为首要任务。但是，必须依靠实验室空间、关键设备、补充资金和支持人员，这意味着年轻研究人员必须与教授甚至是首席教授（Kouza Head）合作（Normil，2004）。一些主要的资助项目会将大笔资金分配给首席教授，再由其将资金分配给其他系或大学的其他合作教授。①

　　一般而言，大学所获三分之一以上的竞争性资金来自那些倾向于资助涉及多个实验室的大型项目。这些项目如表 3.2 所示，占文部科学省总竞争性研究预算的 36％，包括特别促进研究补助金、评估科学和技术核心研究、先进技术探索性研究、未来研究（科学促进会）②、卓越中心③、战略人力研究资源、新领域开创性研究（Pioneering Research in new fields）和新兴领域培训（Training for Emerging Fields）的特别协调基金。④ 此外，文部科学省新能源发展组织（New Energy

---

① 文部科学省的优先领域研究项目（最近纳入了新的创新种子开发和关键技术推广项目）和日本科学技术振兴机构的评估科学和技术核心研究项目、先进技术探索性研究项目往往属于这类项目。

② 最新的项目是在 1999 年开始的，正在逐步淡出，一些功能将由新项目来执行。

③ 内阁府 2002 年的竞争性科学技术资助项目清单是表 3.2（注 28）的主要数据来源，但并未将卓越计划归类为"竞争性研究支持"。尽管如此，我还是把它纳入到了我的分析中，基于它作为科技研究支持的一个主要新来源的重要性，还因为项目提案是通过竞争性征求和评估的。表 3.2 中的卓越计划数据针对 2002 财政年度启动的项目，即该计划的第一年（来源：国家科学基金会东京地区办事处报告备忘录 02—08，可在 www. nsftokyo. org/rm02-08. html 上获得）。2006 年的资助水平见表 3.1。

④ 有关促进科技体制改革的各种特别协调基金项目的信息，请访问 http://www. mext. go. jp/a_menu/kagaku/chousei/gaiyo4. html。表 3.2 中没有包括另一类特别协调基金——2001 年以前启动的多年"一般研究"项目的延续资金。这些持续的特别协调基金项目在 2001 年和 2002 年都没有启动新项目，而且我也知道这些项目最初是如何选定的。这些延续资金在 2002 年达到 187 亿日元，并被列入内阁府 2002 年竞争性科学技术资助项目清单，该清单是表 3.2 的主要数据来源（注 28）。因此，内阁府清单中的特别协调基金项目总预算比表 3.2 中专门用于促进科技改革的特别协调基金项目的 178 亿日元多出 187 亿日元。内阁府清单中显示的竞争性科学技术项目的总预算也相应地高于表 3.4 中的总预算（在调整了卓越计划经费后，它没有包含在内阁府清单中）。

Development Organization，NEDO)①和公共管理部为大学提供的大部分资金也涉及多个实验室，或者（更常见的是）大学实验室和公司的组合（见表3.3）。表3.4提供了2002年日本竞争性研究经费的总额。

表3.2　主要文部科学省竞争性研究资金计划②

项目名称	2002年预算（亿日元）	2001年新项目数量	每个项目的资金数额范围	项目时长（年）
大学，工业与政府在创新企业创造方面的合作	71	28	0.1~0.5	3~5
研究资助A，I	1,703	21,000		
科学促进会：基础研究	812	9466	<1.0	1~5
科学促进会：探索研究	40	1074	<0.05	1~3
对低于37岁研究者的资助	134	4170	<0.3	2~3
特别资助的研究项目	127	13	<5.0	3~5
优先研究领域	386	3394	0.2~6.0	3~6
传播研究成果	34	780	varies	1~5
促进科研系统改革特别资助项目③	178	~150		
结果导向的产业-大学-政府合作研究项目.A	28	35	0.27	3
人力资源发展战略策划	40	2	<10.0	5
对低于35岁研究者的资助	15	66	0.05~0.15	≤5
新领域的前沿研究I	66	24	0.5~2.0	5
对已有领域的培训	19	7	<2.0	5
科学技术振兴机构基础研究项目	427	~370		

① 新能源发展组织是日本经济产业省下属的一家机构，负责日本经济产业省大部分竞争性的单位外研究经费。其范围涵盖包括能源在内的许多领域。

② 主要（伞形结构）项目以斜体显示，子程序为普通字体。这些数据包括对私营企业、政府研究机构和大学的资助。主要来源是首相内阁府的竞争性科学技术资助项目官方清单，网址为http://www8.cao.go.jp/cstp/project/compe/haihu02/siryo1.pdf。日本科学技术振兴机构基础研究项目子项目的数据可在www.jst.go.jp上获得。有关特别协调基金项目和卓越计划的其他来源和解释，请参阅注释1和5。由于本表未列出年度预算在10亿日元（约1000万美元、7600万元人民币）以下的子项目，因此所列子项目的总预算低于主要项目的总额。

③ 见上页脚注④。

续　表

项目名称	2002 年预算 （亿日元）	2001 年新 项目数量	每个项目的 资金数额范围	项目时长 （年）
评估科学和技术核心研究①、[I]	289	173	0.83	≤5
胚胎科学和技术的前沿研究[I]	64	184	0.17	1~5
先进技术探索性研究[I]	62	4	3.2	5
研究国际合作	16	2	?	5
卓越中心	182	113	0.10—5.0	5
科学促进会未来方向研究	90	0[7]	?	5

[A] 计划通常以应用研究为重点或旨在支持特定技术领域的开发能力。

[I] 计划向申请人或私营行业的共同申请人开放。

表 3.3　文部科学省以外的主要的有竞争力的政府研究资金机构的资助计划②

项目名称	2002 年预算 （亿日元）	2001 年的 新项目数量	每个项目的资 金数额范围	项目时长 （年）
公共管理部 （包括前邮电部门）				
战略性通信研发[A] [I]	14	?③	0.1—0.5	3—5
日本关键技术中心：企业基础 技术研发推进计划[A] [I]	107	11	未设限	通常≤5
卫生健康部门，劳动保障部门				
卫生健康领域研究项目[I]	393	1251	0.01—10	1—3
卫生和医疗基础研究项目	98	10	0.5—1.0	≤5
经济、贸易和产业部				
新能源发展组织：产业技术 研究[A]	53	93	0.3—0.4	2—3
农林渔部				

---

① CREST 用日语表示为：senryaku teki souzou kenkyuu suishin jigyou.

② 该资助计划包括对私营公司、日本科学技术振兴机构和大学的资助。资料来自：首相内阁府发布的文件：http：//www8. cao. go. jp/cstp/project/compe/haihu02/siryo1. pdf。年度预算在 10 亿日元（约 1 000 万美元、约 7 600 万元人民币）以下的项目不在此表中。因此，所列项目的总和小于表 3.4 中非文部科学省项目的总和。

③ 2002 年可能没有新项目获批。在前几年启动的项目中，大多数参与者都是大型电子公司。

续　表

项目名称	2002 年预算（亿日元）	2001 年的新项目数量	每个项目的资金数额范围	项目时长（年）
先进农业技术应用研究项目^{A, I}	18	?	0.1—1.0	≤3
新技术基础研究项目^I	42	13	≤1.0	< 5
初创企业研发项目^{A, I}	17	6	≤0.6	< 5
环境部门				
普通环境研究项目^I	29	13（+ 7 年轻研究人员）	0.02—1.0	≤3
环境干预和生物技术研究资助项目^I	10	30	0.01—1.0	≤3

A. 计划通常具有应用研究重点或旨在发展特定技术领域的能力。
I. 计划向申请人或私营行业的共同申请人开放。

表 3.4　资金总额

项目	资金总额（亿日元）
非文部科学省项目 （包括表 3 没有罗列的项目）	817
文部科学省项目总和 （包括表 2 没有罗列的项目）	2657
所有竞争型资助项目总和	3474

　　此外，私营企业对日本大学的研究也有很大影响。在大多数大学中，超过三分之一的发明得益于公司赞助的研究，而实际申请专利的比例更高。私营企业的资助约占大学具体研究活动的 20％（即扣除全职教职员工和管理人员的工资、建筑以及运营和行政补贴后的资金净额）。但其中只有约 10％是承包研究的形式，即企业可以获得共同拥有知识产权的权利。另外 90％是捐赠形式的资金，企业没有获得知识产权的权利。然而，许多可能是在政府和捐赠支持下做出的发明，都被归功于企业赞助的合约研究，因此允许企业赞助商控制由此产生的知识产权。从事联合研究的行业研究人员翻了一番，从

1992 年的 1 398 人增加到 2002 年的 2 821 人（文部省，2003 年）。这有助于企业优先利用大公司在大学里的发现（Kneller，2006），[1]也反映出大学研究越来越重视应用层面。

讲座负责人通常负责实验室与公司或其他大学实验室的合作。那些年轻研究人员如果想参与这些实验室项目，他们必须成为更大实验室的一部分。这种研究可能有一个优点，那就是能够让许多人同时关注一个问题，但它往往会使年轻研究人员丧失探索新研究方向的机会。这种研究更有利于一些已经拥有大型项目所需的完善设备、网络和声望的学校。

许多政府资助项目都偏向于应用型课题，并鼓励与产业开展合作。[2] 即使是科学技术振兴机构的评估科学和技术核心研究、胚胎科学和技术的前驱研究和先进技术探索性研究等被贴上基础研究项目标签的项目，也强调其研究成果必须具有实际应用价值和社会贡献。文部省的新能源开发机构和公共管理部资助的项目目标更明确：强调通过直接申请产业应用项目。问题在于将很大比例的（年轻）人才和公共资金分配到其他人的创意课题上是否合适，这些课题可能是公司自己就可以资助的转化研究或应用研究，在这种情况下，需要严格的、以专家为基础的同行审查。[3]

---

① 在美国主要的大学中，可能有不到 10％的发明归功于公司赞助的研究，而这些发明中拥有公司共同发明者的比例很低。

② 在大多数日本科学技术振兴机构的评估科学和技术核心研究审查小组中，每 6 到 8 名中有 1 名成员是来自行业的代表。内勒（Kneller）描述了在大学前沿研究中，联合研究在许多政府资助项目中占据主导地位（Kneller，2007），但值得注意的是文部科学省项目除外。

③ 除了年轻研究人员的职业生涯和公共资源受到威胁之外，应用研究项目的结果有时不会在学术出版物中进行回溯性评估。此类资金也可能会产生反竞争效应（Kneller，2007）。虽然新能源发展组织的工作人员在宣布研究主题之前经常咨询行业和学术顾问，偶尔也会就特定提案征求外部评估，很大程度上，选择的决定还是由日本经济产业省/新能源发展组织工作人员在内部做出的，并没有广泛征求意见和进行批判性的研讨。

三、 回溯性研究评估的出现

回溯性科研评价体系自 2000 年开始实施。2001 年，改进科研评价体系列入了第二个科学技术基本计划（Second Science and Technology Basic Plan）的主要目标（Blanpied，2003）。在组织上，科研评估是在国家学位与大学评估研究所（National Institute for Academic Degrees and University Evaluation，NIAD-UE）的授权下发展起来的。[①] 在大学评估研究所体系下，大学有相当大的回旋余地来评估自身及其研究。[②] 大学评估研究所也对越来越多的大学中的特定专业或院系进行了审查，以检查大学自我评估的质量，并提供反馈。审查有时侧重某一特定方向的研究，有时则集中在大学所有活动的各种主题上，比如国际合作与交流等主题。[③]

许多大学正在使用量化指标来开展科研评估，如发表论文的数量、研究资助、奖项、专利申请和机构特邀报告（文部省，2005）。例如，东京大学每年收集每个教师的个人信息，内容包括在国际期刊上发表论文的数量、对社会的贡献、[④]对科学和教育新领域的贡献、国际演讲的数量、国际合作的数量和标题、对科学数据库[⑤]的投入和主要

[①] 国家学位和大学评估研究所是文部科学省下属的一个独立行政机构，成立于 1991 年，旨在授予大学学位。2002 年，其职责范围扩大（名称从国家学位研究所更改为国家学位和大学评估研究所），包括大学评估。

[②] 自我评估应至少涉及 11 个主题（目标）。研究实际上是可选的第 12 个主题。然而，想要获得研究认证的大学应该由国家学位和大学评估研究所专家工作组每 7 年进行一次评估（文部科学省，2005）。

[③] 因此，在 2000 年，国家学位和大学评估研究所回溯了其他 6 所大学普通科学学院和其他 6 所大学医学院的研究。2001 年，它回溯了 6 所大学的法律研究、其他 6 所大学的教育和其他 6 所大学的工程研究。2002 年，它回溯了 9 所大学的人文学科研究、8 所大学的经济学研究、7 所大学的农业和 6 所大学的普通科学研究。

[④] 特别是研究的实际效益，例如市场上的产品，或在工业、健康等方面的实际应用。

[⑤] 例如，基因和蛋白质数据库。

奖项。

到 2009 年,评估结果将供文部省和各大学内部使用,各大学主要将评估结果用于自我评估、数据收集的改进和推广。但从 2010 年开始,评估结果成为决定大学增加或减少运营和行政补贴的基础。

卓越计划、回溯性研究评估和预算削减的结合可能被视为一个构思良好的长期战略,目的是将对日本大学研究的支持完全转向竞争性资助模式。该计划包含了一个较长的过渡期,在一些大学的过渡期将特别长——不一定是出现在附录中的精英大学,而是那些科学产出与学生或课程比例较高的大学。换言之,研究人员规模较大的大学将免于裁员,确保富有成效的科学研究人员仍把大部分时间用在研究上。这也是为了延续整笔拨款模式的优势——使研究人员能够从事风险更高、更长期的项目,而不是每隔几年就必须为一个新项目重新申请资金。

但是如上所述,另一种解释是,这种结合反映了一种误导的信念,即通往良好科学的道路需要赋予少数机构以精英地位,并向他们提供优先使用资源的机会,即使当下的资源分配已经高度倾斜,而不是通过促进研究人员的流动以及他们的机构之间竞争的方式。

相比之下,美国大约有 200 所研究型大学,其中 96 所被归类为研究密集型大学,[1]政府资金在大学之间的分配更加均匀。大多数联邦资金是通过竞争性赠款或合同分配的,其中最大部分资金是通过国家卫生研究院和国家科学基金会的同行评审机制进行分配(NSB,2006 年)。与日本同行评审机制相比,美国国家卫生研究院和国家科学基金会的同行评审委员会有更多的专家评审人员,对个别提案会进行更集中的批判性研讨。因此,他们可能更善于发现那些不知名(即年轻的申请者)或非名牌大学的研究人员(Hayashi, 1996;

---

[1] 根据卡耐基教学促进基金会(http://www.carnegiefoundation.org/)的分类。

Coleman，1999；Suga，2004；Normil，2004；Kneller，2007）提出的新的研究建议（Hayashi，1996；Coleman，1999；Suga，2004；Normil，2004；Kneller，2007）。[①] 不管日本尝试实施美国国家卫生研究院和国家科学基金会的同行评审制度的做法是否合理，[②]美国的经验表明，依赖竞争性资金，而不是整体拨款，与大学的高度自治和研究方法的多样性相兼容，这也和惠特利在前文中所指出的是一样的——要提供给学校充足的、分配公平的资金。

然而，一个依靠竞争性的、有时间限制的资金来支付大部分研究费用的系统（如纸币系统），必须依赖于资金来支付全职大学教职员工的大部分工资。未来的同行评审制度和日本大学的行政管理能力必须得到改善，以使工资和研究经费的资助制度发挥作用，并避免惠特利、恩沃尔（Engwall）和尼博姆（Nybom）等人在本书中提到的这种制度的弊端。然而，到目前为止，从竞争性研究基金中补充工资的制度还没有得到批准。是否随着补贴削减开始削减工资，这一问题正在积极讨论中。棘手之处在于资助机构如何监督教职员工是否分配特定比例的时间到特定的项目中。另一个问题是，为了支付工资，竞争性奖励的金额将不得不增加。换句话说，削减大笔赠款节省下来的大部分资金应该转移到有竞争性的项目上，以补充支付工资成本。

这些问题是否可以解决尚存疑问。即使是日本的一流大学，也还没建立起强大、有竞争力的合同管理办公室来处理政府和行业之间的研究经费合同。为了使这样的系统有效运行，这些办公室必须能够：

–确保大学的知识产权受到保护；[③]

---

① 有关国家卫生研究院同行评审的批判性观点（Kaplan，2005）。

② 文部科学省正在讨论实施一个国家科学基金会风格的系统。

③ 目前，最有价值的发明直接传递给具有最低特许权使用费和开发合同的公司（Kneller，2006）。

　　-收集适当的间接费用（indirect costs），并将这些费用分配给其大学的各个部门；[①]

　　-监督对受资助条款的遵守情况，包括教师是否分配足够的时间给项目研究。[②]

　　但如果上述办公室真的发展了在合同和财务管理方面的行政管理能力，他们便可以开始摆脱对政府补贴的依赖，开始采取创业行动（尽管存在与利益冲突相关的风险），由此可能会产生更多的研究机会，特别是对于寻求新想法的年轻科学家来说。合同管理办公室可以开始使用竞争性资金聘用永久或终身教职的教师，目前还没有一所国立大学采取这种做法。[③] 因为这些职位都是由大学资助的，所以填补这些职位的人无需隶属于特定的讲座。

　　到目前为止，回溯性研究评估对非大学内部的研究（即在政府研究机构内开展的研究）的影响最大。例如，根据研究成果的年度评估结果，2003 年，经济贸易产业部门提高了分配给国家标杆研究机构即国家先进工业科学与技术研究所（National Institute for Advanced Industrial Science and Technology，AIST）的预算比例，从 10％提高至 15％，那些被评为优秀的研究人员则能够获得奖金。关于将国家先进工业科学与技术研究所各研究所的预算与年度研究成果评估结

---

① 目前的管理费用率很低（10％至 30％，而美国大学为 50％或更高）。然而，这些管理费用率是任意设定的，并没有尝试估算大学研究的实际间接成本。相比之下，尽管美国的费用率虽然很高，却包括了经计算资助机构和美国审计总局审核的各种间接成本。此外，日本的间接费用基本上被从事研究的个别实验室和部门强行控制，方便它们将间接费用重新投入到额外支出中。虽然这增加了这些实验室的资源，但也剥夺了大学本可用于追求更广泛效益的资金，例如为年轻研究人员提供启动资金，为个别研究人员消除竞争性资金的缺口，从而让软币资金竞争性资助系统能够顺利运作。

② 把这个问题留给资助机构可能会产生官僚主义的过度拖延和政府干预学术事务的风险。

③ 竞争性资金被用来支付研究生的津贴，偶尔用于支付有时间限制的教员职位的薪水（主要是研究方向的职位，有时授予资助联合研究的公司的退休研究员）。最接近软币资助永久教员职位的是一些大公司资助的"捐赠职位"，这些"职位"提供足够的资金来支付一位教授直到退休的薪水。

果挂钩，将回溯性评估纳入中长期目标的制定（Blanpid，2003）的计划尚在商讨中。国家先进工业科学与技术研究所的研究经费大多来自经济贸易产业部门，各分所可自行决定各项目的经费分配。换言之，国家先进工业科学与技术研究所的不同研究所的预算分配在很大程度上是内部分配，而不是通过外部同行审查。在这种情况下，回溯性评估成为评估研究成果，并确定该成果是否符合机构目标的唯一手段。因此，在研究任务明确的前提下，回溯性评估可能特别适用于预算在不同项目之间内部分配的政府研究机构。①

四、 结束语

正如惠特利在本书中提到的，国家公共科学系统的许多功能都会影响回溯性评估和整笔补助金的效果。考虑到本章概述提到的战后日本研究体系的性质，计划于 2010 年生效的强大回溯性评估体系最可能成为削减预算的理由，这将加强少数几所大学的精英地位——尽管结果也可能不这么悲观，但是无论如何，当前的柔性评估系统正在为研究人员个人及其大学提供反馈。

然而，最大的问题是，资助和评估体系要如何结合才能最大限度鼓励研究人员开展原创性科研。最初的提议是，在已有的前瞻性同行评审基础上强加一个强有力的评估体系，然而这种做法可能是徒劳的。其结果很可能是回溯性评估系统加强，而同时前瞻性评估系统也会延续，也就是回溯性评估系统的结果早已被基本的资助制度所选择。前瞻性同行评审通常要仔细考虑申请者个人（个人申请的项目）或者单位的成就（单位申请的项目）。因此，单独开展回溯性评估也是重复劳动。

---

① 这与科仁斯在本书第十一章就美国政府研究机构进行的研究评估卷的描述一致。

另外，在缺乏有效的前瞻性同行评审的情况下，采用回溯性评估来指导未来的资金分配是必不可少的。这在那些政府资助的实验室很常见，他们的资金都是通过立法或者部委拨款分配。科仁斯的章节展示了半弱式①评估系统对于科学机构判定哪些项目能够成功以及规划新项目是有用的（详见本书第十一章）。国家卫生研究院的内部网站就是一个强式的回溯评估系统，但是这种系统的成功在很大程度上取决于专家水平的高低和评估者是否客观公正。

从这些例子中得出的初步结论是，评审制度（无论是前瞻性的还是追溯性的）越强式，对评估人员的客观、专业、多样和知识要求就越高。从日本的经验中得出的另一个教训是，整笔拨款可以强化精英主义，而不能赋予大学均等的机会，也不能促成多样化的竞争中心。

从表面上看，文部省的运营和行政补贴分配制度是基于教员数量、研究生项目、研究设施等客观化和程式化指标的，但这些指标最终是由文部省决定的，结果是附录中所示的补贴分配的倾斜。获得相对较低拨款的大学会询问它们是否应该发起运动，要求以客观、基于专家和透明的同行评审为基础，用竞争性资金取代补贴。事实上，这可能是当前文部省政策的最终指向。

良好的前瞻性同行评审能够更大程度给予年轻研究人员资金，以支持他们追求自己的学术方向，帮助大学建立行政能力，形成可以替代现在的"半封建"制度（semi-feudal，影响教育和研究的关键行政决策是在个人教授层面上做出的）的体系。即使我们假设现在的资源分配不均会引起相应的人才分布不均，竞争型的资金分配模式和同行评审模式能够导向更公平的资源分配。如果知晓在知名度

---

① 这里我用惠特利意义上的"弱式"和"强式"来区分主要为自我评估提供反馈的评估系统（弱式）和其结果用于确定资金分配的评估系统（强式，详见本书第一章）。

较低的大学也可以获得资助的话,那么能力强的研究人员将更愿意在知名度较低的大学工作。最后,那些基于专业知识的同行评审系统能够帮助资金分配机构(即便他们的主要任务不是支持基础研究)做出更好的分配决策。同行评审应该鼓励这些机构自己有更清晰的目标,而不是将决策权给一些官僚阶层或少数资深科学家。但是如果竞争性资金分配模式要取得成功,其他改革也要同步进行。

参考文献

Blanpied, William (2003), The second science and technology basic plan: a blueprint for Japan's science and technology policy, US National Science Foundation Tokyo Regional Office Special Scientific Report no. 03 - 02(19 May 2003).

Coleman, Samuel (1999), Japanese Science, From the Inside, London: Routledge.

Hayashi, Masao (pen name: Hakuraku Rokubiru) (1996), Amerika no kenkyuuhi to NIH [NIH and Amercian Research Funding], Tokyo: Kouritsu.

Hayashi, Takayuki (2003), 'Effect of R&D programmes on the formation of university-industrygovernment networks: comparative analysis of Japanese R&D programmes', Research Policy, 32, 1421 - 1442.

JTEC [Japan Technology Evaluation Center] 1996, Japan's ERATO and PRESTO Basic Research Programs, http://www. wtec. org/loyola/ erato/toc. htm (accessed 24 May 2007).

Kaplan, David (2005), 'How to improve peer review at NIH', The Scientist, 19, no. 17, 10.

Kneller, Robert W. (2003), 'University-industry cooperation and technology transfer in Japan compared with the US: another reason for Japan's economic malaise?', University of Pennsylvania Journal of International Economic Law, 24, 329 - 449.

Kneller, Robert (2006), 'Japan's new technology transfer system and the pre-emption of university research by sponsored research and co-inventorship', Journal of the Association of University Technology Managers, XVIII (no. 1, summer), 15 - 35.

Kneller, Robert W. (2007), Bridging Islands: Venture Companies and the Future of Japanese and American Industry, Oxford: Oxford University Press.

Matsuo, Yoshiyuki (1997), 'Chiteki sangyou e no toushi de aru kakenhi wa jinrui no atarashii bunka o umidasu [Grants-in-aid as an investment for [producing] intellectual property gives rise to a new human culture]', in Tetsuo Kobayashi (chief ed.), 1997 Daigaku Rankingu [1997 University Rankings], Tokyo: Asahi shimbunsha shuppan kikaku shitsu [Asahi Newspaper Corporation Publication Project Division]

MEXT [Ministry of Education, Sports, Culture, Science and Technology] (2003), Kokuritsu daigaku nado no (Kigyou nado tono kyoudou kenkyuu) no heisei 14 nendo no jisshi joukyou ni tsuite [Actual Situation in 2002 Related to Joint Research with Industry in National Universities], issued 31 July 2003.

MEXT [Ministry of Education, Sports, Culture, Science and Technology] (2004), Heisei 16 nendo Gakkou kihon chousa jouhou sho [2004 Basic School Survey], Tokyo: Kokuritsu insatsu kyoku [National printing office].

MEXT [Ministry of Education, Sports, Culture, Science and Technology] (2005), Kenkyuu kaihatsu hyouka ni kansuru genjou oyobi mondaiten (Monkashou ga gisshi suru hyouka) [Current status of research evaluation by MEXT], 15 Feb. 2005.

MEXT [Ministry of Education, Sports, Culture, Science and Technology] (2005b), Heisei 16 nendou daigaku nado ni okeru sangaku renkei nado jisshi joukyou houkokusho [Report on Industry-Academic Cooperation in Higher Education Institutions in 2004], June.

Normile, Dennis (2004), 'Older scientists win majority of funding', Science, 303, 19 March, 1746. (This summarizes the original May 2003 Japanese report available at www. mhlw. go. jp/shingi/2003/05/s0509-6i4. html.)

NSB [National Science Board] (2006), Science and Engineering Indicators 2006, Arlington, VA: National Science Foundation.

NSF [National Science Foundation] (2004), Tokyo Office Report

Memorandum No. 04 – 06，http://www. nsftokyo. org/rm04-06. html
  （accessed 24 May 2007）.

Suga，Hiroaki（2004），Sessatakuma suru Amerika no kagakusha tachi
  ［Diligent American Scientists］，Tokyo：Kyouritsu.

Uekusa，Shigeki and Kano Takaoka（2005），Kokuritsu daigaku houjin no
  zaimu shihyou to sono kanousei ［Financial indicators of national
  universities and their availability］，Research on Academic Degrees and
  University Evaluation 1，National Institute for Academic Degrees and
  University Evaluation.

Whitley，Richard （2003），'Competition and Pluralism in the Public
  Sciences：The impact of institutional frameworks on the organisation of
  academic science'，Research Policy，32，1015 – 1029.

附录：政府对大学研究的主要支持形式的分配

附表1　Monbusho/文部科学省援助赠款（所有类型，新的和持续的项目）

排名	1995			2005		
	大学	资助额（亿日元）	占比	大学	资助额（亿日元）	占比
1	东京大学	125.5	13.6	东京大学	201.2	11.7
2	京都大学	72.7	7.9	京都大学	131.1	7.6
3	大阪大学	61.3	6.6	日本东北大学	94.8	5.5
4	日本东北大学	41.6	4.5	大阪大学	89.8	5.2
5	名古屋大学	34.9	3.8	名古屋大学	64.6	3.8
6	九州大学	30.0	3.3	九州大学	56.8	3.3
7	东京本月科技	30.0	3.2	北海道大学	56.1	3.3
8	北海道大学	28.5	3.1	东京本月科技	45.4	2.7
9	筑波大学	22.2	2.4	筑波大学	30.2	1.8
10	广岛市大学	13.2	1.4	日本理化研究所	26.3	1.5
11	日本冈山大学	9.5	1.0	庆应大学	24.9	1.5
12	庆应大学	9.1	0.9	神户大学	24.7	1.4
13~500	其他大学	445.5	48.3	其他大学	868.5	50.7
合计		924.0	100		1714.4	100

资料来源：各学校 1995 年数据见（Matsuo, 1997），1995 年数据总和及 2005 年所有数据见 www. jsps. go. jp.

附表 2 2004 年委托研究（资料来源：MEXT 2005b）①

排序	研究机构	资助额（亿日元）	占比
1	东京大学	177.6	17.5
2	京都大学	81.4	8.0
3	大阪大学	77.4	7.7
4	早稻田大学	44.1	4.4
5	日本东北大学	52.2	4.2
6	九州大学	38.9	3.8
7	庆应大学	38.2	3.8
8	北海道大学	34.9	3.4
9	东京本月科技	29.9	3.0
10	名古屋大学	21.1	2.1
11	国家自然科学研究院（简称 MEXT GRI）	19.1	1.9
12	筑波大学	13.0	1.3
13~500	其他大学及学术研究中心	394.5	38.9
合计		1012.3	100.0

附表 3 2004 年 4 月至 2010 年 3 月国立大学运营和行政补贴预算（预计）②

排序	研究机构	资助额（亿日元）	占比
1	东京大学	5,346	7.3
2	京都大学	3,676	5.0
3	早稻田大学	3,122	4.2
4	大阪大学	3,008	4.1
5	九州大学	2,819	3.8
6	北海道大学	2,541	3.4
7	名古屋大学	2,066	2.8
8—87	其他国家的大学	51,304	69.4
合计约		73,900	100.0

注：排名前七的大学恰好是战前拥有帝国大学地位的七所大学。

---

① 委托研究包括来自政府机构提供的大多数特定项目的资金。参照正文中的表 3.2，它包括除文部科学省补助金、特别协调基金和卓越中心计划资金外的所有资金，还包括私营公司那些不涉及外派研究人员至大学实验室的合同研究。但是，至少在主要大学中，此类资金可能占委托研究资金的不到 5%。大多数行业资金要么来自联合合同研究，要么来自捐赠（Kneller, 2003）。

② 这些金额包括运营和行政补贴总额，而不仅仅是支持研究的资金。资料来源：关于七所大学，参见（Uekusa and Takaoka, 2005）。六年总金额基于 2004 和 2005 两个财政年的全部总额的估计值（来自 www.mext.go.jp），通过在整个期间应用相同的递减率计算，即 98 亿日元。

第四章

通过排名产生的精英
——企业大学的兴起

彼得·魏因加特　萨拜因·马森

Peter Weingart　Sabine Maasen

一、 企业型大学先行

大约在 1994 年，德国大学发展中心（Center for University Development，CHE）就开始了组织德国高等教育系统"革命"（Umbruch)的任务。这一任务在英国和荷兰等其他欧洲国家业已如火如荼地开展。相对于盎格鲁-撒克逊国家的体系，德国的科学体系更具等级制，对公众的反应较弱，并且还承担着联邦制政权的结构性保守主义的压力。因此对于向大学及科研机构引入数字指标，评估大学及科研机构，并进行排名的反应迟钝。在此之前，大学制度一直按照宪法规定的平等原则运作，以确保各州之间平等的生活条件，从而确保学生的自由流动。马克斯·普朗克学会的运作也是基于生产世界一流的研究的假设。因此这项任务看起来似乎没有必要去推动。尽管早在 1985 年德国科学理事会就提出倡议，认为大学的成就应该公开并以比较的方式进行评判（Wissenschaftsrat，1985）。

这种转变仅发生在 1989 年，当时，东德科学体系不得不缩小规模和去政治化以整合到西方体系中。尽管在民主德国，科学机构还是首次正式采用了评估程序，但是从那时起，就没有任何可靠的论点来阻止其在整个国家的普遍使用。因此，如同苏联帝国的崩塌对于西方工业化国家的标志性意义，1989 年的重新统一对德国而言标志着战后科学与社会之间"社会契约"关系的终结。后者的核心要素之一是对科学自我调节机制的制度化信任，以确保对公共资金的谨慎使用以及公共支出的最终用途。这种主导原则的削弱让位于科学与社会之间的"新协议"，基本上是基于大学成为既高效又负责任的组织角色的观点，这些角色在很大程度上由管理体制支配。

从那时起，德国大学就将与"新公共管理"（new public management，NPM)有关的大量实践制度化。他们利用的一套概念源自商业管理、管理学院和咨询界，这套概念着重于问责制、透明度和效率等在社会领域中逐步被频繁使用的概念。无论是政治、行政、艺术、教育还是个人生活，实际上都没有不受有效管理思想影响的领域。无论管理的对象是个人还是机构，主要技术都是连续的（自我）观察和（自我）干预：随着内部或外部条件的变化，需要一种新的（自我）干预。如今，管理系统比比皆是，可为系统检查和寻找适应性响应提供帮助。从行政领域的新公共管理到科学界的评估系统，再到个体自我管理的辅助手段，管理程序已经遍及当代社会（Power，1997）。

要注意的是，问责概念及其推论不只是花言巧语，它们还基于那些最终能形成对目标责任实体进行评估的技术。这对于通过自我管理技术让自己变成能以灵活的方式指导自己和他人的个体而言是适用的（Foucault，2000；Bröckling 等人，2000），这样做能使他们自己成为"富有进取精神的自我"（Miller and Rose，1995）。对于大学这样的机构来说也是如此。大学通过审计和其他管理程序让自己变成能以灵活的方式指导自己和他人的机构，从而使自己成为所谓的企业型大学。

本章希望为大学新的身份的出现做出贡献。相对于"创业型大学"（Entrepreneurial university）（Clark，1998）或"企业大学"（the enterprise university)（Marginson and Considine，2000）等相关概念的使用，我们认为管理过程是新大学以及科学和社会关系重组的主要指标，这有两个主要原因。首先，"企业家精神"不仅局限于学术活动的选定领域，比如技术转让，而且要成为所有学术过程（如教学、研究、治理、知识转移、公共宣传）的特征。其次，基于这种观点，企业型大学就成为通过数字和问责来重组科学与社会关系的主要推动者。"新协议"立足于大学的进取精神，以使其成为一名高效且负责任的行为者，始终致力于公益事业（Common Good）。当他们忙于接受评级、排名、评估和卓越计划时，他们似乎对内容视而不见：高质量的知识是什么？研究应该朝着什么方向？我们是否真的能从项目、院系和大学提供在互联网上的众多使命陈述中找到答案？诚然，在我们的知识社会中，知识似乎是由（管理）过程而非（知识）政治来定义的。在本章结尾处隐含的更广泛的声明之前，我们将分4个步骤详细阐述我们的论点：第一，我们将说明当前大学是如何转变为组织行为者的。第二，我们将举一个例子，该例子在很大程度上是隐性的，但它让"大学急需企业家精神并且充当组织行为者"的观念变得普遍化。这个观念来自2004年初德国政府宣布建立精英大学的构想，该构想当时在媒体上引起了激烈的争论。第三，我们将研究公共问责的一个特定实例，即排名。关于建立精英大学的讨论以及最近媒体对排名进行的大肆宣传，都证明了新的管理体制几乎已经获得无可争议的证据。讨论更多的是关于精英大学到底是什么意思，以及如何准确地表现和传达排名，而不是对整个科学（以及整个社会）进行重组的影响。因此，第四部分将把这个例子嵌入关于新自由主义社会中的企业型大学的思考中。新自由主义社会是基于无数种审计形式的社会。我们的最终结论是，作为核心科学机构的企业型大学也将塑造当代的"审计社会"科学（Power 1997）。

二、 大学：组织行动主义的要素

新出现的企业型大学的特点与组织行为的四个要素密切相关：①组织问责制（评估程序）；组织目标定义（任务说明）；为实现这些目标而采用的正式程序和做法；大学管理的专业化。

问责制：质量保证实践（如评估和认证）是整个问责制趋势的重要指标。在多种质量保证实践中，欧洲大学协会（European University Association，EUA）的声明具有典型意义："欧洲的大学要进步，就要按照问责制的自治指导原则行事"（EUA，2001：7）。伴随着专业组织和协会的出现，评估和认证日益重要。将学术工作交予数字和问责的标准化技术时，涉及的不仅仅是对理性的怀疑和集体性的批判，相反，这些做法反映了被迈克·鲍尔（Michael Power）称为"审计社会"的普遍社会趋势（Power，1997 年）。尽管存在形式化测量的问题（关于文献计量学，参见如 Weingart，2005：197 和本书第六章），但这些技术却迅速传播到学术界。由是，传统意义上更加个性化的责任归属如今已转变为组织整体的问责。大学作为一个组织，需要进行"解释，证明和回答"（Trow，1996：310）。

目标的定义：今天，大学的主页上充斥着使命宣言和愿景。他们的词汇经常强调"卓越中心""国家和国际导向""终身学习""跨学科研究"，以使组织承担起责任。但是，只有这些令人质疑的任务陈述会产生什么影响呢？ 一方面，它们旨在促进组织变革，另一方面，它们通常仅与日常决策松散耦合。尽管存在这种矛盾性，但这些陈述不应被低估为随意的或无用的。相反，通过任务陈述，大学可以（哪

---

① 在下一章中，我们借鉴了克鲁肯和迈耶（Krücken and Meier，2006）的论文，他们概述了这四个我们认为最令人信服的要素。

怕是仪式性的)阐明今天的高等教育机构应该是什么样的。此外,这种期望与评估和相关实践紧密相关:例如,在德国,使命宣言对于私立大学的认证工作至关重要(Wissenschaftsrat, 2004)。

形式化架构的细化:除了上述定义自我设定目标的技术外,现代大学还创建了形式化架构,以有效且高效地处理高度专业化的任务。这些架构具有两个广泛的目的,一是循着因果逻辑的技术性细化,二是控制。当今的大学在国际事务、人员发展、控制、性别问题、组织发展、心理咨询和技术转让等方面均设有办公室和组织部门。这证实和服务于一些职责,而这些职责是因为专业管理办公室和受过专业培训工作人员有所需求才在近期承认为大学职责,并对之进行管理的。以技术转让为例,学术研究人员与行业之间的非正式和个人联系现在通过正式的、有组织的联系得到显著补充,而技术转让的责任则从个人转移到组织。

管理专业化的兴起:一方面,教授越来越多地参与各种合理化的管理任务,包括人事管理、问责和质量控制;另一方面,全新的专业人员类别和相关的学术管理职位也应运而生。在诸如《高等教育政策与管理杂志》等有关高等教育管理的专业期刊的兴起中可以看到一个重要的指标。进一步的指标是与高等教育管理有关的专业课程、项目和机构。正如克鲁肯(Krücken)和迈耶(Meier)所指出的:"注意,显然有两个互补的发展:教育管理伴随着管理教育"(Krücken and Meier, 2006:256)。在大多数情况下,美国系统是比较典型的系统,在这种系统中,市场化制度对大学的形式和行为进行管理。对于欧洲,人们比较好奇的是国家在教育、卫生和其他先前由国家监管的政策领域中人为地建立了伪市场。此举要求组织在新环境中成为战略参与者。

总而言之,在运作层面上,在理想情况下新制度应该使大学能够像公司一样行事,对公众负责并进行自我管理。我们所期待的是,与继续由国家官僚机构领导相比，大学将更自主分配任务并有效采取行动。对于大学的管理，国家自上而下的控制被废除，取而代之的是大学的自主预算，同时控制机制也被引入。当前，人员招聘由大学负责。部门和跨部门机构成为独立的成本核算单位。此外，新制度还引入了一种新的工资体系，该体系支持奖金发放与成就挂钩（例如，相应领域中的"国家"或"国际认可"）。①

大学的校长和院长被赋予了更大的权力来雇用、解雇人员和重组部门。在巴登-符腾堡大学，校长被正式称为首席执行官，以表示他们的大学会如同股份公司一样受到管理。目前尚无法判断这会在多大程度上改变他们的行为。由于大学在这种思维框架中被视为像公司一样，因此也希望大学像公司一样行事，即将自己定位在各自的市场上并与对手竞争。设想一下两个这样的市场：一个是学生市场，另一个是知识市场。对于两位优秀的教授来说，他们都必须被吸引才能进行教学和出色的研究。长远来看，大学（或更确切地说是其中的一些大学）在知识市场上的行动及其收入是通过知识产权和与工业界的合作来实现的，尽管目前只有很少的美国大学可以实现（Slaughter，1993；Mowery 等，2004）。

针对这个德国案例，有两点说明。首先，在德国，科学和高等教育政策是一个竞技场，其政治吸引力在于国家联邦机构对教育系统的管辖权，包括对大学。在这个竞技场中，政治资本主义可以自由发展，因为他们施政的结果总是在责任无法归因之后的很长时间才会出现。其次，我们不能低估一个事实，就是学术界是或者说曾经是，最后一个享有特权和声望的群体，这个群体引起了大众民主社会的羡慕和容忍，这种容忍是建立在学术界取得的成绩和承担的责任基

---

① 缺点是，为了在不给国家带来额外成本的情况下引入这些措施，必须降低收入水平以支付增加的费用。两个较低级别（W2 和 W3）的大学教师的工资低于一名高中教师，这导致大学教师协会起诉巴伐利亚州违反宪法。

础上的。由于民主平均主义价值观的合法性，且在当前形势下出于
紧张的预算限制，最后的特权也会被无风险地抹除。

克鲁肯和迈耶基于他们的新制度方法得出的结论是，大学虽然
是常规地适应外部期望的组织，但如上所述的全球现代行为者模式
的传播无疑会产生各种各样的做法，包括在个人或机构层面上的仪
式适应（ritual adaptation）和象征性政治。

> 我们认为，过去对社会环境表现出高度开放性的大学，比
> 那些其制度历史主要为纯粹主义和精英主义的大学而言，更容
> 易融入新的制度元素。（Krückenand Meier，2006：254）

基于此，他们假设技术型的大学以及在大众教育时代建立的大
学更能接受组织角色。精英大学问题和大学排名的存在都证实了这
一论点。两次辩论都证明了一个事实，即尽管存在一些特殊的差异，
德国的大学还是接受了组织行动者的观念以及随之而来的扩大问责
制和责任制的管理策略和做法。

三、 成为企业家：精英大学

关于精英大学的德国辩论从开始之初就毫无疑问地诊断出了危
机和问题，提高学术界的卓越水平似乎是显而易见的答案。2004 年
初，当时的科学技术大臣布尔曼（E. Bulmahn）宣布发起一场德国大
学之间的竞赛，其名称（"脑力激荡-德国政治寻找超级大学"，Brain
up-Deutschland sucht die Super-Uni）显然是由公关（PR）代理发明的。
这场竞赛伴随着人才流失和经济灾难，知识分子被认为对企业化充
满敌意的剧情。英语化的荒谬习语和电视巨星阵容的结合暗示着该
计划不会长久。

但是，尽管遭到了很多批评，仍没有人否认大学迫切需要改革，
亦鲜有人否认建立精英大学完全是错误的举动。那些曾期待"精英"

会成为无懈可击的方案的人，可曾料想它在经历多年沉默之后恰恰成为问题本身，彼时他们肯定感到惊讶。尽管有些评论员觉得有义务提醒读者注意有关精英的信息的"情感素质"（emotional quality），但这不能被视为主要考虑的问题。相反，辩论是很务实和直接的。尤其在 2004 年初，在哈佛大学、斯坦福大学等大型大学模式建立后，联邦政府宣布建立"精英大学"的计划，慕尼黑和波恩这样的大型大学开始积极向媒体宣称它们已经是"精英"，经过 30 年的"以平庸为万能的衡量标准"，卓越目标终于得到了支持。"卓越的可见性发展是我们迫切需要的东西"，校长会议的主席说，他同时表达了突然达成的一些广泛共识。

大多数情况下，辩论围绕以下问题展开：从某种意义上说，精英的观念将是完全有意义的；为一些人（精英）提高高等教育不应豁免政府从整体上改善高等教育条件的义务。这样一来，辩论不仅是关于精英的辩论，而是关于大学的辩论，这些大学已经是有组织性的行为者，现在更应该成为企业家角色。值得注意的是，记者、学术界和政治界所辩论的 3 个主题为这一"转变"提供了证据：

知识：虽然有些文章指出德国缺乏关于知识是怎样的或者应该是怎样的共识，但许多人还是强调"知识"有必要保持其概念的广泛性。他们认为，学术界除了培养高素质的科学家外，还应该走一条更可持续，更务实的道路：恰如其分地将"知识"的概念表述出来并将其付诸实践，未来的 15 年内，我们的任务仍然是培养训练有素的老师、律师和医师。当前取得的共识是：教育和政治都没有义务产生快速的经济解决方案，它们仅能为经济发展提供条件。这类人坚守的是不甚明确的课程体系和研究过程。其他人则强调，大学的发展有必要将"知识"与企业家精神和创造力更紧密地联系在一起。这种观点基本上带有或多或少讽刺的意味。因此，类似"只有那些谈论精英的人认为自己不属于这一类，这很奇怪"（Haase，2004），这样犀利的评论是不应被忽略的。这个话题表明，鉴于与高等教育相关的概念和任务的多样性，"知识"只能通过高度多元化的大学来实现，它们必须本着企业家精神在市场中找到自己的地盘。

融资方式：尽管人们普遍称赞政府开始将资金投资于"卓越计划"，但几乎所有评论都在嘲笑只投了 19 亿欧元。这个总和根本不足以产生任何效果。[①] 更有甚者，由于该总和是从其他学术投资中节省出来的，其来源或是研究，或是基础设施，因此参与争论的人们大都主张向学生收费。他们还指出，为了获得平等的高等教育机会（假定同等的才能和技能），应实施津贴补充制度。就更广泛的层面而言，作者们暗示了该制度缺乏一种"科学文化"，即由校友、赞助商和公共服务网络构成的文化，这种文化将鼓励各界为"各自"的大学提供额外的资金。为昂贵的高等教育系统筹集资金的方式强调了大学作为创业集资者角色的必要性，它们通过良好的绩效和与消费者的关系获得了更多资金渠道。

自治：大学对自治的追求体现了它们对强有力、企业形式的行为者身份的需求。总的口号是：是的，我们大学希望拥有更多的自治权。但是，这不仅意味着"更多的钱"，更为重要的是"更多的决策空间"。值得注意的是，大学希望自己选择学生，因为学生能吸引更好的教授，反之亦然。此外，学生必须缴纳学费，即向社会支付那部分帮助他们获得优质教育所耗费的费用。同时，教授的薪水也必须在学术市场和

---

① 本该有共 19 亿欧元被分配至所有申请"精英大学"身份的大学，但各州进行了一年多的政治斗争之后，当协议最终达成并可以释放资金时，德国研究基金会甚至无法给这些申请学校一个申请方案评估标准，导致科学家和大学行政部门只能凭直觉行事数周。最终，3 个资助计划共收到 320 份申请计划。经过国际评审小组的两轮评估，优胜者会在 5 年内获得约 2 000 万欧元的奖励，这对于那些 10 年或更长时间内的预算都已被削减的德国大学来说是一笔不小的数目。然而，该计划的初表是使德国大学达到美国"精英大学"的高度：以哈佛、斯坦福和麻省理工学院为榜样。2005 年，哈佛大学的捐赠基金市值为 252 亿美元，其次是耶鲁大学（151 亿美元）、斯坦福大学（122 亿美元）、普林斯顿大学（112 亿美元）和麻省理工学院（67 亿美元）（Infoplease, 2007）。通过假设低至 7% 的利息，我们不难粗略算出这些学校的年度预算。

学术之外的市场都具有竞争力,因为目前教授的薪水仍然遵循公务员制度发放。最后,大学应该选择在特定领域的知识市场上自由竞争或发展,而不是被迫接受由许多法规重新确定的"自上而下"的改革。这种"强制性自治"似乎需要明确的重申,北莱茵-威斯特法伦州大学的新法律也是在《高等教育自由法》(Hochschulfreiheitsgesetz)之下制定出来的。

所有这些主题显然都基于这样的假设,即如果要培养出精英,就必须赋予大学强有力的行为者身份。但是,在我们的认识中,"精英"一词只是一个噱头,无论是政治家还是大学代表都为之辩护:

对于政客而言,他们的目标直截了当,即希望"有更多的诺贝尔奖获得者"(Scholz, 2004)。为此,政治家会努力向大学投入大量资金。日益增强的共识认为每所大学都应按实力得到支持(Kraft, 2004,另请参阅保守派政客,例如 Goppel, 2004)。即使是对精英大学的理念普遍持怀疑态度的绿党政治家们也认为应该通过帮助大学与大学之外的学院以及和企业之间建立紧密的合作网络来扶持大学(例如 Sager, 2004)。因此,一项重要的任务是对大学进行区分:"每所大学都能提供所有东西的时代已经过去了"(Wulff, 2004)。相反,国家应该为各所大学提供相互竞争的手段,而大学则通过为自己设定目标来竞争(例如 Frankenberg, 2004)。通过这一系列论证,大学作为组织角色的身份得以建立。尽管在计划上存在差异,但所有政治人物以及大型企业的教育发言人都遵循这一理念(例如 Becker, 2004)。

对于大学代表(大学校长和其他科学的利益相关者)也是如此。他们团结一致,庆祝卓越计划对大学产生的影响。科学理事会主席(Wissenschaftsrat)说:"我观察到前所未有的革命(Aufbruch)",海德堡大学的校长看到了"一个新世界",莱茵兰-普法尔茨州的科学部长则充满热情:"沮丧的心情已过去(Spiewak, 2005:45)。尽管所有人都认为德国无法培育出"哈佛大学",但德国应该并且可以推动这些优秀大学在教学或研究方面的多样化选择。如果在美国有更切合实际的榜样，则有人会要求将他们的视野从哈佛转向威斯康星大学或纽约州立大学等公立大学（Weiler，2004）。许多科学家呼吁建立优秀大学的网络，使专业化学校在这个网络中也有合适的位置。大学系统的多样化意味着洪堡模式所倡导的教学与研究的统一会存在部分脱钩（例如 Bode，2004），同样也意味着资助系统需要适应科学发展的步伐：到目前为止，大学系统过于僵化，有时需要进行 10 到 20年的捆绑研究（Käs，2004）。同样，尽管职位之间存在级别细微差别，但作为组织参与者的大学已经建立。大学在治理、资金、多元化这些方面都是主要推动者。政治家们只能提供更好的条件来支持大学建设，支持的手段要么是直接增加财政投入，要么是间接地授予大学自主选择学生和收取学生学费的权利。

　　媒体传达的信息主要是，通过设计来创建一所精英大学是不可能的，精英大学是逐步发展"演化"而来的。演化模型将利用以下几方力量来发展，包括第三方基金支持的强大的研究中心、现有研究组织机构和学术项目之间的生产合作以及这些中心之间的竞争，前提是完善科学研究框架并确保大量财政资源的投入。由于工作人员和技术基础设施成本的不断上涨以及通货膨胀的持续，一些领域的预算在 20 多年内实际上处于零增加状态，因此某些领域（例如分子生物学）的发展注定是微不足道的（Hönig，2004）。这句话语隐含的假设是，最终必须对大学系统进行改革，从而创建个性化的组织参与者，这些组织参与者能够在各自的市场环境进行自我管理，以学术、经济和公众为导向，进而成为企业型大学。

　　企业型大学的主要特征是它的效率和责任感，两者都通过透明化紧密联系在一起：即大学之间（即办学产品之间）的质量差异必须对"客户"可见。大学应该告知学生（受众对象）教学质量。同样，大学也应该告知知识生产方面的"客户"（如公司）研究质量。为了达到这个目的(正如官僚们所坦诚认为地,要让懒惰的教授因公务员的偏好而抛弃懒惰并奔跑起来),政府必须引入评估来识别或形成大学之间的差异,尽管大学间总体还是相似和平等的。[①] 反之,评估也是创建排名的工具。

尽管大学一直以来坚持要求得到更多资源以改善其绩效,而政客们则通过要求更多的"物有所值"来做出回应,这种情况存在了很长时间。然而,由于政治对透明度的要求和排名的引入,情况发生了变化。但是,首先对透明性的要求做出回应的是媒体而不是大学本身:无论大学是否喜欢,教学和研究的排名(在德国,欧洲和/或国际大学中)都成为最有价值的新闻。

四、 显示企业家的身份: 大学排名

新闻杂志明镜周刊(DerSpiegel)在1993年发布了第一个大学排名,虽因方法论上的缺陷而受到严厉批评,由此引发了媒体之间争相发布类似的排名。从那以后,在国内和国际上都产生了各种不同的排名。它们已经成为一种时尚和收入来源,例如半官方的德国大学发展中心排名,虽然由贝塔斯曼基金会(Bertelsmann Foundation)下的一家私人公司组织,但它得到了校长会议(Rectors'Conference,HRK)的支持。最重要的是,它们已成为引起德国大学之间竞争的主要手段,并通过提供其相对排名或地位的必要信息,使大学能够制定战略,以构建自己的结构,决定在哪些领域投入以及在哪些领域放弃投入,要从事哪些研究,要面向哪些学生等。这项倡议正处于关键时刻:经过多年应对资金不足的问题,大学在资金支持方面承受着巨

---

① 1999年,一场关于"懒惰教授"(faule Professoren)的媒体运动引发了大学以绩效导向补偿为基础的新薪酬制度的争论(Kaiser, 1999)。

大压力。绝望使他们准备好背水一战，他们希望在竞争中凭借各自的特长而赢得优势。甚至在"精英大学"评审的结果正式宣布之前，几所大学就在其网站上宣布自己属于该类别。

排名一旦发布，感兴趣的公众（尤其是学生）则很容易获得学校间的比较信息。然而，尽管德国大学发展中心声称其主要目标是向新生提供有关德国大学各个学科的信息，但它的目标还在于"通过比较以提高高等教育部门的供应和成就的透明度"，并"激励大学达到特定的水平"（Berghoff et al，2005：B1）。因此，排名最重要的目的是根据特定的标准（指标）比较相似的单位或组织，以使他们能够自我定位并调整自己的适应行为（如果他们想获得更高的排名）。

排名有效的关键条件是能够告知组织信息，以促进组织相应调整其适应行为。作为一个有效的且基于知识的治理工具，它需要涉及组织（此处指大学）可以影响的各个维度。但是，在考虑排名影响之前，应该首先处理与排名有关的许多问题。主要关注的问题是所选分析单位的合适性。

（1）复杂性。大学的规模和内部结构差异很大。大型大学比小型大学要复杂得多，大学不同部门的质量当然也存在差异，管理难度也更大。作为组织，它们包含不同的功能——教学、研究、知识和技术转让——这些功能之间的质量可能相关，也可能不相关。

（2）有意义的实体。一个大学可以像一家工业公司那样运作这个假设多少是有问题的。大学校长将争辩解说他们有能力做出必要的决定，但是系主任和教授的权力是众所周知的（即使在不同学术体系和时期会有不同）。出于历史和政治原因，这些大学更像是一个组织框架，供从事不同学科且兴趣截然不同的教授使用（至少在欧洲大陆和战后日本是这样）。他们的角色不能沦落至那些中层管理者下属一样，可以随意被雇用和解雇。对于研究人员而言，其部门的地位比大学的地位更重要，因为声誉的归属主要发生在学科内部，而不是学科之间。关于提升整个大学形象的忠诚度和兴趣是有限的，因为顶多只能以间接的方式帮助其在社区中树立声誉。院系的声誉显然取决于其杰出成员的声誉。他们的声誉主要来自研究，而研究充满了不确定性，因此是否成功有一部分取决于他们无法控制的因素。假设资金风潮转移了，研究人员搬迁或退休，声誉可能就会迅速改变。因此，在一所大学中不同院系的声誉可能差异很大。

（3）相关维度。关键的问题是要测量哪些维度并将其纳入到排名中。几乎所有排名都是多维的。在对整个大学进行排名时，他们试图同时获得其在研究机构和教学机构中的地位。研究质量一般根据出版情况和引用情况或两者的组合（例如 CEST）来衡量。有时，教学质量一般根据学生/老师的比例或计算机实验室中的位置数量（教学条件）来排名，还可以根据学生、教授和人事主管（例如德国大学发展中心）的主观判断来排名。显然，校长及其管理层无法以有意义的方式影响其大学将来的诺贝尔奖获得者数量（"上海排名"使用了该指标，参见 SJTU，2003）。甚至人事主管的判断也避开了这些策略，因为他们的意见通常以过去的（个人）经验为基础，并具有传记的偶然性特征，而很少是基于系统的比较。

（4）专家。这其实是"谁排名"的问题。事实证明，正如在《泰晤士报高等教育增刊》（Times Higher Education Supplement，THES）的排名（THES，2004），使用"专家"来评估大学甚至是院系是有问题的。如果专家与要评估的领域或单位有较大的"认知距离"（如德国大学发展中心排名中的人事主管），那么他们的判断可能与更可靠的文献计量指标数据毫不相关（van Raan，2005：7）。

总而言之，在大量指标中，每一项都以高度简化的形式进行衡量，而这仅能衡量大学组织框架内的活动的某些特定部分，无法提供描述大学这个复杂机构的连贯图景，更别提以有意义的形式对任何数字进行排名了。如果对无法比较的单位进行比较，那么排名就毫无意义。鉴于这些原因，许多机构有理由放弃对整个大学进行排名，而只对院系进行排名。

显然，大学排名的诱惑很大，因为对决策者和媒体而言，具有身份意义的是大学而非院系。大学可以像足球队那样，成为城市或地区的代言。只要有公共关系，他们将成为与其所在环境（员工，学生，校友，地区等）的"品牌"。这就是为什么大学排名已成为重磅新闻，媒体已开始就此竞争的原因。这般突如其来的公众关注迫使大学纷纷效仿一些做法。经过长时间的抵抗，他们现在已经屈服于压力。突然之间，他们充满热情地争夺高处的一席之地，仿佛可以从这项运动中获得巨大的财富。至此，我们不妨来看一下排名、方法论和/或意识形态批评所产生的一些影响。

首先，柏林工业大学（Technical University of Berlin，TUB）就是个有趣的例子，它不但努力突破仅作为排名对象的形象，而且还主动"出售"结果。为此，柏林工业大学在其新闻服务中心发布了排名列表并列出了其位置。汇编成表格后不仅排名项目繁冗，甚至这所大学在每个排名中所取得的名次（见表4.1）也要全部陈列出来。[1]

表4.1   柏林工业大学如何选择排名、指标和位置

排名	指标	柏林工业大学排名
《时代周刊高等教育增刊》2004	研究人员的主观判断，生师比，引用率，国际学生和教授的比例	国内排名18 世界排名60
上海交通大学 世界大学学术排名2004	诺贝尔奖获得者，知名期刊上的出版物，引用率	国内排名18 世界排名202-301[2]
CEST"冠军联"1994-99	出版物	246

---

[1] 有关排名的来源，请参见图4.2至4.5的注释。在德国大学发展中心的排名中，TU的位置在其新闻稿中并未被提及，而是给出了特定学科的排名。这并非偶然。作者肯定发现了排名34位不如某些指标排名有吸引力，比如博士学位中名列第7，等等。这种典型的报告风格我们会在下文继续看到。

[2] 排名等级202-301。

续　表

排名	指标	柏林工业大学排名
《焦点》杂志	生师比，外部资金，声誉 仅按学科	5，6，10
德国研究基金会（Deutsche Forschungsgemeinschaft, DFG）-资助 2003	1999—2001 年的资助情况	20
洪堡排名 2003	1998—2002 年大学吸引力：选择大学的研究员人数	15
德国大学发展中心"研究型大学"2007 年	"强研究部门"在部门总数中所占比例。"强"指外部资金、专利、博士学位数、出版物	34
《经理人》杂志 1999 年	在德国最大的公司中进行的民意调查（a）和咨询公司（b），他们将优先选择哪些大学的计算机科学	（a）：6 （b）：8
2003 年《资本》杂志	250 个最大的德国公司的人事经理按学科进行投票：经济工程，电子工程，机械工程，经济学，企业管理	3，5，9，17，没有排名

（来源：TUB 2005）从指标的选择中可以明显看出，衡量的维度是不同的，它们涉及大学各种各样的活动，而各项排名的结果也反映了这种多样性。图 4.1 和图 4.2 说明了许多大学在国家和国际排名中的相同效果。

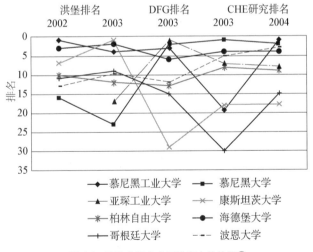

图 4.1　所选大学在全国排名中的位置[1]

[1]　资料来源：（Alexander von Humboldt-Stiftung，2002，2003；Berghoff 等人，2003，2004，DFG，2003a）。

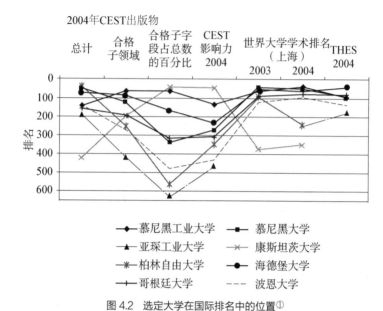

图 4.2　选定大学在国际排名中的位置①

　　两张图表表明了每所大学的排名差异取决于排名及其所使用的
指标。从中可以观察到的具有一定稳定性的信息在于，每所大学在
不同年份的排名基本相同[例如，上海交通大学排名 2003/2004；德国
大学发展中心 2003/2004（Berghoff 等人，2005）]。对于某些大学，内
部比较下也会产生相似的排名。哈佛、斯坦福、麻省理工、牛津和剑
桥等顶尖研究型大学通常就是这种情况。这些机构在德国（或者英
国以外的欧洲其他地方）都不存在。

　　最后，我们连续两年（2003 年和 2004 年）考察两所德国大学的排
名，以了解特定大学的排名是如何变化的。我们期望的是，不论从研
究的角度（见图 4.3）还是基于洪堡学者的人数（见图 4.4），任何一所

---

① 资料来源：（CEST，2004），（上海交通大学，2003，2004）和（THES，2004）

大学的排名都不会在短时间内发生巨大的变化。然而，实际却是相反，从研究的角度看，8 个当中就有 2 个可以观察到这样的戏剧性变

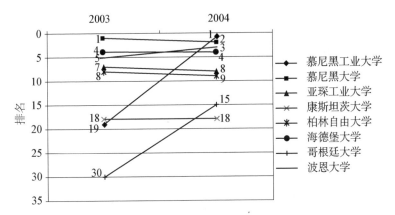

图 4.3 研究型大学排名（资料来源：Berghoff 等人，2003，2005）

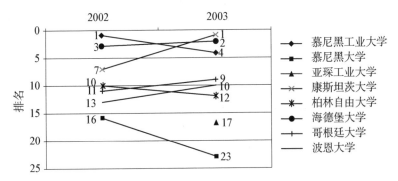

图 4.4 "洪堡"大学排名（来源：Alexander von Humboldt-Stiftung，2002，2003）

化，至于洪堡大学学者的人数，则 8 个当中就有 3 个。就慕尼黑工业大学和哥廷根大学而言，他们的排名提升只是排名方法的产物。而洪堡排名的变化，很可能是访客人数的短期波动形成了令人质疑的排名结果。

排名如何成为虚假信息的一个有力的例子是德国研究基金会的资助排名（见图 4.5）。不仅它的排名信息不可访问，而且还把大学获得的其他校外资金（除德国研究基金会之外）的不同维度也组合起来。

University°	DFG-approvals 1999-2001	Scientific staff 2000 Professors 1999-2001	Scientists and academics in total 1999-2001	Third party funding in total 1999-2000	Centrality in networks of DFG-funded coordinated programmes 1999-2001	Number of DFG reviewers 1999-2001	Number of A+H visiting researchers 1997-2001	Number of DAAD scientists and academics 2000-2001	Number of DAAD students graduates 2000-2001	Participation in the 5° EU-Framework programme 1998-2002	Publications in international journals CEST study 1994-1999
Aachen TH	R 1-10	R 1-10	R 1-10	R 1-10	R 1-10	R 11-20	R 1-10	R 1-10	R 1-10	R 1-10	n/a
München U	R 11-20	R 1-10	R 1-10	R 1-10	R 1-10	R 11-20	R 1-10	R 1-10	R 1-10	R 1-10	R 1-10
München TU	R 1-10	R 11-20	R 1-10	R 1-10	R 1-10	R 1-10		R 1-10	R 1-10	R 1-10	R 1-10
Tübingen U	R 1-10	R 11-20	R 1-10	R 1-10	R 1-10	R 11-20	R 1-10	R 1-10	R 1-10	R 11-20	R 11-20
Erlangen-Nürnberg U	R 1-10	R 11-20	R 11-20	R 11-20	R 11-20	R 11-20	R 11-20	R 21-30	R 21-30	R 1-10	R 11-20
Heidelberg U	R 1-10	R 11-20	R 1-10	R 1-10	R 11-20	R 11-20	R 11-20	R 11-20	R 1-10	R 1-10	R 21-30
Stuttgart U	R 1-10	R 31-40	R 1-10	R 1-10	R 11-20	R 21-30	R 11-20	R 11-20	R 11-20	R 1-10	R 21-30
Würzburg U	R 1-10	R 1-10	R 11-20	R 11-20	R 11-20	R 11-20	R 11-20	R 31-40	R 1-10	R 21-30	R 11-20
Berlin HU	R 1-10	R 31-40	R 1-10	R 1-10	R 11-20	R 11-20	R 11-20	R 11-20	R 1-10	R 21-30	R 21-30
Karlsruhe U	R 11-20	R 21-30	R 11-20	R 11-20	R 11-20	R 21-30	R 11-20	R 11-20	R 11-20	R 21-30	R 21-30
Freiburg U	R 11-20	R 21-30	R 11-20	R 11-20	R 1-10	R 11-20	R 11-20	R 11-20	R 1-10	R 11-20	R 11-20
Bonn U	R 11-20	R 1-10	R 1-10	R 1-10	R 1-10	R 11-20	R 11-20	R 11-20	R 11-20	R 21-30	R 11-20
Berlin FU	R 11-20	R 1-10	R 1-10	R 1-10	R 11-20	R 11-20	R 11-20	R 11-20	R 11-20	R 11-20	R 11-20
Hamburg U	R 11-20	R 1-10	R 1-10	R 1-10	R 11-20	R 11-20			R 11-20	R 11-20	R 11-20
Göttingen U	R 11-20	R 11-20	R 1-10	R 1-10 -30	R 21-30	R 11-20	R 11-20	R 11-20	R 11-20	R 11-20	R 11-20
Köln U	R 11-20	R 1-10	R 1-10	R 1-10	R 1-10	R 11-20	R 11-20	R 11-20	R 21-30	R 11-20	R 11-20
Bochum U	R 11-20	R 11-20	R 21-30	R 21-30	R 1-10	R 11-20	R 11-20	R 21-30	R 11-20	R 21-30	R 21-30
Frankfurt/Main U	R 11-20	R 11-20	R 11-20	R 1-10	R 11-20	R 11-20	R 11-20	R 11-20	R 11-20	R 1-10	R 11-20
Münster U	R 11-20	R 1-10	R 1-10	R 21-30	R 21-30	R 11-20	R 11-20	R 31-40	R 31-40	R 1-10	R 11-20
Berlin TU	R 11-20	R 11-20	R 21-30	R 11-20	R 1-10	R 11-20	R 11-20	R 1-10	R 1-10	R 1-10	R 21-30

图 4.5　德国研究基金会排名 2003（仅排名 1—20，来源：DFG，2003b：133）

尽管这些结果只是排名发布的一部分，但显而易见的是，排名结果的多样性首先反映了媒体（和一些资助方）对排名报道的兴趣。排名并没有增加大学绩效的透明度，也没有提高大学的战略行动能力（见 Hornbostel，2001：140）。

然而，基于上述讨论，我们也不能得出下面的结论：尽管排名存在方法、意义和可能性的多种问题，对于在排名中表现出色的人来说，排名的功能远不只是橱窗展示；对于那些表现"失败"的人来说，排名又是可以忽略不计的。首先，排名在最大程度上增强了大学之间的竞争精神。正如范·拉恩(van Raan)所说：排名加强了学术精英的观念，大学在与其他机构竞争中会使用排名结果，尽管这些排名存在很大的方法问题(van Raan，2005：5)。但是如果没有明确的竞争标准或者采取相应行政的权力，竞争则只能变成公共传播的信息。

在这个时候，大学作为企业家的角色出现了：大学以企业家身份进行自我治理，由于公众对排名有所反应，大学则对公众的反应做出反应，从而以排名为依据来指导大学的自我治理；大学会想象公众所产生的反应是什么。从这个角度来看，排名是大学对公众的想象做出的反应(Gisler et al，2004)。因此，大学主要致力于对媒体的排名做出反应，大学试图去推销自己的成功，解释排名的失败并承诺管理的改善。他们当然希望在媒体上展示出成功形象并传递给相关的公众：决策者和学生。

这是因为，不像英国的"研究评价实践"已经高度制度化和常规运作，德国还没从政治层面来开展研究评估。大学只是运用排名的结果来处理公共关系。大学新闻办公室发布的排名选择性解释恰好说明了这点。我们以2004年德国大学发展中心研究排名反应为例。德国大学发展中心根据大学里获得"研究能力强"等级的院系数比例进行排名。尽管评估是按院系评估而非按大学整体评估，但报告展示的是大学整体的评估表格(只有评分最低的组别是按字母排序)。"研究实力"是根据"外部资金、发表数量、发表引用情况、博士生毕业人数"等指标来评价的。大学则是按"研究能力强"的院系(或学科单位)所占比例来进行竞争。这也是大学对德国大学发展中心2004年排名的反应。

表 4.2　大学对排名的反应①

大学	德国大学发展中心 2004 年的排名（研究能力强的院系数量和比例）	学科	反应
慕尼黑工业大学	1（4/5）80%	化学，物理学，电气工程和信息技术，工程	这是基础结构改革的结果。我们的下一个目标是国际顶级水平。麻省理工学院和斯坦福大学是标杆。
慕尼黑大学	2（9/12）75%	英语，生物学，经济学，教育学，历史，法律，药理学，物理学，经济学	我们为这个最高的位置感到骄傲……我们可以进一步加强它。我们必须进行必要的结构改革，为国际竞争做好准备。
波恩大学	3（7/10）70%	英语，历史，法律，药理学，物理，化学，经济学	必须始终谨慎地看待大学排名，但是我们越来越经常地处于第一的位置，这印证了我们为将波恩大学发展成为国际排名领先的研究型大学之一所做的努力。
弗莱堡大学	7（7/11）63.6%	英语，生物学，历史，法律，社会学，物理学，经济学	该大学已经稳定了其在顶尖大学中的位置……在过去两年中，弗莱堡大学在"关键科学家的最高职位"（相对指标）的关键德国大学发展中心排名中已升至第二位。
科隆大学	16（4/11）36,4%	经济学，法律，社会学，商业管理	科隆大学享有很好的声誉，然而，生物学和物理学的排名不正确，这是因为德国大学发展中心没有这些领域的关键数据……如果将这些数据考虑在内，该大学将成为德国排名前 10 位的大学。
罗斯托克大学	无排名（0/11）0%，列在最后一组		这是从方法论上不可避免地得出的，因为较小的机构不能拥有较大的绝对数。人们无法将大猩猩与勤奋的蚂蚁相提并论，因为它的重量更大，因此无法宣布大猩猩为赢家。结果将被认真对待。
霍恩海姆大学	66（1/2）50%	商业管理	该排名证明该大学与斯图加特大学一起成为该地区最强大的研究"灯塔"之一。根据德国大学发展中心的定义，霍恩海姆在德国 12 所特别强大的大学中名列前茅。

---

① 资料来源：大学网站上的新闻稿。

这种模式并不出人意料。名列前茅的大学宣称这是合理的并且应得的。而那些排名较低的则挑选出能帮助他们争取漂亮排名的细节信息，同时他们也对排名的方法论表示质疑（可以肯定的是，排名的方法确实不太清晰，即便是官方也未能解释清楚；请参见 Berghoff 等人，2002）。在德国大学发展中心看来，这些排名是针对成熟的和年轻的科学家和学者的（同上）。实际上，排名中对他们有帮助的信息是非常少的。这如何将大学的最高或最低职位转化为具体行动呢？其实，排名是一项媒体活动，一种使大学得以将其自身置于比赛中并被（想象中的）公众所观看的活动。

截至 2006 年初，没有任何一个排名被提升到科学决策者和大学都认可的官方地位。① 然而，尽管经过多年的抵制和批评，即使在政策制定者和科学管理者方面也缺乏强制力，但竞争、评估和市场导向的新自由主义言论突然牢牢占据了学术界。必须指出的是，这种言辞引发并使这场彻底的制度变革合法化了，而这远远超出了实际、有用和可行的范围。这只能通过增加"企业化的大学"的实践以及其显示的合理性来进行解释。"企业化的大学"其实是无所不包的审计文化的组成部分，我们现在将转而谈论这一话题。

五、 审计社会中的企业大学

为了回应比尔·雷丁斯（Bill Readings）的《废墟大学》（1996），传统上定义大学功能的"宏大叙事"已从康德式的"理性"概念和洪堡式的"文化"概念转变为现代技术官僚主义的"卓越"概念。卓越大学关

---

① 目前正在努力采取一些通用措施，并且在德国研究基金会、洪堡大学（Humboldt University）、柏林科学中心（the Berlin Science Center）和柏林 - 勃兰登堡科学院（Berlin-Brandenburg Academy of Sciences）的财团的支持下，"质量控制研究所"也成立了，但目前尚不清楚质量控制研究所是否能够及何时能够创建一个统一且得到各州和科学界认可的排名系统。

心的不是学术研究或学科知识，而是"产出生产率""最佳实践""质量保证"和"物有所值"。教学和研究的内容相比出色地进行教学或研究的事实已不重要（Readings, 1996:13）。

布兰内斯（Brenneis）等人认为（Brenneis, 2005），卓越大学并不能简单地取代大学的早期模式。相反，正如他们通过分析奥克兰大学战略计划草案（典型的问责式组织的文件）所显示的那样，这两种模型其实是同时存在的。其中一种认为大学是作为学者社区的经典模式，是一种在文化传统与其所反映的共同人类价值观念中传授知识的机构，也是一个教育学生并使其成为所在社会的负责任的贡献者和未来的领导者的机构。另外一种是倾向以市场为导向的新自由主义模式，该模式将大学描述为"创新和知识创造以及智力和社会资本发展的领导者"，大学为改善人类的总体条件，尤其是为提高当地社会的财富增长和生活水平做出贡献。（奥克兰大学2003年战略计划草案，布兰内斯等人在2005:4引用）。换句话说，当今的大学有望以出乎意料的目标获得成功，该目标是培养一种管理精英，同时训练大量学生，以支撑其在竞争激烈的全球经济中致力于"创造财富"的国家的工业需求，以及对专利和其他形式的智力资本的利用（参见Smith和Webster, 1997:1）。

将古典模式纳入德国新自由主义模式的一个显著例子是最近成立的一所私立大学"泽佩林大学"（Zeppelin University, ZU）。在学校主页的"关于我们"栏目上，我们可以看到如下介绍：

> 泽佩林大学将自己定义为个性化的、国际化的和跨学科的教育者，培养商业、文化和政治领域的全能决策者和创新发明者，也是一个研究与社会相关问题的跨学科研究机构……我们的目标：不断追求学术好奇心以及卓越……，通过平衡当今相关的管理和沟通工具（"做事工具"）与决策能力，兼顾系统的思维和专业的理论知识，从而给予个人发展和卓越学术资格的获

得同样的关注(泽佩林大学,2006 年)。

泽佩林大学优雅地发挥着自身的学术和管理水平,将其熟练地组合化为一种面向"媒介化的"知识社会中的未来管理者的理想化教育风格,同时也证明了管理主义政权对先前的制度进行重组的难易程度。此外,它暗示为什么它能被如此热切而且广泛地引入和接受:科学系统已经充斥着认识论的价值观(例如,有组织的怀疑主义)和非认识论的价值观(例如,面向共同利益的取向),以及自我控制的程序(例如,同行评审)。在这种背景下,科学不是对立的,而是高度接受关于质量的认知价值(据称是对质量的新认识)和更多的非流行性的价值(例如,大学及其学生的市场化)的引入,以及技术官僚模型所要求的更多形式的控制(例如评级、排名)。尤其要强调的是,不能拒绝对审计和质量的呼吁:

首先,在审计需求的驱使下,目前大学对企业化实体的改革旨在使大学服从新的经济和效率制度体系。其理由是,作为公共机构,并且作为纳税人税款的接受者,大学有义务对他们的各个利益相关者和公众"承担更多责任"。因此,大多数大学采用了问责制的管理形式,旨在衡量和提高"生产力"。对研究成果和教学质量进行定期的内部和外部审计已成为常态。我们之所以接受这些条款,有一部分原因在于它们以"透明度"和"问责制"的良性语言表达,而如果没有老古董学究(Antediluvian)的出现,就很难反对它们。科学界无法否认对公众负责,也无法拒绝对透明度的要求,这是因为,就其同行评审和质量控制的内部程序而言,科学界对这种价值本身提出了要求,所以科学界至少不能为了提高公共资金使用的效率和审慎性而拒绝这种要求。由此可见,审计受到民主治理无可争议的价值观的保护。

其次,以类似的方式,该种保护也符合质量规范。雷丁提出了一个特别重要的观察,认为"卓越"是一种意识形态是不合时宜的(Readings,1996)。使其成为一种如此有效的政治工具的原因是,卓越不具备任何内容：它既不是真实的也不是虚假的。与其他政治技术一样，"卓越"强调自身是非意识形态的——这正是竞争或挑战这个概念很难的原因。是否会有一个"合理的人"反对提高标准或提高质量呢？

对民主治理和提高质量的呼吁似乎都使新兴的企业型大学的管理体制免于被批评。确实，为使大学适应全球化劳动力市场、紧缩的预算和新的治理形式而付出的努力都值得得到支持。我们在此提出的批评并没有针对大学的改革，也没有通过对比大学过去的黄金时代来判断当前改革的弊端。批评是针对改革的仪式化，也是针对管理工具的盲目应用，这是因为其普遍性微不足道且其后果仍未得到反映。它针对的是指出最初发起改革这种愿景的非理性，也针对众所周知的改革命运，即改革者本身并未使用他们所坚持的目标使用的模型。当管理原则被证明是自相矛盾时，排名和评估工作热潮的后果就变得显而易见。这里有些例子：

（1）成本。对管理的改革必然会产生成本。一方面，在大学内部和外部，新成立的评估与鉴定官僚管理机构正在扩大，这与根据教科书实施评估方案有关。但是，这些上级管理通常没有大学内部评估组织的直接经验，也没有时间和精力去反思管理的间接影响。因此，我们已经可以看出，所有评估和控制措施的初衷和基本原则经常遭到违背，即这些措施的成本不得超过收益。因此，控制学术质量保障的成本将是一项重要的工作。[①]

（2）新的学术任务。自我评估、应对各项重复性的评估活动、为申请项目资助准备申请书等事务占据了研究人员的大部分时间。在某些情况下，例如，欧盟为研究提供资金时，资金的申请准备任务是如此复杂，以至于成员国已经建立了专门的行政机构来帮助研究人

---

① 参见柯仁斯和内勒在本书第三章和第十一章对输入控制与输出控制的相对优点的讨论。

员。此外，每所大学都有自己的员工来监督该过程。同时，这些资金申请的成功率已从 20 世纪 90 年代初的 50％下降到 2004 年的 30％，并且越来越多的申请者加入竞争，而资助率还有进一步下降的趋势。（据说在某些项目和某些基金会中，成功率低至 10％）。毋庸置疑，真正的成功不是取得更好的研究成果，而是增加集体花在写申请书上的时间。这些影响无法像成本一样可以计算。[①]

（3）知识生产规范的矛盾。大学日益增长的市场压力继续加剧了这类失衡状态，尤其是通过削弱学科的知识实践：随着知识生产的性质发生变化，教职员工和研究人员把更多时间花在组建跨学科团队和员工队伍上以及从事社区服务项目和公共学术活动。有趣的是，虽然呼吁学者进行更"稳健"、相关且对公众负责的研究，这无异于是一种新的科学规范，但它从来都不被认为是能产生卓越的研究类型。在这方面，跨学科是联合知识生产的一个非常耗时的例子，出类拔萃的研究人员应该尽量避免这些研究（参见 Maasen 和 Lieven，2006）。

（4）控制什么？管理层支持新的审计制度，因为它不仅提供了一种衡量生产力的工具，而且还提供了"激励"和控制学术人员的工具["规训和发布"是一些学者——福柯（Foucault）——在官员审视下的对这种"持续可见性"的新制度的描述]。

结果是，大学部门甚至个体员工会被尺度化，然后在各种竞争性的国内和国际排行榜中进行排名。而且，基于审计的研究管理标准是空虚的，因为它们完全是自我参照的：为了在竞争对手中获得更高的分数，每个学校都在使用同样的策略：在影响力更大的期刊上发表更多的文章，争取更多的校外资金，建立更多的国际联系，但这并没

---

① 至少德国如此，但一直领先的美国已通过国家科学委员会成立了一个工作组，由它们来设计现行审查系统的替代方案以进行彻底的创新研究。这背后的信念当然是现存系统会通过施加压力要求只做主流研究。

有回答学科偏爱的政治问题：要选择的主题是什么，要申请的资助方是谁，要在哪些期刊上发表？一个所有参与者都使用相同的外部指标为导向的研究系统会有失去多样性的风险，从而失去其创新性，这是因为指标的行为导向功能受到严重限制，并且会引发参与者完全相同的策略反应。

诚然，量化和评估所有事物这一愿望中最困惑的特征可能是它缩短了关于质量和内容的讨论和辩论。它是名副其实的"反政治"机器(参见 Ferguson，1990；Scott，2001)。尽管这些改革的倡导者声称他们已经淘汰了平庸的人，提高了卓越水平，但批评者却认为改革引起了冲突和压力，破坏了大学间的合作和知识自由，并助长了共谋与服从的文化(Shore and Wright，1999)。"精英"是由排名[即按(量化)过程而非内容]诞生的。对此，麦克·鲍尔也强调，为了接受审计，组织必须积极地将自己转变为可审计的商品，调整结构从而使其程序符合外部评估员——从学术层面，不管是专业人士或外行专家——要求的预期标准(Michael Power，1997)。因此，审计程序对大学文化的影响是产生一种强制性的问责制。

在审计社会中，鲍尔认为审计的兴起可以解释为对"风险社会"不确定性的回应。鲍尔借鉴了贝克(Beck)和吉登斯(Giddens)等社会理论家的观点，提出审计爆炸代表了"对处理风险需求的独特反应"：一个旨在提供"满足管理者、监管者和政治家自我形象的控制和透明度愿景的过程"(同上 1997?：143)。或许，我们需要对"问责制"的概念进行更复杂的理解，以区分其"民主"和"专制"形式。虽然这种对"更多政治"的呼吁似乎过于理想化，但事实并非如此，我们更建议将问责制、效率和透明度的原则应用于实践本身：作为组织参与者，大学首先应该更充分考虑问责的成本和收益的方式，以能够更负责任地行事。更多的审议会证明这些做法比想象的要更有效。最后，评级、排名、评价和精英这些做法，虽然在建立一个更加多样化和充满活力的高等教育系统方面具有很强的重组功能,但它们本身也非常需要更高的透明度。自我应用本身就是最适合于新自我治理理念的做法。

参考文献

Alexander von Humboldt-Stiftung (2002), Humboldt-Ranking 2002, Bonn, http://www. avh. de/en/aktuelles/presse/pn_archiv_2002/2002_14_2. htm (accessed 30 May 2007).

Alexander von Humboldt-Stiftung (2003), Humboldt-Rankings 2003. How Attractive are German Institutions of Higher Education to Top-Flight International Researchers?, Bonn, http://www. avh. de/en/aktuelles/ schwerpunkte/ranking. htm (accessed 30 May 2007).

Becker, F. (2004), 'Mut zu mehr Autonomie', Rheinischer Merkur, January 26, 2004.

Berghoff, S., G. Federkeil, P. Giebisch, C.-D. Hachmeister, and D. Müller-Böling (2002), Das Forschungsranking deutscher Universitäten, Analysen und Daten im Detail, revised version November 27, 2002, working paper no. 40, http://www. che. de/downloads/AP40. pdf (accessed 30 May 2007).

Berghoff, S., G. Federkeil, P. Giebisch, C.-D. Hachmeister, and D. Müller-Böling (2003), Das CHE-Forschungsranking deutscher Universitäten 2003, working paper no. 50, http://www. che. de/downloads/ AP50Forschungsranking2003. pdf (accessed 30 May 2007).

Berghoff, S., G. Federkeil, P. Giebisch, C.-D. Hachmeister, and D. Müller-Böling (2005), Das CHE-Forschungs-Ranking deutscher Universitäten 2004, working paper no. 62, http://www. che. de/ downloads/che_forschungsranking_2004. zip

Bode, C. (2004), 'Wir sollten nicht immer nach Harvard schielen'. GA-Interview, January 28, 2004. Brenneis, D., C. Shore and S. Wright (2005), 'Getting the Measure of Academia: Universities and the Politics of Accountability', Anthropology in Action, 12,1-10.

Bröckling, U., S. Krasmann and T. Lemke (eds.) (2000), Gouvernementalität der Gegenwart. Studien zur Ökonomisierung des Sozialen,

Frankfurt am Main: Suhrkamp.

CEST [Center for Science and Technology Studies] (2004), Scientometrics Rankings. Universities and Colleges Participating in the Champions League: Rankings by four Performance Indicators, 1998 – 2002, Bern: CEST, http://www. cest. ch/Publikationen/2004/four_rankings2002. pdf (accessed 2 May 2005).

Clark, B. R. (1998), Creating Entrepreneurial Universities. Organizational Pathways of Transformation, Surrey: Pergamon Press.

DFG [Deutsche Forschungsgemeinschaft] (2003a), Förder-Ranking 2003. Institutionen-Regionen-Netzwerke. DFG-Bewilligungen und weitere Basisdaten öffentlich geförderter Forschung, Bonn: DFG, http://www. dfg. de/ranking/download/dfg_foerder_ranking_2003. pdf (accessed 30 May 2007).

DFG [Deutsche Forschungsgemeinschaft] (2003b), DFG-Funding Ranking. Institutions-Regions-Networks, Bonn: DFG, http://www. dfg. de/en/ranking/archive/ranking2003/download/dfg_funding_ranking_2003. pdf (accessed 30 May 2007).

EUA [European University Association] (2001), Salamanca Convention 2001. The Bologna Process and the European Higher Education Area, Geneva: EUA.

Ferguson, J. (1990), The Anti-Politics Machine: Development, Depoliticization, and Bureaucratic Power in Lesotho, Cambridge: Cambridge University Press.

Foucault, M. (2000), 'Die Gouvernementalitat' in Bröckling, U. , S. Krasmann and T. Lemke (eds.)

Gouvernementalität der Gegenwart, Frankfurt am Main: Suhrkamp, pp. 41 – 67.

Frankenberg, P. (2004), 'Elite-Universitäten müssen sich entwickeln', Stuttgarter Nachrichten, January 8,2004.

Gisler, P. , M. Guggenheim, A. Maranto, C. Pohl and H. Nowotny (eds.) (2004), Imaginierte Laien. Die Macht der Vorstellung in wissenschaftlichen Expertisen, Weilerswist: Velbrück Wissenschaft.

Goppel, T. (2004), 'Die bayerischen Unis-Spitze trotz Sparzwang', Süddeutsche Zeitung, January 8,2004.

Haase, A. (2004), 'Das Gerede von Elite ist eine Gespensterdiskussion'. Main Post, January 10,2004. Hönig, M. (2004), 'Notwendige Schritte auf dem Weg zu Elite-Universitäten', Union der deutschen Akademie der Wissenschaften, January 9,2004.

Hornbostel, S. (2001), 'Die Hochschulen auf dem Weg in die Audit Society. Über Forschung, Drittmittel, Wettbewerb und Transparenz', in Stölting, E. and U. Schimank (eds.) Die Krise der Universitäten, Sonderheft Leviathan 20/2001, pp. 139–158.

Infoplease (2007), College and University Endowments 2005, http://www.infoplease.com/ipa/A0112636.html (accessed 30 May 2007).

Kaiser, G. (1999), Faule Professoren. Press Release of the Rektor of the University of Düsseldorf, September 17,1999.

Käs, J. (2004), 'Eliten gibt es nicht per Dekret', Leipziger Volks-Zeitung, January 7,2004. Kraft, H. (2004), 'Jede Uni in ihren Stärken fördern', Süddeutsche Zeitung, January 7,2004.

Krücken, G. and F. Meier (2006), 'Turning the University into an Organizational Actor', in Drori, G., J. Meyer and H. Hwang (eds.), Globalization and Organization: World Society and Organizational Change, Oxford: Oxford University Press, 2006;241–257.

Maasen, S. and O. Lieven (2006), 'Transdisciplinarity: A New Mode of Governing Science?', in Maasen S., M. Lengwiler and M. Guggenheim (eds.), Discipline and Research: Practices of Inter-/Transdisciplinary Cooperation in Science, Special Issue of Science and Public Policy, 33, 399–410.

Marginson, S. and M. Considine (2000), The Enterprise University. Power, Governance and Reinvention in Australia, Cambridge: Cambridge University Press.

Miller, P. and N. Rose (1995), 'Production, Identity and Democracy', Theory and Society, 24,427–467. Mowery, D. C., R. R. Nelson, B. N. Sampat and A. A. Ziedonis (2004), Ivory Tower and Industrial Innovation: University-Industry technology transfer before and after the Bayh-Dole Act, Stanford: Stanford University Press.

Power, M. (1997), The Audit Society. Rituals of Verification, Oxford: Oxford University Press. Readings, B. (1996), The University in Ruins, Cambridge: Harvard University Press.

Sager, K. (2004), 'Wir sind keine Technikfeinde', Berliner Zeitung, January 8,2004.

Scholz, O. (2004), 'Wir wünschen uns wieder mehr Nobelpreisträger',

Süddeutsche Zeitung, January 8, 2004.

Scott, J. C. (2001), Meritocracy and Democracy: The Temptations of Mechanical, "Objective" Impersonal Measures of Quality, Democratic Vistas, Devane Lecture Series, Yale University, http://www. yale. edu/yale300/democracy/media/apr24. htm (accessed 30 May 2007).

Shore, C. and S. Wright (1999), 'Academic Culture and Anthropology: Neoliberalism in British Higher Education', The Journal of the Royal Anthropological Institute, 5, 557 – 575.

SJTU [Shanghai Jiao Tong University] (2003), Academic Ranking of World Universities-2003, http://ed. sjtu. edu. cn/rank/2003/2003Main. htm (accessed 30 May 2007).

SJTU [Shanghai Jiao Tong University] (2004), Academic Ranking of World Universities-2004, http://ed. sjtu. edu. cn/rank/2004/2004Main. htm (accessed 30 May 2007).

Slaughter, E. S. (1993), 'Beyond Basic Science: Research University President's Narratives of Science Policy', Science, Technology and Human Values, 18, 278 – 302.

Smith, A. and F. Webster (1997), The Postmodern University? Contested Visions of Higher Eduation in Society, Birmingham: Society for Higher Education and Open University Press.

Spiewak, M. (2005), 'Auf die Spitze getrieben'. Die ZEIT, 47, November 17, 2005, 45 – 46.

THES [The Times Higher Education Supplement] (2004), World University Rankings: The World's Top 200 Universities, The Times Higher Education Supplement, http://www. thes. co. uk/search/story. aspx? story_id = 2016877 (accessed 30 May 2007).

Trow, M. (1996), 'Trust, Markets and Accountability in Higher Education: A Comparative Perspective', Higher Education Policy, 9, 309 – 324.

TUB [Technische Universität Berlin] (2005), Hochschulrankings, http://www. tu-berlin. de/service/ranking. htm (accessed 2 May 2005).

van Raan, A. F. J. (2005), 'Challenges in Ranking of Universities', invited paper for the First International Conference on World Class Universities, Tong University, Shanghai, June 16 – 18, 2005, http://www. cwts. nl/ cwts/AvR-ShanghaiConf. pdf (accessed 30 May 2007).

Weiler, H. (2004), 'Harvard lässt sich niemals verwirklichen', Die Welt, January 13, 2004.

Weingart, P. (2005), 'Impact of Bibliometrics upon the Science System: Inadvertent Consequences?', Scientometrics, 62, 67 – 85.

Wissenschaftsrat (1985), Empfehlungen zum Wettbewerb im deutschen Hochschulsystem, Köln: Wissenschaftsrat.

Wissenschaftsrat (2004), Leitfaden zur institutionellen Akkreditierung, July 2004 (Drucksache 6189/04), Köln: Wissenschaftsrat. .

Wulff, Carsten (2004), Ein Stück aus dem Tollhaus, Frankfurter Allgmeine Zeitung, January 1, 2004. Zeppelin University (2006), What is ZU, http://www. zeppelin-university. de/index_eng. php (accessed 6 November 2006).

第五章
文献计量评价的社会建构

约翰·格拉瑟　格瑞特·劳德尔
Jochen Glaser　Grit Laudel

一、 文献计量评价工具的建构主义方法

虽然各国的研究评价系统在许多方面各不相同,但它们都或多或少地需要依赖研究绩效评价方法。这些方法构成了科学体系和科学政策之间的一个重要介质,通过这个介质,有关研究的信息将被转化为决策的战略知识。因此,它们值得特别关注。本章的写作源于观察到了文献计量评估这种评价方法正在迅速传播的现象。我们的目标是明确文献计量评估方法演变为一个有效的、可靠的、合法的绩效评估手段的过程。因此,我们采用了伍尔加(Woolgar)所倡导的"测量技术社会学及其在科学政策中的应用"(Woolgar,1991),并将其应用于这个重要的评估技术,即文献计量评价学。然而,我们既不对伍尔加关注的"为什么文献计量学没有接受引文分析的批评"感兴趣,也不赞同他所采用的激进的建构主义观点。相反,我们想了解为什么文献计量方法正被越来越多的用户所接受,而对有效性和可靠性的关注却越来越少。因此,我们并不是在讨论专业的(仔细的、方法合理的、最先进的)文献计量评估方法,在我们看来,这种评估可能与同行评审的评估一样有效,也可能无效。我们感兴趣的是,这些评估为什么会这么迅速地超出专业范围。

　　为了理解这一过程，我们将把文献计量方法的应用视为一个知识建构的过程，并将建构主义科学知识社会学的见解应用到他们的分析中。参与者（actors）的利益和权力共同构建了评价过程的前提（Barnes，1977；Pickering，1982），意味着文献计量评价过程的参与者对文献计量评价是有私心的，以及他们有权力影响评价的过程。第二个重要的观点是关于科学事实的构建。人种学研究（Latour and Woolgar，1986）和引用情境分析（Cozzens，1985）已经证明，科学事实的构建包含一个去情境化的过程。在这个过程中，有关科学知识最初产生条件的信息逐渐被去除。科学知识社会学将去情境化描述为一个省略模态的过程。我们将对文献计量方法的适用性描述视为模态，并通过观察这些模态在不同参与者手中的命运来应用这种启发。这些参与者出于评价的目的来应用文献计量方法，在这个应用过程中，这些模态被有私心的和有权力的参与者省略（疏忽、忽视或否认）。

　　我们首先通过描述为什么文献计量方法在一些条件下是有效的，以及通过描述文献计量研究中关于该方法的局限性，来呈现哪些模态是文献计量方法的重要模式。然后，我们继续证明这些模态在四个主要参与者的利益和权力影响下是如何消失的。4个主要参与者是：科学政策和科学管理的使用者、引用数据库的商业所有权者、汤姆森科学信息研究所（Thomson Scientific's Institute for Scientific Information，ISI）、专业计量学家和业余计量学研究者，比如一些学者、管理者和政治家，他们并没有必须的专业知识背景，却以不同的方式在使用文献计量方法。

二、 文献计量评价方法的模态

　　在下面的分析中，我们将文献计量方法作为收集和处理实证数据的主要指导内容。这些指导也包含具体方法所适用的条件的信息，比如，在什么条件下能产生有效和可靠的结果，以及一些特定方法下产生的信息。这些信息可以理解为在何时以及如何使用这些方法，即方法使用条件的陈述，也可以理解为所谓的"模态"（modalities），这是指导内容的一部分。

"模态"的概念是由拉图尔（Latour）和伍尔加在他们对科学事实结构的分析中提出的，随后拉图尔对其进行了补充与拓展（Latour and Woolgar，1986：75 - 90；Latour，1987：23 - 29）。模态被理解为"关于陈述的陈述"，即修改关于科学发现的陈述的有效性和可靠性的陈述。例如，在句子"GH. RH 结构被报道为 X"，而模态则是"被报道为"改变 GH. RH 结构的陈述。如果去掉模态，我们得到的陈述是"GH. RH 的结构是 X"，这是一种不同的陈述（Latour and Woolgar，1986：78）。

拉图后来区分了积极模态和消极模态两个概念，积极模态指"让陈述远离其生产条件，使得这个陈述更严谨以能够思考其他必要的条件"，消极模态指"让陈述更接近于其生产条件，并详细地解释这个陈述是严谨的还是难以立足的"（Latour，1987：23）。事实（fact）是指一个避免消极模式，与积极模式相关联的陈述。它不附带任何关于产生知识的人或产生知识的条件等信息，因为这些被认为是不必要的。拉图尔和伍尔加将事实的构建描述为从陈述中移除模态的过程，而将事实的争议描述为利益相关方在陈述中是添加还是移除模态，以使得这个陈述是被削弱还是被强化的过程。（Latour and Woolgar，1986：88；Latour，1987：25 - 26）。

对于事实构造的一般描述可以应用该方法。科学方法包含关于它们可以应用的条件和为了产生有效和可靠的结果必须应用的陈述方式。这些陈述是表示该方法"操作说明"的一部分。然而，它们也可以被认为是模态，因为它们通过将它们的适用性限制在特定的条件和使用方式上来修改对方法的陈述。在科学的情境中,这些模态被认为是与方法不可分割的,因为方法的任何应用都是基于对适用性和适当程序的假设。模态在方法的每一个应用中都被隐藏式检验,但在大多数情况下只是被简单地确认。与方法的陈述相比,这些模态才是方法论研究的主题,在试图将一种方法应用于新问题的过程中,模态受到了挑战和改变。实验室研究发现,这些模态可以被本土创造的模态所取代,这种做法可能被认为是标准程序的重大变化。当观察到这种变化时,科学家会对此提出严肃的批评(Knorr-Cetina,1981:37-40;Latour and Woolgar,1986:158)。

在本节的剩余部分,我们将来确定一些文献计量方法的内在的方法论模态。正如引言部分所说,我们假设文献计量方法可以衡量研究质量的每个方面。但要建立这种能力是很困难的,根本原因是对什么才算是"真正的"研究质量这一概念不清楚。针对这个话题的讨论通常会有这样的表述,比如"当你看到它时你就知道了",或者更科学地说,研究质量具有复杂性和专业性等特点,通常最终都只能靠科学界来判断。

这将否定除同行评审之外的其他研究绩效分析方法的可能性。然而,文献计量学的主要观点是:当其他同行的文章对其论点有用时,科学家就会引用他们的文章,这意味着被引用者的工作对引用者的工作产生了一定的影响,文章的有用性和影响性也是研究质量的一个方面。引用说明了文章的用途、有用性和影响力,这是使用引用情况来作为质量指标的基本论据。通过把影响力视为研究质量的一方面,影响力又可以通过文献计量指标来测量,可以实现研究质量概念的复杂性、不确定性和研究的影响力的可测量属性之间的相互协调。因此,文献计量指标可以作为质量的"部分指标"(Dieks and Chang,1976;Martin and Irvine,1983;Moed 等人,1985a;Weingart

等人，1988；Phillimore，1989；Van Raan，1996）。

这种解释提供了使用文献计量评价的理由，因为这种评价是由专业文献计量学者来进行的。它还包含了所有基于引用分析的绩效测量方法最重要和最基础的模态，这也是这种评价技术最主要的局限，即不直接评价质量本身而只是着眼于质量的一个重要方面（Van Raan，1996：404；Moed 等人，1985a：133－135）。尽管影响力同时也被认为是"研究绩效评价的关键参数"（Van Raan，2000：303），但此时模态已被弱化，文献计量学者意识到一个事实——他们并不是直接测量质量，这也就是他们觉得文献计量的结果需要被该学科领域的专家做进一步解释的原因（Moed 等人，1985a：147；Van Raan and Van Leeuwen，2002：614－615）。

由于读者对引用数据会有所期待，很多人反对引用意味着影响力这个假设。不足为奇的是，在计量方法的辩论中，一个主要的争论是：引用不能用作评价指标，因为它们是出于各种原因来给出或保留的（如 Gilbert and Woolgar，1974；MacRoberts and MacRoberts，1989）。我们并不讨论这些原因，因为我们认为以下反驳令人信服：

> 只有当所有的研究人员完全随意地引用早期的工作时，这种情况才会出现。但是没有人能严肃地认为，例如，本文中的参考文献是完全不合理和完全武断的。如果有足够多的论文用于分析，就会发现是存在有效的引用模式的。此外，从统计学上讲，一个领域的所有研究人员都有相同的明显引用偏差是非常不可能的。（Van Raan，1998：134－135）

这一论点与我们所知的关于引用原因的实证工作是一致的。这也符合"规范"和"结构主义"关于引用的理论。这些理论指出，引用行为是受到约束的，由微观政治利益集团[为了说服读者，参见柯仁斯对这两种立场的描述（Cozzens，1989）]通过遵守规范（"在应该给

予信任的地方给予信任")来约束。^①

　　引用在统计上代表影响的论点还有第二种模态。为了使统计数据变得可靠,文献计量方法必须应用在大量出版物统计的基础上。如果有足够多的出版物,并且可以获得引用数据,就有可能通过文献计量学衡量研究质量中的一个方面,即国际影响。这种模态已经被文献计量学家明确讨论和认可((Van Raan, 2000:307 - 309; Butler, 2001:49)。

　　引文研究的第三个重要模态是技术性的。为了得出关于研究绩效的有效结论,分析必须涵盖被评估单位的所有研究成果,特别是用于文献计量分析的引文数据库必须能够对被评价单位的所有出版物的引文进行计数。当文献计量方法应用于较低的汇总水平时,即接近进行可靠统计分析所需的最少出版物数量时,这一点尤其重要。在研究小组层面,出版数据 99% 的完整性是必要的(Moed 等人, 1985a:139 - 140),缺少一个引用情况很好的出版物则可能会造成重大错误(Smith, 1981:93; Nederhof, 1988:204)。

　　应用文献计量方法的第四种模态与时间有关。引用数据表明出版物的使用及其质量一般出现在发表后的一段时间,因此基于引用的评价措施的有效性和可靠性取决于所选择的分析时间跨度。由于在自然科学的许多领域,出版物一般在发表三年后达到最高的引用数,这一时间跨度被认为是这些领域最小的"引用窗口",而在其他领

---

① 文献计量学家强烈倾向于"规范"理论,因为它强调被引用部分对引用出版物的影响。他们最近试图证明"规范"理论并反驳"建构主义"理论,将后者误解为作者引用颇有名气的同行(Baldi, 1998:833,835; White, 2004:93, 96 - 97)引用率高的论文(Moed and Garfield, 2004; 295 - 297)以说服读者。这是一种过度简单化,因为根据"结构主义"理论,作者不会仅限于引用权威的同事或论文,而是会投机引用任何支持他们论点的内容。由于与作者的研究主题相关的工具最有助于"说服"(Gilbert, 1977)或"结盟"(Latour, 1987),因此"结构主义"理论会预测相同的出版物将被引用为"规范",即出版物要么用于出版前的研究,要么用于出版物中来支持论点。

域，可能需要更大的"引用窗口"（Moed 等人，1985a：136；Van Raan，1996：403）。反过来就意味着，在进行文献计量评估时，能够获得可靠引用数据的最新出版物已有至少三年的历史。文献计量评价方法的可靠性和及时性之间的权衡是时间模态的必然结果。

第五种基本形态是由不同领域知识生产的特殊性造成的。由于不同领域的知识生产实践不同，出版和引用实践也不同（Moed 等人，1985b）。这意味着文献计量测量的结果是基于学科领域的，如果不将结果与具体领域的参考值进行标准化，则既不能进行比较，也不能进行汇总（Van Raan，1996：403）。此外，领域的划分是文献计量评价有效性所依赖的关键性工作。

这些是文献计量方法最基本和最重要的模态。在下一节中，我们将在仔细查看引用数据的实际来源后添加另外几个模态。如果考虑了这些模态，文献计量方法可以提供有关研究质量方面的信息。科学社会学家是第一个在其对科学奖励系统和分层过程的研究中使用文献计量学方法进行评估的人［（Cole and Cole，1967，1972，1973）。在他们的早期研究中，出现了一系列研究，旨在开发和使用文献计量指标来评估出版物、科学家、组织和国家的质量。

三、 通过放弃模态进行营销

引用研究需要科学家、研究机构或学术领域的出版物数据，以及它们被引用的频率。迄今为止，提供这类数据的唯一数据库就是科学引文索引（Science Citation Index），社会科学引文索引（Social Science Citation Index）和人文艺术索引（the Arts and Humanities Citation Index）。① 这些数据库是汤姆森科学公司的财产，该公司向

---

① 最近推出的一款竞争性产品（Elsevier's Scopus）也有可能支持文献计量分析。

任何感兴趣的人出售数据库的在线访问权、特定指标的在线访问权和从这些数据库中导出的数据。

这不仅是一种在经济中非常罕见的绝对垄断，而且还造成了一种不寻常的情况，即整个科学界（文献计量学者）都非常依赖这些数据，这些数据并非公共产品，而且需要购买。虽然数据的私有财产也存在于其他领域（特别是在生命科学领域），但文献计量学面临的问题要严重得多，因为没有其他有竞争力的公开数据生产，主要数据来源是私有的。

这种情况抑制了科学界质量控制的核心机制，主要指在随后的知识生产过程中使用知识的过程。知识的使用也是对知识的一种测试，这种测试的结果是对知识进行明确或隐含的确认，或者对知识的改变提出建议。由于汤姆森科学公司对数据的产权使得文献计量数据是隔离于科学界的，因此不会出现使用数据、发现和报告错误以及随后改进数据的常见知识使用反馈的循环。数据中的缺陷会一直存在，并且随着时间的推移几乎没有改善。这就限制了文献计量学家的研究机会，格兰泽尔（Glänzel）和舍普弗林（Schoepflin）对此进行了评论，他们写道"数据库没有达到文献计量学家的期望"（Glänzel and Schoepflin，1994：380）。同样，巴瑞（Barre）提到"数据供应和质量方面的脆弱和不稳定的情况"（Barre，1994：423；另见Book-stein，1994：459）。此外，数据生成的同行评审是不可能的。莫德（Moed）对汤姆森科学公司的引文索引进行了广泛的分析，其结果总结如下：

> 在我们研究所对从科学引文索引（SCI）和相关ISI引文索引中提取的800万篇目标文章的2000多万篇被引参考文献进行的大量分析中，我们发现，当数据来自"简单"或"标准"引文匹配程序时，个人、研究团体、期刊和国家层面的引文统计数据会受到草率引用、科学期刊的编辑特征、学术子领域的引用惯

例、语言问题、作者识别问题、不熟悉外国作者姓名和 ISI 数据
捕获惯例等因素的强烈影响。(Moed，2002：731)

对汤姆森科学公司销售的产品的许多批评并没有导致数据的变
化。与此同时，许多文献计量学者认为，只要人们还需要从被批评数
据库的所有者那里购买数据，那么批评数据库的所有者就是一件有
风险的事情。虽然没有证据表明汤姆森科学公司对文献计量学界施
加了任何压力，但认为"最好不要与它们产生矛盾"的观念已经固化，
并且肯定会根据著名的托马斯定理形成行动："如果人相信一种情况
是真实的，那么它的后果就是真实的"(Thomas and Thomas，1928：
572)。因为只有一个数据源可用，所以与数据库相关的模态就会进
入文献计量方法的描述。最关键的模态是以下三点：[①]

(1) 必须考虑数据库对文献的覆盖范围以及覆盖范围随时间的
变化。社会科学、人文艺术学科的文献，以及一些工程科学的文献
(例如数学)都没有被数据库很好地涵盖。这破坏了通过使用这些数
据库进行这些领域的文献计量评价而获得结果的有效性。

(2) 出版物数据必须准确地匹配作者，这可能很困难，但拼写错
误或同音异义词会使不同的作者可能会有相同的姓氏和首字母。

(3) 出版物数据必须准确地匹配组织或单位但因信息不完整或
错误，这一点也很难做到。

汤姆森科学公司在提供自己的研究评估产品时，放弃了这些关
键因素和许多其他模态，如基本科学指标(Essential Science
Indicators，ESI)、高度引用文章网站(Highly-Cited. com)、国家科学
指标(National Science Indicators)，这些指标包含具体国家的评估信
息；在几个国家(如日本、澳大利亚和丹麦)的颁奖典礼上被提名的引

---

① (van Raan，1996：402 - 404)提供了一份广泛的模态列表，涵盖了我们讨论的模态及更多其他
模态。

文奖获得者(被引用最多的学者);及发表在双月刊《科学观察》上的各种评价。放弃模态的例子包括:[①]

(1) 期刊影响因子是指过去两年发表的期刊文章在本年度被引用的平均次数。这一因素的严重缺陷已经被批评了 20 年但仍没有改变(关于最近的评论,见 Glänzel and Moed,2002)。在这里,只要注意到关于时间的模态被删除,并且使用极短的引用窗口(一半的出版物少于两年,另一半少于一年)就足够了。汤姆森科学公司在其网站上增加了一个计算 5 年影响因子的指南,含蓄地承认了这种模态。

(2) 基本科学指标对科学家的引用排名忽略了同音异义词。附件表明列表中的每个名字都指一位科学家。然而,它也增加了一个有趣的评论,即"姓氏和首字母相同的科学家可能代表多个人"。因此,引文分析的模态(准确地将出版物跟科学家匹配是有效分析的先决条件)得到了认可,但数据和排名列表却保持不变。

(3) 1995 年,文献计量学家发表了以下评论:

> 1992 年,科学信息研究所出版的《科学观察》杂志上出现了几篇文章,其中计算了大学甚至化学领域研究院系的影响指标。因此有强有力的迹象表明,ISI 在给大学匹配论文时犯了几个严重的错误即其没有考虑到所有同个地址的大学名称变化。例如,ISI 似乎遗漏了莱顿大学名称的重要变化。因此,匹配给这所大学的论文数量极低。(Moed 等人,1995:411 - 412)

4 年后,同样的批评——地址错误导致大学排名无效——发表在当时出版的《软盘上的大学指标》上,该产品在澳大利亚被证明是不准确的(Butler,1999)。今天,基本科学指标对机构的引用排名仍然在很大程度上忽略了地址的变化。说明文档中指出了"名称变化"

---

① 示例摘自于汤姆森科学公司的"知识之网"(主页:http://www.isiknowledge.com),访问时间为 2006 年 4 月 28 日。

即"机构可能以不同的名称缩写出现，在这种情况下，可能需要查阅多个条目"。然而，有些文章由于名称变化，根本没有被计算在内。利用科学网的"高级搜索"功能，我们发现了212篇仅包含"ANU"（澳大利亚国立大学的常见缩写）却未列入基本科学指标的论文，并检查了前十篇论文和被引用最多的论文（196次引用），这些论文确实属于澳大利亚国立大学。所以，明确匹配的模态也是被认可的，但是并没有被执行。

最近，魏因加特研究了汤姆森科学公司的营销努力和其对科学政策的影响（Weingart，2005）。就我们的目的而言，重要的是要注意到，市场上销售的产品基本上没有模态，这意味着产品的有效性值得怀疑。自然，卖方没有提到放弃模态的影响。就连上面提到的关于模态的信息也被隐藏得很好。它可以在"帮助"网站栏目找到，也就是说，当遇到搜索问题时，人们通常会求助于此类网站。对于不质疑的用户来说，汤姆森科学公司销售的文献计量信息看起来简单明了，因为大多数模态都被删除了。

四、 对无模态文献计量评价的需求

早在1975年，科学政策和管理就认识到了文献计量评估的潜力。韦德（Wade）在其他例子中提到了美国大学在决定晋升和评定终身教职时以及美国国家科学基金会在评估化学系经费时都使用了文献计量学信息（Wade，1975：429）。

从那时起，文献计量评估已经扩散到许多政策和管理过程中。在过去的20年里，这种扩散是由科学政策采用的范式推动的。无论其内容如何，这一范式的核心是相信市场竞争和市场交换是执行任何公共任务的最佳方式，没有更好的方法可用来解决分配问题或有效生产。市场竞争应该提高效率，因为只有最有效率的生产者才能生存,市场对效率的压力迫使生产者采用最有效率的内部结构。因此,为了最有效地执行公共任务,需要将这些任务分配给自治单位,这些单位竞争产生规定的结果所需的资源。市场范式在公共领域的应用管理已经导致了这样一种信念,即它的组织应该采用公司结构和做法,它们之间需要引入竞争,以确保公共资金只给予表现最好的人,并由他们有效地使用(James,2001:233)。

"新公共管理"在科学中的应用导致了主要治理工具的改变(如g. Slaughter and Leslie,1997;Henkel 2000;Marginson and Considine,2000)。政府正在有意识或无意识地将市场结构引入科学体系(详见本书第二章)。研究机构的自主权正在增加,尽管总是受到对公共资金依赖的限制。研究机构之间和研究人员之间的竞争正在加剧,因为越来越多的资金在以竞争性资助的形式被分配。在许多国家,基于绩效的大学资助在过去30年中已经引入或正在引入(见本书第一章)。大学通过管理研究绩效和研究条件来获得新的自主权,这种做法产生了一种强大的公司等级结构趋势,削弱了传统的学术自治的影响力(Morris,2002;Schimank,2005;另见本书第五、第六章)。

科学体系中不断发展的市场格局和公司结构都需要进行比较评估。市场的运作依赖于产品和价格的可比性,因为没有可比性,就不能进行竞争和机会交换。组织的管理需要将一个子单元的绩效与竞争对手的可比子单元、组织内的其他子单元以及同一子单元过去的绩效进行比较。对可比较的绩效评估的需求是评估在许多科学系统中传播的原因。评估是使知识生产的特殊过程具有可比性的唯一方法,也是让缺乏科学知识来"按内容管理"的外部人员能够管理这些过程的唯一方法。

研究评估的两种基本方法——同行评审和定量指标——都可以用于比较评估。为了实现同行评审过程的可比性,评审者通常被要求对其评估的学科进行排名，从而在各个学科的科学专业内容中提取出可给非科学家用户使用的内容信息。现在使用同行评审的经典例子是英国的科研评估框架，超过 60 个评估专家小组在评估大学研究的成果。

另一种最近被越来越广泛应用的评估策略使用了研究绩效的量化指标。近期，"度量"即定量方法或文献计量方法的需求快速增长的主要原因有 3 个（参见 Weingart，2005：122 用于类似的论点）。第一，同行评审无法满足日益增长的评价需求。学术界担任同行评审人的能力和意愿是有限的，而且由于竞争性资金和出版物的增加，对日常评审活动的需求也越来越大，这种能力和意愿已经越来越有限。单靠同行审查不太可能满足评价需求。相对于同行评审，人们越来越偏好文献计量评价，原因是其成本更低。虽然不能完全证明进行的专业文献计量评估的成本更低，但评估人员聚集一起来评价的成本显然很高。

第二，文献计量看起来更合法化，是因为它看起来更科学化、客观化，因此比同行评审更容易让人信赖。文献计量的合法性来源于一个事实，即他们依赖于积累的同行判断。大多数发表都需要经过同行评审，引用则意味着同行对作品的可用性和影响力的判断。基于大量研究人员做出的判断，文献计量方法似乎克服了同行评审的缺点，即小众的、有偏见的评价意见。文献计量的客观性使得他们成为常规的组织内部评估的理想工具，组织内部的同行评审要么成本非常高（如果聘用外部评估员），要么会给组织内部人员关系带来很大的压力（如果评估人员是来自内部组织的话）。毕竟，同行评审违背了科学职业的规范（Schimank，2004）。

第三，文献计量评估给人的印象是：政治家和管理者可以在没有科学家参与的情况下进行评估。在同行评审中，评价建议与对质量和潜力的具体判断是密不可分的。文献计量评价所产生的数字看起来是去除情境的,从而比由政策和管理过程之外的评估者进行定性评价的结果更好处理。

这些观点使得文献计量评估对科学政策和管理很有吸引力,但也已经忽略了前面描述的一些模态。只有当忽略文献计量结果需要由该领域的科学家解释,忽略了它们仅提供了研究的过去绩效信息,以及忽略了这个方法并不适用于所有水平的学科集合,他们觉得才是有说服力的。这些和其他模态很容易被科学政策和管理部门忽视。一个著名的文献计量学家如此描述这个需求。

> 我经常遇到这样的情况:国家政府和机构中科学管理的相关负责人要求应用不够先进的文献计量学指标。他们意识到了无法充分反映质量水平,但他们希望评价过程足够"快",最主要是,不会"太贵"。(Van Raan,2005a:140)

虽然文献计量学家可以在这些情况下坚定立场,并拒绝提供"廉价和肮脏"的评估,但科学政策和管理人员通常可以使用他们的判断力来启动无模态的文献计量。我们提供了3个不同国家的例子,涉及政策、组织内部和个人层面(更多例子,见 Adam,2002;Cameron,2005:112 - 115)。

(1)以下引述了一份关于在荷兰人文和社会科学评估中使用绩效指标的报告,该报告描述了荷兰科学政策在文献计量方法模态方面的观念的根本性转变。在 2001 年的分析报告后,因为不同的出版文化,文献计量方法没有应用到人文学科。报告继续指出:

> 在 2003 年的观察报告中,有关政府部门提供了"按学科分列的荷兰大学相对引文索引分数"的表格,与世界平均水平进行了比较。例如,在这些计算中,荷兰的文学研究得分比世界平均水平高得多,而法律的这一指标则低得多。显然,该部门官员已经在应用他们自己的研究评估方法,而研究人员仍在思考这些方法是否适当,从而似乎也忽视了 2000 年观察报告附

录中所提到的警示说明(KNAW，2005:9)。

最初拒绝将文献计量方法应用于人文学科，是基于汤姆森科学公司数据库对荷兰人文学科覆盖率普遍比较低的模态的承认，在英语以外的其他语言期刊中甚至更低，并且数据库不包括书籍。两年后该模态被抛弃。

（2）德国目前正在大学和研究机构里引入基于绩效的资助体系。德国主要研究委员会即德意志研究中心的一个委员会发布了关于医科大学院系基于绩效的资源分配的建议(DFG，2004)。这些建议总体上承认定量绩效测量的模式，特别是汤姆森科学杂志的影响因子，并建议制定评估出版物内容的程序和标准。报告指出，开发和试验这种程序本身是一个研究项目，需要很长时间，因此建议同时使用影响因子作为替代，因为这是一个"虽然不精确，但相对便宜的后备解决办法"(ibid：15)。本节的结论如下：

> 对于基于绩效的资助计算，原始期刊的评价可以通过逐步引进质量标准来进行，方法是使用期刊未加权的影响因子。

因此，最重要的模态是文献计量方法不能衡量质量，而影响因子的众多模态则为了管理方便而被放弃。

（3）在一个正在进行的基于评估澳大利亚大学研究资助项目中（详见本书第五、第六章），一位历史学家描述了晋升程序的各个方面（注意评价人员震惊的回答，他了解有关的模态）：

> 历史学家：……事实上，我现在已经——为了晋升，不得不看我的文章引用情况。
>
> 评价者：什么？
>
> 历史学家：你要做的是……
>
> 评价者：你查了这些引文索引？
>
> 历史学家：不止如此，因为引用索引不是很有用，它的数据库是有限的。我的意思是，我找到了我的作品大约有330次引

用,但可能只有 50 次在数据库中呈现,我在其他地方找到过。

由于历史文献根本没有被汤姆森科学公司的人文艺术引文索引很好地涵盖,这位历史学家收集了他的领域中可能引用他的作品的出版物,并人工计算了这些引用。受访者的晋升岌岌可危,他别无选择,只能遵守官僚主义的要求,这种要求忽视了个人层面引用计数有效性的所有模式、现有数据库对文献的覆盖、出版物和引用实践的专业特殊性等。

五、 针对模态的工作

要进行有效的文献计量分析,需要从汤姆森科学公司的数据库中提取数据,对其进行清理,并运用最先进的方法进行仔细分析。这是专业文献计量学家的工作。许多文献计量学家为政客或研究组织提供这种咨询服务。然而,这不是他们的主要兴趣所在。

文献计量学是一个旨在提高对已发表的科学成果进行定量分析(从最广泛的意义上来说)的学术领域。在我们分析的背景下,这意味着文献计量学界致力于文献计量学方法的模态。文献计量学家通过修正方法来改变现有方法的模态,或者通过发明新方法来克服模态。他们对方法和数据的设计和测试,建立、重塑和消除了模态的影响。文献计量学界是文献计量学方法及其模态的守门人。

不幸的是,文献计量学界受到的结构性问题的困扰严重限制了它作为正确应用文献计量学方法的监督者的机会。以下叙述主要基于 1993 年和 1994 年关于文献计量学“危机”的讨论中发表的文章。[①] 虽然许多讨论者不同意对危机的诊断,但结构问题在这次讨论

---

① 格兰泽尔和舍普弗林于 1993 年在柏林举办的文献计量学会议的闭幕式上发表了一篇关于危机主题的论文。这篇论文和许多文献计量学家的回应随后发表在 1994 年《科学计量学》杂志的专刊(第 30 卷第 2—3 号)上。

和后来的文章中或多或少得到了证实。影响文献计量评价方式工作的主要问题是：

认知碎片化和孤立。格林泽尔和舍普弗林注意到"沟通失败"导致"对同一问题的对应研究的结论会完全不同，术语上也会出现巴比伦式的混乱"。他们还观察到"在一些基本问题上缺乏共识"和科学计量学子学科的"渐行渐远"（Glänzel and Schoepflin，1994：377）。我们后来对《科学计量学》杂志）的文献计量研究证实了这种离心趋势。[①] 碎片化的现象部分原因是对数据访问权的不平等（Schoepflin and Glänzel，2001。我们已经对文献计量学界的主要数据源的私有性造成的问题情况进行了评论（数据和文献计量学界都有问题）。格林泽尔和舍普弗林暗示了文献计量学界的分裂：

> 在经济方面，到目前为止，事实上有两类文献计量研究团体：一类是能够负担得起昂贵的数据集、处理复杂的数据分析和规划长期文献计量研究项目的团体，另一类是无法做到所有这些的团体。（Glänzel and Schoepflin，1994：379）

这种情况导致了认知碎片化，因为一些团体开发了其他任何人都无法应用的先进文献计量方法，用这些方法进行的分析无法复制，如下文所述：

> 我们的研究表明，即使是覆盖许多机构和数千份出版物的广泛分析，也有可能提取非来源数据库的引用数据。一个主要的警告适用于此。为了高效和有效地进行任何此类分析，直接获取 ISI 指数（或类似指数）背后的原始数据是一个必要的先决条件。（Butler and Visser，2006：340）

[①] 2001 年的文章列出了六个"类别"，即①文献计量理论、数学模型和文献计量学的形式化；②案例研究和实证论文；③包括应用程序的方法学论文；④指标工程及数据展示；⑤文献计量学的社会学方法、科学社会学；⑥科学政策、科学管理和一般或技术讨论"（Schoepflin and Glänzel 2001：305）。这些类别后来被称为"子学科"（同上：311）。据作者观察，到 1997 年，该领域已由子学科②和③主导。

这种数据获取只存在于世界上极少数地方。据我们所知，没有一个文献计量研究小组拥有这种访问权限，并使用它来推进文献计量方法的应用——除了莱顿大学的文献计量小组，这篇文章的作者之一(Visser)属于该小组。认知碎片化已经达到了这个程度：文献计量学界成员无法复制最先进的研究发现。

认知碎片化伴随着认知上的文献计量学与其他科学研究领域的分离。格林泽尔和舍普弗林(Glänzel and Schoepflin，1994:377,381)认识到这种分离，这种分离后来成为几个文献计量科学期刊的主题(Leydesdorff and Van den Besselaar，1997；Van den Besselaar，2000,2001)。两次尝试更新定量和定性科学研究之间的联系(见Leydesdorff，1989；Leydesdorff and Wouters，1996)并没有导致形势的变化。尽管将文献计量学从更具定性和理论导向的科学研究中分离出来的做法令人惋惜，但这绝不能仅归因于文献计量学自身的认知变化。科学社会学的微观社会学转向在这种分离中起了主要作用，因为当前的科学社会学在很大程度上忽略了诸如科学专业或学科之类的综合分析单位，而文献计量学的统计方法适用于这些分析单位(Glser，2001；另见 Van Raan，1998)。

弱化的制度化。格林泽尔和舍普弗林写道，"在大学和学院中，只有非常少的……信息计量学/文献计量学/科学计量学/技术计量学的教育项目"(Glänzel and Schoepflin，1994:378)，并提到了能或不能获得文献计量原始数据的研究小组之间的分裂(见上文)。两个答复者在他们研究拉丁美洲和美国的文章中证实了这个评价。

> 由于文献计量领域的多学科和跨学科性质，它不容易适应传统知识领域的等级结构。在管理上和功能上的大学，甚至像在拉丁美洲的大学，这个领域还被分为科学和人文的两部分。((Russell，1994:408)

> (在美国)底线是，科学计量学领域的人很少，几乎没有资

源;这是一个很小的领域,与主要的社会目标没有什么关联。
(Griffith, 1994:490)

这种情况一直没有改变,在一些国家,由于大学面临的财政压力,情况甚至变得更糟。

缺乏标准。上面描述的认知碎片化已经表明标准缺失可能存在问题。格林泽尔和舍普弗林强调了这一问题,他们指出,不同研究小组之间缺乏共识使他们无法积极捍卫自己的科学标准(Glänzel and Schoepflin, 1994:381)。一段时间以来,文献计量学界确实被标准的缺乏所困扰,这一点从维克勒(Vinkle)、范·拉恩(van Raan,)和卢克能(Luukkonen)的文章(Vinkler, 1994:499; van Raan, 1994:531; Luukkonen, 1994),以及专门讨论这一主题的研讨会的文章(见 Glänzel 等人,1996; Glänzel, 1996; Vinkler, 1996)可以看到。这种标准的缺乏在当前关于基于引文的社会科学绩效测量的讨论中变得很明显。最重要的模态担忧汤姆森科学公司数据库是否对社会科学领域已发表成果全覆盖,大多数文献计量学家认为现有的覆盖率不足以进行有效评估。然而,文献计量学界的立场绝不是坚定的,如以下陈述所示:

(1)在英国经济和社会研究委员会的一份报告中,卡茨(Katz)没有对大多数社会科学领域进行引文影响分析。他指出,"社会科学研究以更广泛的出版物类型发表,比自然科学研究涉及更多的国家问题。这使得构建国际可比的文献计量指标体系存在问题"。(Katz, 1999)

(2)戈丁(Godin)选择了相反的立场:"我们的一个主要结论是,文献计量学是衡量社会科学的一个很好的工具,就像文献计量学衡量自然科学、生物医学和工程科学一样"(Godin, 2002:4 原文中强调)。戈丁承认覆盖面的问题,但反驳说"社会领域的国际化正在改变研究者的出版实践"(ibid:11)。他引用希克斯(Hicks, 1999)来支持他的论点。希克斯确实观察到了社会科学国际化的趋势（ibid：206‐208），但在她的评论摘要有这样的表述："这里讨论的作者之一认为，仅基于 SSCI 的文献计量指标就足以构成评价的基础"（ibid：212），这正是戈丁所做的（Godin，2002：4）。

（3）范莱文（Van Leeuwen）引用卡茨的报告和戈丁的论文来支持以下说法："最近几年，英国和加拿大的研究表明了在社会科学评估中应用文献计量学的可能性和优势。"（Van Leeuwen 2006：133）此后不久，他指出，"反对在社会科学研究评估中应用计量技术的主要论点一直存在（现在依然如此），ISI 的 SSCI 对社会科学的覆盖面很差。"（ibid：133‐134）

（4）当我们（Glaser，2006）质疑对社会学部门进行文献计量评估忽略了众多模态时（Sternberg and Litzenberger，2005），科学计量学杂志的评论者回应说，除其他外，"毫无疑问，经济学家和社会科学家的研究贡献可以从他们的工作在 SSCI 和《经济学人》索引的期刊上受到的关注来衡量。"（Daniel，2006：332）

（5）对有关社会科学文献计量评价的文献的回顾得出结论：在社会科学中，"同样的文献计量方法可以像自然科学一样被应用，但应有若干扩展。特别是，在许多社会科学和人文学科中，需要更广泛的出版物（包括非 ISI 的期刊和专著）以及其他人文社科的专用指标。"（Nederhof 2006：96）

这些自相矛盾的说法表明，对社会科学和人文科学的文献计量评价没有达成共识。鉴于文献计量学界的认知分裂和薄弱的制度化，很难看到他们如何达成共识。在这个共识存在之前，我们可以期待一些文献计量学家会开展被其他人认为无效的文献计量评估。

商业化。格林泽尔和舍普弗林所担忧的是，科学政策和商业利益主导着文献计量学的认知，他们认为这是一些文献计量学研究不成体系和质量下降的原因之一。一些受访者证实了文献计量学的日益商业化，但并非所有人都认为商业化会引发危机。

　　科学计量研究已经间接被"科学政策和商业"利益集团所主导。它的兴趣显然集中在"迅速"和"可理解"的指标上，而知识的状态将允许应用更复杂的方法。此外，这种研究报告往往只是部分发表，并没有方法的改进，这降低了它对文献计量学界的价值。因此，可以观察到文献计量学研究的方向从基础和方法学研究向应用研究的明显转变。(Glänzel and Schoepflin, 1994:380)

　　当"商业化"进入科学计量学领域时，商业价值帮助学科发展是肯定的。然而，同样可以肯定的是，原本"供给导向"的领域(或基于"兴趣"的研究)已经转变为"需求拉动"的领域。研究分析必须满足客户(决策者)的需求，在某些情况下，甚至必须将研究限制在客户希望看到的范围内，"科学"因此成为必须被销售的"商品"。(Miquel, 1994:444)

　　是的，过快的商业化可能是我们研究领域最大的威胁之一。快速而肮脏的引文分析、"雨天周日下午"(rainy-Sunday-afternoon)的出版物分析、愚蠢的点击列表、完全不负责任的应用特定方法(如共引分析)已经对我们的研究社区造成了很大伤害。(Van Raan, 1994:531)

　　拉丁美洲的文献计量研究通常是由政府和科学机构赞助的，这些机构往往对有利于国家科学政策的科学成果原始(通常是不合格的)数据感兴趣。这些数据的生产一般都没有牢靠的理论和方法论基础，却被用来支持政策制定过程，数据的产生过程意味着是文献计量学者和科学计量学家在提供这些原始数据。(Russell, 1994:409)

文献计量学具有乔格斯(Joerges)和希恩(Shinn)所描述的研究技术的一些特征，特别是"一般质量"和"计量学"的发展(Joerges and Shinn, 2001)。然而，除了文献计量学本身之外，文献计量学方法很少被用作其他领域的研究方法。这项技术也没有扩散到应用领域。文献计量学界不是一个"中间"群体，在学术界却被同质性地制度化。因此，它更好地被视为一个专业，其共同的知识体系由具体的数据和方法组成。尽管以下内容不一定是危机的症状，但认知碎片化和隔离、薄弱的制度化、缺乏标准和商业化等问题导致文献计量学界无力保护文献计量学方法。部分原因是受众和资金来源的多样性（详见本书第一章）。然而，由于其薄弱的制度化，文献计量学界强烈依赖来自各种来源的"软钱"，而不是像惠特利所预测的那样，能够用这些钱来保护自己免受不利影响。不同的受众和资金来源"渗透"分裂了这个群体。方法和数据的模态是由文献计量研究小组在本土构建的，而不是该群体的全球化水平。对许多文献计量学家来说，商业客户是比文献计量学研究团体更有影响力的参考群体。利益也是异质的。虽然大家对文献计量方法的发展有广泛的认知兴趣，但对于客户收入的依赖也使得很多人在满足客户需求方面产生了一样的商业兴趣。

如果没有对捍卫这些模态的一贯兴趣，甚至对于模态是什么也没有一致意见，文献计量学界就无法发挥实现其所谓专家学者的角色——至少不能超出一些前沿研究团体的本地影响力范围。

六、 其他业余文献计量学

文献计量方法的形象发生了重大变化。最初，他们遇到了"敌意"和法律诉讼的威胁（Garfield，1979：360；Weingart，2005：117-118）。10年后，格林泽尔、舍普弗林和其他人担心文献计量方法原本良好的形象会受到损害。今天，根据魏因加特的说法，我们观察到"从有充分根据的怀疑到对文献计量不加批判的接受的戏剧性转变"（ibid：119）。导致这种氛围变化的因素之一是"基层文献计量学"，或者更准确地说是"业余文献计量学"，但这一点尚未得到充分的承认。我们使用后面这个术语来表示由在该领域几乎没有或根本没有专业背景且对所涉及的模式知之甚少或一无所知的参与者进行评价性文献计量分析的做法。

这种做法比最悲观的局外人能想象的还要普遍。个人层面的文献计量学在关于任期和晋升的组织决策中的应用已经被提过。如今，许多组织例行公事地使用文献计量指标来评估他们的学术成果（美国图书馆和信息科学，见 Meho&Spurgin，2005）。生物医学科学领域的资助机构经常要求提交研究申请人的简历中包含有发表的期刊影响因子或引用次数，从而迫使申请人进行业余文献计量工作。在更高层面的汇总中，那些基于文献计量指标的排名行为在所有层面的汇总中激增。

作为业余的文献计量学，所有这些实践都有一个共同点，那就是忽略了文献计量学分析的模态。它们代表了极端的情况，在这种情况下，对评估的感知需求压倒了对有效性的担忧。一个典型的例子是"上海排名"，其有效性和国际政治影响力严重不符，已经促使一位文献计量学领军学者去揭露了这个评估在方法上的严重缺陷（Van Raan，2005a）。该排名的作者回答说，数据库（即 ISI 的 citation 数据库）的技术缺陷是该排名数据库的文章作者唯一的责任，但其拒绝承认数据库所有者或评估制作者的任何责任（刘等人，2005）。范.拉恩强调了评估人员的责任以回应该排名制作者：

> 当然，使用某个从属关系的描述是并且将永远是作者的唯一责任，但这个作者相关的责任只针对文章。一旦有人想要在更高的综合水平上进行"构建"（即指标），构成全新的附加值，以便将"个人作者和出版物的世界"转变为"评价的世界"，这个人或机构就有责任根据任何现有的信息尽可能好地定义一个从属关系，而这些信息必须超出作者对其文章的"本地"责任。

（Van Raan，2005b：111）

业余文献计量学反映了快速增长的评价需求，同时他们也促进了这种需求。它被两种相互交织的趋势所支持。首先，日益激烈的资金竞争促使参与者去使用任何可能提高他们地位的资源。因此，任何有效性被质疑的评估都可能会被那些发现自己处于领先地位或至少高于主要竞争对手的组织积极营销（详见本书第四章）。同样，表现出色的科学家越来越感兴趣于有机会"客观地"证明自己比同事更优秀。假设这位历史学家在申请晋升时收集了对其出版物的引用，并取得了成功，在后来的某个场合，他会认为自己在与那些被引用的不如他好的同事竞争。他至少有机会倡导引文分析（可能是为了自己的工作而进行），以赢得资金竞争或推进他的事业。其次，研究的日益专业化迫使科学家在判断研究绩效时使用二阶标准。在许多领域，专业化已经到了一个阶段，即科学家必须依靠代理（参考）标准来衡量业绩，如同事、组织和期刊的声誉。除了在非正式的交流中会出现声誉的讨论，其他时候，引用次数、期刊排名和外部资助被用作内容质量判断的代替。当被问及在他的领域里什么是非凡的科学贡献时，一位科学家这么回答：

> 我们的衡量标准来自期刊的影响因子。你知道，如果你正在寻找一个全球性的衡量标准，那你就是这样做的：你的工作是发表在《科学》还是《自然》上。它们是黄金标准，因为它们甚至同意提交极少数材料供审查。我认为应用其他标准要困难得多，因为标准在某些学科分支内是不同的。所以，我是一个实验植物生物学家，本质上是一个植物生理学家，你知道这个方向有二三十个分支。

正如引文所指出的，科学家们只剩下二级标准，因为没有其他方法来评估因相差太远而无法理解，但又必须了解的领域的研究贡献质量。这种情况发生在同行评审评估情境中，当评估对象超出评审员的能力范围时，他们在无法判断研究内容时（他们应该这样做），常见的做法是借助出版物的属性，如期刊的排名、引文等（Gläser and Laudel，2005）。

人们需要使用粗略的文献计量指标来判断研究绩效来作为日常工作一部分，以及需要不断营销绩效，这两者共同促成了积极引进引文分析方法来计算其他人或组织的引用情况的现象。业余文献计量学的一个有害副作用是，它降低了文献计量学的方法标准，因为对于业余文献计量学家来说，任何方法都是多余的。由业余文献计量学产生的文献计量学评价被广泛接受的原因是，许多业余文献计量学者（任何人都可以计算引文）不相信这些分析方法的有效性，但又对业余文献计量学的普遍存在感到十分无助。这个现象的主要危险在于，当评估者（他们本身就是业余的文献计量学家）仅仅信任数字时，同行评审可能会失去其作为独立于文献计量评估的特点。

七、结论

对共同推动文献计量评价的参与者的讨论表明，他们的兴趣非常一致。科学政策和管理想要快速和易于处理的评估，因为①它们以这种评估的方式在科学系统中分配资源，以及②它们是文献计量学的强大支持者，而文献计量学本身又不够连贯和独立，不足以创建和捍卫文献计量学行为标准。因为无论是客户，还是数据源的所有者，或者是业余文献计量学家团队，都不关心文献计量方法的模态，并且因为没有强有力的平衡，模态很容易被放弃。这并不是说不存在考虑周全、构建良好的文献计量评价。但它们并不像许多客户需要的那么便宜，极少数能生产良好的文献计量方法的群体也无法满足这些要求。

对文献计量评估的强烈需求导致了模态的消失，这至少部分是由文献计量本身造成的。在被里普（Rip）描述为"承诺——需求循环"的动态中（Rip，1997：628-632），文献计量学已经承诺了研究出可以用来评估研究绩效的方法（如 Garfield，1979），这一承诺已经被科学政策转化为绩效期待。因此，文献计量学面对着它所谓的困境。

我们对评价所需条件的讨论解释了为什么文献计量评价越来越受欢迎。① 它们在某些领域和某些条件下是有效的；它们给人以易于理解的印象，因为它以数字的形式出现；它们被商业企业积极营销；专业的文献计量学家依赖这些数字；业余的文献计量用户在传播这一信息时并不关心风险和副作用。我们也清楚地表明了为什么在这个过程中放弃了方法的模态。所有参与者都在暗中帮助构建文献计量评价成为衡量研究质量的通用工具，尽管他们中没有人会这样描述它们。整体（使用文献计量技术作为一种通用的、无模态的评估工具）的功能当然是超过各部分的简单加和的（即文献计量方法的众多单独应用和关于它们的讨论）。缺失模态形式的"简化值"（subtracted value）是一个复杂的构建过程的结果，我们在本文中已经跟踪了其元素。

我们可以做些什么呢？很难想象有什么方法可以抑制评价的冲动。让每个人都清楚适当的文献计量评价成本很高，因此讨论它们的用途就变得很重要。除此之外，还有两个主要步骤。首先，科学政策应支持文献计量评估的专业化，确保该专业独立于其数据来源和客户，并加强合格的文献计量方法的"中立"研究。对文献计量学家的系统培训以及一些专门的"监督活动"应该得到回报。后者应包括引入道德守则和质量控制准则和机制。其次，建立公共引文数据库将有助于数据的质量控制，从而有助于克服许多上述问题。这两个

---

① 本文关注的是文献计量学方法。第二种主要的定量评价方法（即计算外部收入）的情况更糟糕。目前尚未对这种指标进行系统的研究，我们只是在了解其模态（Laudel，2005）。由于类似第 4 节所述的原因，该指标仍被科学政策和管理广泛应用。

步骤都需要大量的政策支持、国际范围的工作协调和投资。因此，只有当"快速和肮脏"的文献计量评估产生有害影响时，例如，当学术界或公众中的强大行为者因无效评估而失去对科学政策的信任时，才会采取上面的措施。因为所有研究评估实践的有效性本质上都是有限的，同时由于优秀的研究是足够"强大"到在大多数研究中名列前茅，那些错误的文献计量评价的问题不太可能迫切到需要大量投资来改进。

这意味着我们将在更长的时间内继续维持现状。但是我们不应该绝望！在其全部历史中，科学体系作为一个整体已经被证明能够很好地适应各种外部变化，继续看它是如何适应文献计量评估将是非常有趣的。

参考文献

Adam, David (2002), 'The counting house', Nature, 415,726 - 729.

Baldi, Stephane (1998), 'Normative Versus Social Constructivist Processes in the Allocation of Citations: A Network-Analytic Model', American Sociological Review, 63,829 - 846.

Barnes, Barry (1977), Interests and the Growth of Knowledge, London: Routledge & Kegan Paul.

Barre, R. (1994), 'Do Not Look for Scapegoats-Link Bibliometrics to Social Sciences and Address Societal Needs', Scientometrics, 30,419 - 424.

Bookstein, A. (1994), 'Scientometrics: new opportunities', Scientometrics, 30,455 - 460.

Brickley, Peg (2002), 'A Scrap over Sequences, Take Two', The Scientist, 16,13 May 2002.

Butler, Linda (1999), 'Who 'Owns' this Publication? Problems with assigning research publications on the basis of addresses', Proceedings of the Seventh Conference of the International Society for Scientometrics and Informetrics, Colima, México, July 5 - 8,1999, pp. 87 - 96.

Butler, Linda (2001), Monitoring Australia's Scientific Research: Partial indicators of Australia's research performance, Canberra: Australian Academy of Science.

Butler, Linda and Martijn S. Visser (2006), 'Extending citation analysis to non-source items', Scientometrics, 66, 327 – 343.

Cameron, Brian D. (2005), 'Trends in the Usage of ISI Bibliometric Data: Uses, Abuses, and Implications', portal: Libraries and the Academy, 5, 105 – 125.

Cole, Jonathan R. and Stephen Cole (1972), 'The Ortega Hypothesis', Science, 178, 368 – 375.

Cole, Jonathan R. and Stephen Cole (1973), Social Stratification in Science, Chicago: The University of Chicago Press.

Cole, Stephen and Jonathan R. Cole (1967), 'Scientific Output and Recognition, a Study in the Operation of the Reward System in Science', American Sociological Review, 32, 377 – 390.

Cozzens, Susan E. (1985), 'Comparing the Sciences: Citation Context Analysis of Papers from Neuropharmacology and the Sociology of Science', Social Studies of Science, 15, 127 – 153.

Cozzens, Susan E. (1989), 'What Do Citations Count? The Rhetoric-First Model', Scientometrics, 15, 437 – 447.

Daniel, Hans-Dieter (2006), 'The referee's comments on Gläser's criticism', Scientometrics, 67, 331 – 333.

DFG [Deutsche Forschungsgemeinschaft] (2004), Empfehlungen zu einer 'Leistungsorientierten Mittelvergabe' (LOM) an den Medizinischen Fakultäten-Stellungnahme der Senatskommission für Klinische Forschung der Deutschen Forschungsgemeinschaft, Bonn: DFG.

Dieks, Dennis and Hans Chang (1976), 'Differences in impact of scientific publications: Some indices derived from a citation analysis', Social Studies of Science, 6, 247 – 267.

Garfield, Eugene (1979), 'Is Citation Analysis a Legitimate Evaluation Tool?', Scientometrics, 1, 359 – 375.

Gilbert, G. Nigel and Steve Woolgar (1974), 'Essay Review The Quantitative Study of Science : An Examination of the Literature', Science Studies, 4, 279 – 294.

Gilbert, G. Nigel (1977), 'Referencing as Persuasion', Social Studies of Science, 7, 113 – 122.

Glänzel, Wolfgang (1996), 'The need for standards in bibliometric research and technology', Scientometrics, 35, 167 - 176.

Glänzel, Wolfgang, Sylvan Katz, Henk Moed and Urs Schoepflin (1996), 'Preface', Scientometrics, 35, 165 - 166.

Glänzel, Wolfgang and Henk F. Moed (2002), 'Journal impact measures in bibliometric research', Scientometrics, 53, 171 - 193.

Glänzel, Wolfgang and Urs Schoepflin (1994), 'Little Scientometrics, Big Scientometrics... And Beyond', Scientometrics, 30, 375 - 384.

Gläser, Jochen (2001), 'Scientific specialties as the (currently missing) link between scientometrics and the sociology of science', in Mari Davis and Concepción S. Wilson (eds.), Proceedings of the 8th International Conference on Scientometrics & Informetrics, Sydney, Australia, July 16 - 20th, BIRG, UNSW, pp. 191 - 210.

Gläser, Jochen (2006), 'Letter to the Editor', Scientometrics, 67, 327 - 329.

Gläser, Jochen and Grit Laudel (2005), 'Advantages and dangers of 'remote' peer evaluation', Research Evaluation, 14, 186 - 198.

Godin, Benoit (2002), The Social Sciences in Canada: What Can We Learn From Bibliometrics?' Project on the Measurement of the Social Sciences, Working Paper no. 1, Quebec: INRS.

Griffith, Belver C. (1994), 'Little Scientometrics, Little Scientometrics, Little Scientometrics, Little Scientometrics... And So on and So On', Scientometrics, 30, 487 - 493.

Henkel, Mary (2000), Academic Identities and Policy Change in Higher Education, London: Jessica Kingsley.

Hicks, Diana (1999), 'The difficulty of achieving full coverage of international social science literature and the bibliometric consequences', Scientometrics, 44, 193 - 215.

James, Oliver (2001), 'Business Models and the Transfer of Businesslike Central Government Agencies', Governance: An International Journal of Governance and Administration, 14, 233 - 252.

Joerges, Bernward and Terry Shinn (2001), 'A Fresh Look at Instrumentation: An Introduction', in Bernward Joerges and Terry Shinn (eds.), Instrumentation Between Science, State and Industry, Dordrecht: Kluwer, pp. 1 - 13.

Katz, J. Sylvan (1999), Bibliometric Indicators and the Social Sciences, Sussex: SPRU.

KNAW [Koninklijke Nederlandse Akademie van Wetenschappen] (2005), Judging research on its merits: An advisory report by the council for the Humanities and the Social Sciences Council, Amsterdam: Royal Netherlands Academy of Arts and Sciences.

Knorr-Cetina, Karin (1981), The Manufacture of Knowledge: An Essay on the Constructivist and Contextual Nature of Science, Oxford: Pergamon Press.

Latour, Bruno (1987), Science in Action. Cambridge, Mass: Harvard University Press.

Latour, Bruno and Steve Woolgar (1986 [1979]), Laboratory Life: The Construction of Scientific Facts, Princeton: Princeton University Press.

Laudel, Grit (2005), 'Is external funding a valid indicator for research performance?' Research Evaluation, 14,27 – 34.

Leydesdorff, Loet (1989) 'The Relations between Qualitative Theory and Scientometric Methods in Science and Technology Studies: Introduction to the Topical Issue', Scientometrics, 15,333 – 347.

Leydesdorff, Loet and Peter van den Besselaar (1997), 'Scientometrics and communication theory: Towards theoretically informed indicators', Scientometrics, 38,155 – 174.

Leydesdorff, Loet and Paul Wouters (1996), 'Quantitative Measuring or Qualitative Understanding: Is it possible to bridge the divide in STS?' EASST Review, 15,20 – 24.

Liu, Nian Cai, Ying Cheng and Li Liu (2005), 'Academic ranking of world universities using scientometrics-A comment to the "Fatal Attraction"', Scientometrics, 64,101 – 109.

Luukkonen, Terttu (1994), 'Are We Longing for the Golden Era Lost or for the One to Come', Scientometrics, 30,481 – 485.

MacRoberts, Michael H. and Barbara R. MacRoberts (1989), 'Problems of Citation Analysis: A Critical Review', Journal of the American Society for Information Science, 40,342 – 349.

Marginson, Simon and Mark Considine (2000), The Enterprise University: Power, Governance and Reinvention in Australia, Cambridge, UK: Cambridge University Press.

Marshall, Eliot (1997), 'Snipping Away at Genome Patenting', Science, 277,1752 – 1753.

Martin, Ben R. and John Irvine (1983), 'Assessing Basic Research. Some

Partial Indicators of Scientific Progress in Radio Astronomy', Research Policy, 12,61 - 90.

Meho, Lokman I. and Kristina M. Spurgin (2005), ' Ranking the Productivity of LIS Faculty and Schools: An Evaluation of Data Sources and Research Methods', Journal of the American Society for Information Science and Technology, 56,1314 - 1331.

Miquel, J. F. (1994), ' Little scientometrics, big scientometrics... and beyond', Scientometrics, 30,443 - 445.

Moed, Henk F. (2002), ' The impact-factors debate: the ISI's uses and limits', Nature, 415,731 - 732.

Moed, Henk F. , W. J. M. Burger, J. G. Frankfort and A. F. J. Van Raan (1985a), ' The Use of Bibliometric Data for the Measurement of University Research Performance', Research Policy, 14, 131 - 149.

第六章

没有评估者的评估
——资助公式对澳大利亚大学研究的影响

约翰·格拉瑟　格瑞特·劳德尔

Jochen Glaser　Grit Laudel

一、 科研评价体系的难以捉摸的效果

　　澳大利亚科研评价体系的独特之处在于其完全依赖资助公式。每所大学都将收集有关竞争性研究补助金,出版物的数量,当前研究生(硕士和博士学位学生)的数量以及按时完成硕士和博士学位研究的统计数据,并将其用于计算国家拨款,而无需进行任何其他考虑。大学经费的研究部分已发展成三个国家竞争性拨款的分配,包括机构津贴计划(Institutional Grants Scheme,IGS),研究培训计划(Research Training Scheme,RTS)和研究基础设施整体拨款(Research Infrastructure Block Grant,RIBG),它们使用权重不同的指标作为指标。如表 6.1 所示。

表 6.1　2004 年三项竞争性赠款中的分配资金和使用的指标

筹资公式中使用的指标	竞争性研究拨款(Mio AU $)和指标的权重			指标控制的研究资金份额 Mio AU $(%)
	RTS (552.153)	IGS (290.591)	RIBG (182.982)	
竞争性赠款的研究收入	40%	60%	100%	547.774(55.5)
成功完成研究的学生	50%			270.490(27.4)
高等研究学生名额		30%		85.384(8.7)
研究出版物	10%	10%		82.559(8.4)
研究拨款总额				986.207

资料来源:尼尔森,2005;38,75-76

澳大利亚采取了强式的（标准化、公开、透明和相应的）、高度标准化的科研评估系统（详见本书第一章）。这个系统把完全相同的评价方式应用于所有科学，包括社会科学、艺术和人文科学。不同学科领域也是使用相同的"研究收入"类别和"研究出版物"分类（受审期刊、书籍、书籍章节和经评审的完整会议论文）。研究资助模式也是高度透明的，因为大部分使用到的评价指标信息都是公开的。每所大学的收入及其产生的实际绩效都被记录在案。由于采用公式计算绩效，学者们能够计算出他们 2004 年发表在学术期刊上的每篇论文为大学的收入贡献了约 9 633 元人民币，一本专著的贡献约是一篇论文的 5 倍。可见澳大利亚的科研评价系统对大学的资金收入影响是巨大的。在 2004 年，3 大国家竞争性拨款在大学的教学和科研大笔资助经费中的占比为 24%。

这个科研评价系统已经使用了 15 年，中间有一些变化和补充。[1] 我们可以预期大学、大学院系和学者已经较好适应了这个系统，但也会对系统的使用效果提出质疑。比如是否达到了预期目标，包括是否通过奖励或将资金分配给表现最好的学者来提升整体绩效？该系统的使用是否对各利益方产生了一些非预期的有害副作用？

这些问题很难回答，实际上对于任何科研评价体系都没有令人满意的答案。尽管关于科研评价体系的政治讨论充满了关于其达到预期效果、提高质量、以及其负面影响的陈述，但这些说法均未获得可靠的实证证据的支持。试图确定科研评价体系的正面或负面影响面临两个问题，即如何确定这些影响以及是否能将它们归因于科研评价体系。识别这些问题很困难，因为这些预期和非预期的影响是指研究过程的认知特征的变化，比如质量、不确定性和学科交叉性等

---

[1] 至 2008 年，基于公式的科研评价体系会在近期被一个不同的评价过程取代。

特征。因果分析比较难实现，因为科研评价体系被很多其他制度因素所影响。关于科研评价体系具有正面效果的论断很容易被其他评价者否定，他们可以列举很多没有使用科研评价体系但也有类似进步的国家例子。关于科研评价体系的负面影响很容易归因于其他条件因素，比如资金的缺乏，成块资金资助率的下降，或政府将资金分配与应用导向的研究捆绑的政策。

本章的目的是证明，尽管存在方法上的问题，也可以确定和归因科研评价体系的认知影响。我们将使用来自澳大利亚大学研究的最新实证研究的数据来证明，澳大利亚科研评价体系本身几乎没有直接的指导影响作用，但确实导致了经常性资金的普遍短缺，并严重依赖少量外部资源，这些情况确实会影响和改变研究。[①]

二、 方法

（一） 研究策略——因果归因的挑战

为了解决因果归因问题，我们必须确定连接科研评价体系和研究行为与内容变化的社会机制。根据迈因茨（Mayntz）的观点（Mayntz, 2004:241），我们将社会机制定义为一系列因果关联的事件，这些事件在某些特定条件下会在现实中重复发生，并将特定的初始条件与特定结果联系起来[类似但准确度较低的定义可参见默顿（Merton 和赫德斯特伦（Hedström）（Merton, 1968: 42 - 43; Hedström, 2005:11）]。识别科研评价体系机制意味着我们可以证明科研评价体系这个因素如何引起大学研究的变化，从而将这些变化归因于科研评价体系。机制的概念最初是在惠特利（Whitley,

---

① 非常感谢德国联邦教育与研究部(在其"科学政策研究"计划中)以及澳大利亚研究委员会的资助。

1972)对默顿主义科学社会学的批评中引入科学研究的，但是从未被采用。

确定科研评价体系和科学知识生产变化联系起来的社会机制，可以弥补过去30年科学研究中的沟壑或空白。不同的科学领域正在调查研究这些社会机制产生的初始条件和特定结果，而这些科学领域逐步分化，直到今天这些领域之间仍无法进行比较或衡量。很多科学政策的研究聚焦在政府治理的变化上，包括资助政策的变化（Braun，1993；Ruivo，1994；Guston，1996；van der Meulen，1998；Silvani，Sirilli and Tuzi，2005）。尽管政治参与者群体和政策被认为是自变量，有关这些变量的影响研究仍不清晰。比如，有时会假设资助机构多变的角色会影响科学的认知内容，但是这些影响要么根本没有被描述，要么缺少实证研究支持（e. g. Rip，1994；Braun，1998）。迈因茨和席曼克（Schimank）认为，为了了解外界期望对科学的影响机制，分析过程需要包括"科学系统的绩效水平"（Mayntz and Schimank 1998：753页）。到目前为止，这些工作都很少开展。

科学政策的大量研究无视科学知识的变化，而建构主义科学社会学忽略机构作用的倾向补充了这种变化。在其建构主义转向之后，科学社会学对科学知识作为因变量产生了浓厚的兴趣，而在这一传统中的微观焦点产生了许多研究者对当地情况的适应以及这些适应对知识实践的后果的描述，以实践知识产出和内容（例如 Knorr-Cetina，1981；Lynch，1985；Latour and Woolgar，1986）。但是，这些研究的微观焦点偏向于进行单个案例研究，并阻碍了更多的比较方法。此外，对许多知识生产实例进行研究的细节导致对宏观结构和主导机构的忽视（Knorr-Cetina，1995：160-163；Kleinman，1998：285-291；Mayntz and Schimank，1998：751）。

为了确定将政府科学关系的变化和知识生产联系起来的因果机制，需要把科研评价体系的科学政策研究（作为初始条件）与研究行为和内容的建构主义研究(作为对应结果)相结合。这种结合可以建立在建构主义理解之上,即研究者有机会将知识生产建立在本土情境以及对科学政策的研究基础上,国家科学系统的机构通过确定资源获取的权力关系来共同制造这些本土情境。

评价系统都是由特定制度组成的,比如,包括正式和非正式规则的管理系统。[①] 这些系统把政策制度(包括分析、报告和决策)和管理着科学群体评价工作的机构融合起来。科研评价体系系统中关于知识生产的要素把政治行为与研究的开展和内容联系起来。由于用来衡量研究质量的特征指标和研究的其他认知特征是不可以分割的,比起系统所测量的研究质量,研究的策略和方法更容易因为要适应"质量期待"而发生改变。这就是为什么科研评价体系会产生一些意想不到的认知影响。为了确定改变研究质量和研究的其他认知特征的社会机制,我们要明确澳大利亚科研评价体系对以下几方面的影响:包括对大学学者从事科研的学术环境的影响,对学者适应这些环境的方式,以及对知识改变的影响。

科研评价体系影响研究的主要渠道是以绩效测量为基础的资金分配。这些资金使得科研评价体系成为大学学术环境的重要因素。和预期一样,大学必须适应、同时影响新的环境。大学不仅要对科研评价体系也需要对整个学术环境做出反应,可以预测大学会制定策略来最大化它们在科研评价体系中的收入。大学对科研评价体系的适应是我们需要确定的第一套机制。大学层面的适应机制是"远程的",因为这不会直接影响研究,但是会共同形成大学新的学术

[①] 与社会学"新制度主义"的主流观点相反(Powell and DiMaggio 1991),我们认为"制度"这一概念不应扩展至集体信念和框架,而应保留给正式和非正式规则体系使用(North, 1990); Mayntz and Scharpf, 1995; Scharpf, 1997)。这种受限制的概念在理论上具有优势,它可以对性质不同的社会现象(规则和信仰体系)进行单独处理,从而为规则体系与行为者对这些规则的理解之间的区别提供支持。受限概念的方法学优势在于它可以更好地与研究现象的特定经验策略联系起来。除了寻找信念系统之外,寻找规则还需要其他经验策略。

环境。

研究的方向和进展会直接受到第二套机制的影响，即研究人员通过做出研究决策来适应新的学术环境。实验室研究已经确定知识生产包括一系列决策过程，在这个过程中，研究人员会适应于实验室的一些突发情况，包括组织中的规则和行动者群体，资助机会和社会期待（e. g. Knorr-Cetina 1981）。我们还可以说，他们会适应于已有的知识和科学社群的主要制度，这个事实时常被建构主义研究所忽略。研究者的一些决策在本质上是有策略的，因为这些决策限制了进一步的选择，从而造成研究路径的依赖性。最重要的策略性决策是对研究问题、研究对象、研究方法和合作者的选择。这些选择通常不与新项目的选择或资助款项的决策联系在一起。在这些战略性决策中起作用的机制是"代理"机制，可调节科研评价体系对研究行为和内容的影响。

因此，可以预测科研评价体系会通过触发大学层面的适应性机制来影响研究，这反过来会影响个体的学术条件并触发个人层面的适应性行为（见图 6.1）。科研评价体系另外一个更直接但较弱的影响会发生的原因是制度会绕过组织层面而直接影响组织的个体成员（Scott，1991：180 - 181）。学术人员认为绩效是科研评价体系系统内在的期望，并认为绩效是社会评价研究的重要内容。无论研究的物质条件如何变化，学术人员都能适应这些观念。

这些机制的建立可能产生的影响是整个调查最困难的部分，因为社会学并未提供了解研究的关键认知属性的理论指导，对于这些属性的实证调查也没有提供方法支持。以下列举了上述理论结构讨论涉及的研究属性（Nagi and Corwin，1972；Whitley，1977；Rip，1982），对有关的范式概念化的理论尝试（Böhme 等人，1973，1983）或将组织社会学的方法应用到科学领域（Whitley，1984），以及对于科研评价体系的负面影响的各种警告（Gläser 等人，2002）：

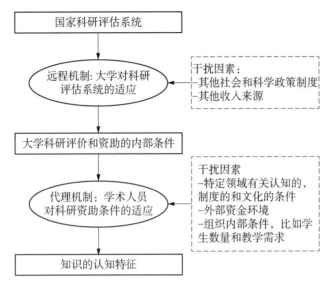

图 6.1　国家科研评价系统和知识产出的因果关系假设

（1）研究类型（例如方法论、理论、实验或实地研究）及其主导方向（基础、战略或应用）；

（2）与社区主流意见的关系（不循规蹈矩与顺应主流）；

（3）研究的时间特征（长期与短期过程）；

（4）研究中知识的异质程度（通常称为"跨学科"）；

（5）研究中的智力风险程度；

（6）结果的可靠性。

由于学者对制度条件的反应被认为是和他们的领域特征相关的，研究的知识属性就不仅仅是因变量，也是研究者做决策的干扰因素。比如，开展一项周期较长的观察研究会影响资金的来源，同时资金密集型的研究领域也会促使研究者寻找研究合作者。

（二）方法论和方法-实证识别的挑战

为了确定因果机制，我们需要观察因果关系的变量，为了得到这些变量，我们比较了那些受制于科研评价体系但也实施了内部评价和资助系统的澳大利亚大学。统一的科研评价体系和不同类别的组织内部制度的重叠会产生差异，这些差异可以用于分析大学所处环境的差异和大学的共同点。这些共同点能够揭示国家的制度条件是否产生了影响，比如，不管大学的适应行为如何，科研评价体系都会影响到学者。

本研究所选的案例是基于对澳大利亚大学的比较分析，考虑这些学校在高度分层的澳大利亚大学系统中的位置、他们的研究强度、发表行为趋势和研究领域。如表 6.2 所示，我们使用了马金森（Marginson）对 5 组大学的分类（Marginson，2006：11）。[①]

表 6.2   澳大利亚大学分层

分类	大学数量	2005 年成块研究资金占比
澳大利亚八大（Group of 8）	8	63.6
八校联盟（Gumtrees）	11	21.2
理工科大学（Unitechs）	5	8.3
新大学（New Universities）	12	6.4
其他大学	3	0.5

资源来源：马金森（Marginson，2006：11）以及基于尼尔森（Nelson，2005：76 - 77）的计算。

第一步，本研究选择了 7 所大学，其中 3 所来自澳大利亚八大，2 所来自八校联盟和理工大学。其他组别大学没有足够的研究，涉及的学科领域也不够多，无法进行学校之间的比较。

第二步，本研究将澳大利亚科研评价体系与德国系统进行比较，德国科研评价体系近期才开展评价工作，因此可将其视为不受科研

[①] 除塔斯马尼亚大学和新英格兰大学外，"砂岩"（或澳大利亚八大）占了老牌大学的大多数。八校联盟包括了每个州在 1987 年高等教育改革之前建立的所有其他大学。理工大学是前理工学院，1987 年高等教育改革将其变成了大学。"新大学"也是相同改革由原"高等教育学院"而来，其他大学包括私立大学和一些小型高等教育机构。（Marginson，Considine，2000：175 - 232）。

评价体系影响的"基础状态"(详见本书第七章)。德国下萨克森州对所有的大学研究进行同行评审(详见本书第八章),这是德国情境的特例。

我们可以预测科研评价体系的影响会因学科领域差异而有所不同,涉及因素包括不同学科领域对资金的需求差异、研究周期差异、发表行为差异等(详见本书第一章),这意味着学科领域的知识差异也是我们比较的一个维度。选择什么学科来研究很困难,因为目前还没有研究对学科的知识属性有系统化的实证描述。为了掌握足够多的学科领域的不同知识属性,我们选择了 4 个自然科学和 1 个人文社科领域,分别是数学、生物化学、物理学、地质学、历史和政治科学。

本研究对两所研究型大学(U1 和 U2)和 5 个学科领域(历史、政治学、生物化学、数学和地质学)的研究方向进行初步数据比较和分析。我们的数据收集包含文档和网站的分析,文献计量分析和定性访谈,这些都是案例研究的主要研究方法。为了收集大学对科研资助条件的看法,我们对大学管理层进行了访谈。访谈内容聚焦在:

(1) 管理者对大学资助条件的看法;

(2) 大学内部现行的研究经费资助计划;

(3) 科研评价体系和内部资助计划对大学功能(教学和科研)的影响;

(4) 大学的内部科研管理策略,尤其是对学院单位和学者个人的绩效评价计划。

我们为采访准备了很多资料,包括大学财务数据、大学发展规划、以及大学内部资助计划,这些都可以在互联网下载。

访谈的目的是让受访者能够就他们的研究履历和工作条件提出看法,尤其是对研究资源的绩效评估的看法。我们对受访者的发表情况进行了详细的文献分析,主要目的是分析他们的研究主题的变化、发表行为的趋势和研究者的国际知名度。图 6.2 所示的"文献计量学线索"是本研究访谈讨论的基础。在汤姆森科学公司数据库没有覆盖的领域（详见本书第五章），我们通过网络搜索来得到一些发表列表或数据，并基于一些具有相似性的关键词来建立研究网络。

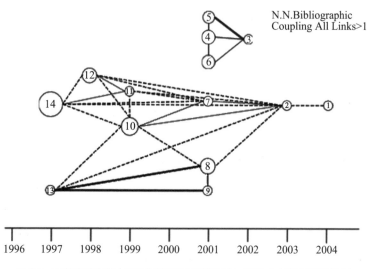

图 6.2   文献追踪案例（线的粗度表示主题相近度，圈的大小表示引用数量）

基于上述研究的重建构，访谈的第一部分涵盖了研究及其知识特征的以下几方面：

（1）研究者入职大学以来的研究项目（研究者的研究轨迹，Chubin and Connolly 1982）以及这些研究的知识属性；

（2）研究者放弃某些主题而关注其他主题研究的原因，尤其是这些行为是如何受到资助因素的影响的；

（3）该研究领域的本土化或国际化特征；

（4）本土和国际合作的实践；

（5）出版策略，尤其是出版物的目标受众和研究者选择期刊的标准。

在访谈的第二部分,一个近期开始的项目被选择来做更细致的分析。在这部分,我们提问了一些关于战略决策的问题,包括研究问题、对象、方法、合作者、沟通渠道的选择以及做出这些选择的原因。另外的一系列问题涉及资助需求和资助获取方式的各方面,包括研究资助申请程序和研究计划筛选标准。访谈的第三方面主要关注受访者的工作条件。我们了解了研究者对研究时间、教学任务、绩效评价、自治程度和外部压力的看法。

对于研究者的访谈时间约为 60～90 分钟,对于管理者的访谈时间约为 60 分钟。除了少数特例,所有的访谈都进行了录音和转录。本研究对来自 5 个领域的学者进行了 32 场访谈,对不同层次的管理人员进行了 21 场访谈。所有的数据通过计算机定性分析软件进行分析(Gläser and Laudel, 2006),该分析使用了上节通过访谈笔录提取出来的变量。

三、 对强式的研究评价系统的适应

(一)大学现状

澳大利亚大学是高度自治的。他们对教学研究的内容和行为、内部结构和内部资金分配是有自主权的。大学也可以自行决定设立什么职位并招聘合适的人填补这些职位。工资是由大学与工会商量并谈判的,个别情况也可以由大学自己补齐。

澳大利亚大学内部治理具有强式的等级结构。大学理事会负责制定大学学术发展的战略决策,理事会的成员包括来自行业和社区的主要利益相关者,并由大学校长领导。大学副校长是大学的主要执行官,负责整个学校的治理。副校长通常带领着几个代理副校长(DVCs),其中一个代理副校长负责大学的研究工作。规模较大的大学的二级单位是院系。这个等级体系由负责学校内部重大问题决策的委员会系统来补充，学术股东会为副校长、各层面的研究委员会（大学、院、系等层面）、职称晋升委员会等提供建议。一些委员会可以控制资金分配（比如研究资金，见下文），总体的学术自治程度是非常有限的。教职工会议和员工会议也会举行，但是它们对管理者的影响也是取决于管理者赋予的权限。

　　澳大利亚大学的自治非常受限，因为他们的财政高度依赖于联邦政府，而政府的财政支持又无法匹配学生数量的增长。[①] 因此，大学只能尽力去从各种资金渠道获取资源。联邦政府利用大学的财政依赖性，提供了额外资源给一些能满足特定需求的大学。比如，2006年增加5％的运营补助金以及后面几年增加7.5％的补助金，都是根据大学对"高等教育工作场所要求"的遵守情况进行分配，该要求主要规定了集体与工会达成的协议（DEST，2005b）之外的个人协议。因此，这只"有形的手"在澳大利亚并没有能"被松开"（详见本书第二章），而是干扰着大学的内部事务。

　　澳大利亚的研究资金环境既不丰富也不多样，也没有为大学提供重要的可替代资金来源。主要问题在于澳大利亚的经济结构，尤其是科技产业的薄弱。因此，产业资源对科研资助的贡献是很低的。例如，2002年，企业在研发方面的国内总支出中所占的份额仅为51.2％，相比之下，欧盟15国为64.3％，世界经合组织为67.8％（DEST，2005a：25）。研究者很难在澳大利亚相关领域找到行业合作伙伴，这在其他一些工业化国家却是很普遍的。除此之外，地方各州政府则只给特定研究领域提供一些临时资金。

　　因此，国家研究委员会是唯一的重要研究经费来源。国家健康和医疗研究委员会（National Health and Medical Research Council,

---

① 联邦政府高等教育拨款的份额从1996年的57％下降到2004年的41％。绝对拨款额增加了16％（按实际价格计算，AVCC，2005），而国内学生人数却在同一时期增加了23％（Nelson，2005：18）。

NHMRC)资助健康科学、生物医疗和临床研究领域;澳大利亚研究理事会(Australian Research Council,ARC)资助基础生物科学在内的所有其他领域的研究。两家机构都以相应模式管理着各个独立项目、与行业或研究小组之间开展的合作研究项目以及国际合作计划项目。

从不同资助计划获取研究资助的机会是有差异的。2005年,"发现式资助"(指澳大利亚研究理事会提供给个人研究者的研究资助)的获批率为30%,而"链接资助"(指和产业合作的项目)的获批率为46%(ARC,2005)。在发现式资助中,申请人的研究基础是最重要的评价标准,权重达40%。因此,申请人的发表情况和以往获批资助情况决定了是否能成功得到资助。在某些领域,申请者被要求提交发表的引用情况或者论文影响因子,资助机构将这些因素作为资助决策的附加信息(详见本书第五章)。

响应式(responsive mode)的资助模式是不够灵活的,因为每年只有一次决策机会,资助机构耗时9个月来确定受资助者。如果研究者在错误的时间提出研究思路,他们最长要等1年半时间才能得到资助。在一些资助计划中,资助方只提供必要的研究资金,行业合作伙伴或者大学需要共同资助这些项目或设备。

澳大利亚研究理事会和医疗研究委员会分别隶属于教育、科学和培训部以及卫生部,部长们需要批准理事会做出的拨款决定。教育、科学和培训部长最近行使这项权利,阻止了澳大利亚研究理事会同行评审的几个项目获得资助。除了这种直接的政治干预之外,还有多种方法可以通过研究委员会的资助来把控研究的政治方向。通过与行业合作伙伴的合作赠款成功率显著提高,可以扩大面向应用研究的方向。获取补助金不取决于与行业的合作,但仍要求申请人描述研究的"国家利益",该指标在评估过程中占10%的权重。政府还明确了"国家研究重点",并期望研究委员会优先资助这些领域的申请。在更微妙的层面上，人们普遍认为政府和研究委员会更喜欢应用类和"热门的"研究主题，来自 5 个学科的研究人员都表达了这种看法。不能将这种偏好认为是"失败的"合理化，因为赠款的持有人和担任评审专家的科学家也持有相同的观点。[①]

（二）对研究资助环境的适应

大学如何回应研究资助系统？通常大学会尽量通过资助公式来最大化其收入，尤其是从外部赠款中获得的收入。我们认为大学层面有三种适应机制。

第一个机制是模仿。与澳大利亚所有其他大学一样，这里分析的两所大学根据内部公式分配了大量资源，该内部公式反映了政府将教学和研究资源分配给大学的公式。马金森（Marginson）与康斯丁（Considine）首次对样本中的 17 所大学进行了观察（Marginson and Considine，2000：149）。作为案例选择过程的一部分，我们对所有大学的文件进行的分析证实了这一观点。因此，使用研究资助公式可以被认为是澳大利亚大学的"标准操作程序"（March and Olsen，1984）。

大学管理者告诉我们，尽管大学不喜欢资助公式，因为公式无法很好地评价研究的质量，但大学内部却在使用同样的公式，因为大学也希望最大化学校收入。管理层认为实现收入最大化的最佳路径是采纳外部的资助标准，对能够为学校收入作出贡献的教职工和院系进行奖励。这个机制在组织社会学里成为"模仿同质（mimetic isomorphism）"（DiMaggio and Powell，1991）。在我们的案例中，组织通过将外部参与者所施加的制度结构应用到内部，而不是如迪马吉奥（DiMaggio）和鲍威尔（Powell）所描述的，直接复制其他成功的组织。然而，学校显然是对环境的不确定性、对内部条件和研究成果

---

① 有关澳大利亚资助系统更广泛的讨论，请参见（Laudel，2006）。

之间关系的了解不足做出反应。

虽然学校内部公式使用了和政府公式相同的指标,但是指标的权重已经被修改。根据大学管理层的说法,这是必要的,因为不同学科对外部资助的依赖性存在显著差异,外部资助是评估工作最重要的考察指标。如果学校完全参照外部公式的权重,则会严重影响人文和社会科学。在人文社科中,很多研究不需要很多资金甚至不需要资金。为了适应这些学科差异,两所大学都减少了外部资助指标的权重。U1 增加研究生有关指标的权重,U2 增加了出版发表的指标。

第二个机制是资助资金的战略性投资。两所大学都提到外部赠款对他们从资助公式获得的收入和对研究者开展研究的机会的重要性。学校通过战略性投资来获得尽可能多的外部赠款。两所学校都以相似的方式进行个人层面的战略性投资,具体地说,学校的内部资助是可以直接提供给以下情况的学者的:

(1)支持那些申请外部资金差点成功的学者,目的是将他们的申请延续到下一个申请季,支持他们开展更多研究以加强他们申请的实力。

(2)支持那些需要资金来准备申请的学者,比如与行业伙伴开展新的合作研究的学者。

(3)支持那些没有良好研究基础记录的学者(一般指那些新任职的员工或者新手研究人员)。

大部分澳大利亚大学内部资助竞争很激烈,学者需要申请这些资金,申请也可能会失败。内部资助评选标准跟外部资助委员会的标准是相似的,一般都是研究计划的质量、研究基础等,却没有为这些指标分配固定的权重。内部资助率一般远高于外部研究委员会的资助率。

所有这些内部资助的唯一目的是提高学者获得外部资助的机

会。除了提供给个人层面的战略性投资，U1 对关键群体也进行了战略投资。从副校长到院系负责人的每个层级，学校分配了 3％～4％的运行经费给战略基金，这些战略基金由不同层面的管理者决定如何分配。此外，研究基础设施整体拨款的很大部分资金被用来建立战略基金，这个基金由副校长（研究）来裁定。战略基金用来提高特定领域的研究条件，提供先进的研究设备和充足的研究时间（比如缓解教学压力和设立专职研究岗位）。这些行动的主要组织形式是在学校、院系等层面成立研究中心。研究中心和其他战略投资的决策是阶层化的，并依赖杠杆原则进行调整。不同层级的管理者要为更高层次的管理者贡献部分战略性资金。因此，不同层级的管理者要一致赞同学校和院系的战略投资计划。

研究中心主要建立在一些优先领域（比如学校的优势研究领域和学校准备发展的领域）。建立一个中心要求有很多属于该领域的前期研究基础（德国大学研究评价者对研究提出的类似建议，详见本书第八章）。这样的要求给人文社科的发展带来一些问题，因为人文社科的研究更多样化和个性化。研究中心要利用战略性投资带来的竞争优势来确保更多的外部资助。这些资助要能确保研究中心在 3～5 年后自给自足。因为在 3～5 年后，学校的战略性投资会停止对中心的支持，不管中心的研究质量如何。

不同层级的管理者对于优先领域的理解不同。大学层面的管理者强调，优先领域不会影响大学的战略性资金。学校的战略性资金是根据研究质量来分配的。院系的管理者认为非优先领域的研究计划质量需要再提升一点才能获得资助。学者却明确表示，优先领域应获得更多资助。毫不奇怪，优先领域很大程度反映了国家研究的优先领域，因为在这些领域更容易获得外部资助。

尽管 U1 战略性地使用了所有研究资金，U2 则使用类似响应模式的选择性资助机制，而不是 U1 所使用的对关键群体的战略投资的分层决策。学术人员可以申请由院系管理的一些小额研究资助（通常周期 1 年，最高达 20 000 澳元）。这些资助主要用来弥补外部资助的不足。有一所学校引进了新规则，即拥有超过 100 000 美元外部资助的学者不允许申请内部资助。是否资助的决策由院系的教职工委员会决定。教职工通过让院系做决策，同时自己只是确认这些决策，从而更好地推进了决策的过程。

两所学校在不同场合采取的最终机制是个人绩效评估。尽管学校每年开展的绩效评估是非正式的和不连贯的，但是这个评价跟工资增长是有相关的，也为职称晋升提供信息（讲师、高级讲师、副教授、正教授的阶梯）。因为 U1 按终身聘用制聘请学术人员，比如先与聘用人员签订 5 年合约，5 年后决定是否签署终身合约，因此，个人绩效评价也是这些决策的重要参考内容。

在 U1 和 U2 两所大学中，关于职称晋升和终身聘用的事项是由中央大学委员会决定的。院系尝试阻止那些比较弱的申请者，但是通常会同意"自己人"的申请，并把决策权留给大学委员会。评价的前提假设是：每个学术人员对于教学、研究和管理都是很积极的。学者申请的学术职位越高，就越看重研究水平。受访者谈到，没有研究的优秀教师是无法评为正教授的，而那些不是好老师的研究人员却可以。这些决策的指标很多来自资助公式，比如，评价委员会会考虑申请者的发表情况、外部资助额、研究生管理等。U1 的整个过程包括一些其他的质量评价因素，因为职称晋升和终身制的申请者被要求提交 3 项研究发表代表作，这些也是外部资助所评价的。

在分配工作量的时候，也涉及个人研究绩效评价。学术人员汇报他们在上年的教学、科研和管理情况。下年教学工作量是根据上述活动来分配的。尽管教学任务是所有学术人员（除了纯粹的研究人员）都要承担的，不同研究指数的学术人员的教学工作量还是会略有不同。然而，总体上，教学任务量的分配是基本平均的。

（三）对学者的影响

对科研的重视会影响教学与研究的关系。在 U1 大学中，学者和管理者普遍的看法都是，研究工作是优先于教学工作的。以下行为都被认为是研究从教学资金中获利的补贴，包括对纯研究人员的投资，减少关键研究人员的教学工作量，为研究中心提供关键基础设施等。U1 的大部分学术人员职位是纯研究型岗位，相应的，那些教学研究型岗位学术人员的教学任务就增加了。澳大利亚研究理事会的资助也促成了教学和科研的分离，因为学术人员可以申请教学救济金，即代课教师的资金。因为教学任务的加重，越来越多学术人员充分利用了这个政策，尤其是人文、艺术和社科学术人员。于是，恶性循环开始出现，因为教学负担的加重促使了学术人员使用外部资助来"买断"教学服务，反过来又增加了同事的教学负担。

由于资金的短缺，U2 大学的学者需要应对不断增加的教学负担。校长和学者观察到教学资金不断减少，这意味着大量的教学任务要归回学者。政府为教学提供的资源不足，以及研究占用教学资金的交叉补贴，都被提到是教学负担增加的原因。

然而，U2 的不同之处在于，教学仍被认为是学校的主要任务。尽管人们表达了对教学负担增加和教学质量下降等问题的担忧，也没有受访者对教学的优先级提出质疑。U2 的"纯研究"员工比例和师生比例都远低于 U1。

尽管两所大学在研究资源分配上采取了部分不同的策略，但是两个学校的学者在财务状况上没有明显差异。访谈时，只有 U1 的一个学院的学者得到了周期性的研究经费（几千美元），因为这个学院的教学收入更高。U1 其他学院的预算只涵盖了工资和基础设施。学院也安排了一些需要申请和筛选的会议"差旅补助"。战略性资助中心的学术人员情况会好一些。然而，战略性资助中心的建立与院系或至少学校的合作高度相关。这个要求很难在所有学科领域实现。历史学者和地质学者抱怨他们必须要包装资金的研究,使得他们的研究符合研究中心的方向,不然就得不到战略性资助。但是,即便他们获得"中心资金",学者仍然缺少研究资金。投资资金集中在关键设备和人员上,而不是用于满足真正的研究所需。研究中心有更多的研究人员、研究时间、高级设备,但是没有基本的物资供应(no basic supplies)。

尽管 U2 分配给战略性资助计划的资金较少,分配给院系的资金更多,但是学校无法为所有学者提供周期性的研究经费。受访者表示,过去几年,在学院预算充足时,一些学者还是能够获得一些周期性资金。现在,没有足够的基本物资(basic supplies)。

因此,两所大学的研究经费都是间歇性的,短期经费无法涵盖所有研究成本,只能提供给有限的特定的学者。当学者需要大笔研究资金时,获得资助的唯一方式是申请外部资助。大部分受访者手头都有一项研究委员会资助的项目。① 一名来自 U1 的数学家和两名来自 U2 的政治学家表示,他们手头完全没有研究经费。两所大学的一些学者只有学校内部资助。其他人则通过咨询或行业资助项目来获得一些收入补充。

(四)学者的适应

学者对 3 个因素做出反应,包括个人绩效评价、获取资助的困难和研究所需资源的匮乏。在这些条件下可以观察到 3 种运作机制。

第一,学术界通过适应指标对个人绩效评估和获得资助的条件做出回应。学者意识到他们需要发表好文章和获得外部资金来得到晋升机会。5 个受访者表示他们改变了资金的发表策略,包括发表更多文章,单独发表文章和选择知名杂志发表。1 个历史学家、1 个

① 不应由此推出大多数大学学者都拥有外部资助的结论。此处分析的大学和学者并非"代表",因为①我们展示的结果来自两所研究密集型大学,并且②基于对研究适应资助条件这一现象的兴趣,我们选择了具备研究经历的学者。

政治学家和 1 个地质学家认为是晋升的标准引起了这些改变。2 个生物化学家则表示他们需要丰富自己的研究履历以成功获得一些项目资助。没有人表示发表行为的改变会导致研究内容的改变。这些描述给我们留下这样的印象：学者在决定如何发表已完成的研究时，已经有所改变和适应。然而，毋庸置疑的是，后期研究的改变也是源于新的发表策略。一个不需要外部资助（项目需要资金的部分已经完成）的历史学家不得不申请了一个澳大利亚研究理事会的发现式资助，因为得到资助也是晋升的指标之一。

> 你会被鼓励申请项目资助。在某种意义上，大学实际上只测量投入而不是产出，以便他们对你进行奖励（因为大学想看到项目资助资金的进账）。……对于我的职业生涯来说，我所拥有的研究档案资料已经足够，我不需要更多的研究资料了。我的意思是，这些制度推着我去申请资金做一些新的研究，而不是说："好吧，剩下 20 年，我就好好利用我所拥有的资料来写更多学术作品。"管理层当然不希望你这样做。他们强迫着你去申请更多的项目资金。（历史学家，副教授）

生物化学家对评价指标的适应严重影响了他的研究。这个生物化学家被行业合作伙伴要求开展一项兴趣之外的研究项目，该学者同意的目的是提升自己的发表记录，他认为这是以后获得澳大利亚研究理事会资助所必需的。

第二项机制是适应资助体系。这项机制应用广泛，因为我们调查的研究都是由大学委员会和管理者（内部资助和研究中心）或其他资助机构所决策资助的。学者深信他们需要预测和适应这些决策者的喜好，并学会分析成功和失败的原因。该项适应机制在两个不同层次运行。在研究者的"研究集合"层面看，研究者同时追踪若干个研究方向，一些方向会被放弃，因为这些方向是偏向"基础的"或"非热点的"且无法得到资助。部分受访者会因为这个原因停止整个研究方向。

> 我从美国过来,然后遇到了困难(wall),无法继续我的研究了。两个困难包括:一是对基础科学的关注减少了,然而在美国毫无疑问的是基础科学是受资助的方向。在这里,基础科学无法通过所谓的"重要性"测试。……在这里,你需要说服你的项目评审专家,这是很重要的研究。评审专家的研究方向可能跟你的是完全不相关的,他们可能会认为"这很荒谬"。这些都会引起很多问题,所以,这个研究就不可能继续。(生物化学家,高级讲师)

应用类和热点类的研究方向从存在或创建起,就越来越受重视和加强。在更强式的评价系统里,这个行动包含寻找行业伙伴和申请一些相关资助。应用导向和热点研究主题也是发现式基金会资助的方向。这些在 5 个领域均有发生。

> 所以我们对这些主题感兴趣是因为我们正在做这些领域的相关研究。坦率地说,我们开展一些项目是因为我们知道这是资助机构会感兴趣的方向,比如澳大利亚研究理事会。所以,你知道的,澳大利亚研究理事会有一些优先支持的领域。因此,我们觉得,还是尝试去开展一些资助机构优先资助的研究方向或项目。事情就是这样的。(数学家,研究员)

适应资助体系的行为不仅发生在研究方向和研究档案的层次,也发生在研究方向的微调工作上,研究的应用型和时效性是微调工作所强调的。比如,一个历史学家把研究方向转到"与政治有关的历史"研究,也是为了提高项目计划书获得资助的机会。

> 我认为澳大利亚研究理事会的发现式资助也是一样的。这么说的原因是,我最近也申请了资助项目。我意识到我要做的研究项目是与国家利益相关的,也是一个人文学者可以"出售"的项目。即使这个研究是早世纪的研究,却必须带有 21 世

纪的风采。因此，我不得不将研究内容朝一个特定方向发展。我不会花费时间在一些跟资助无关的主题上，比如鬼魂、精灵、妖精等。我觉得这些是很好的研究主题，但是却不能"出售"给澳大利亚研究理事会。（历史学家，副教授）

第三个可以确定的机制是机会性筹款。在特定情境下，学者会为了获得研究经费而做一些无科学意义的项目或咨询工作。如果其他来源无法满足学者的资金需求，并且又有行业合作伙伴具有能匹配的合作需求时，该机制就会起作用。澳大利亚研究理事会资助持有人有时也实行机会主义筹款，因为并非所有的开支都可以靠这些资金来资助。

> 但是您所做的事情无关紧要。我们为实验室提供资金的方式之一是，我为（政府机构）做顾问……之所以这样做，部分是因为它很有趣，但更多的是因为钱，您知道，薪水很高。我的意思是从技术上讲，这很有趣，在技术上也很令人满意，但是从某种意义上来说，这与我的核心研究兴趣无关，我们基本上是这样做的，因此我们有足够的资金从事实验室工作。（地质学家，副教授）

获得研究资金后，学者们需要将他们的研究项目与实际可用的资金相匹配。对于仅靠内部小额资金资助其研究的学者来说，这显然是必要的。有趣的是，许多收到外部赠款的同事申请的项目被大幅减少了项目预算，因此他们面临着项目设计和可用资金之间的差距。所有学者都通过缩小规模（downsizing）或延长项目（stretching the project）来做出回应。

缩小规模涉及该项目的所有主要功能。在数学中，没有可以缩小规模的实证研究。因此，唯一可用的策略是通过限制项目中要解决的主题范围来缩小问题。实证性学科可以进一步缩小研究对象的范围，比如通过减少研究对象的范围（减少被调查对象的数量、减少实地调查的地点数量、减少归档时间)或使用适合度少一点的研究对象(例如距离大学更近的实地调查地点)。类似地,学者们可以通过减少用于研究方法的多样性,或应用"便宜"方法(这些方法用到的设备比较廉价)来缩小方法的范围。

受访者在理想条件下,由于以下两个方面,研究项目会有很大不同。第一,我会延长待在 B 的时间。如果你可以住下 6 周,那比坐飞机来待 2 周或 10 天好得多。因为需要先建立联系,这些都很耗费时间。有两种不同方式,一种是,有理想的资金条件,可以让我在 B 待一段较长的时间。我认为这是很重要和必要的。另一种是,给我一些资金去参加几次会议,并见见会议代表。

采访者:在 B 的话,你是不是会访谈更多人?

是的,我可以在 B 访谈更多人。当你要研究这些(政治事件)时,你也在事件的边缘。如果能在边缘观察或者跟参与人交流,就可以了解很多事件之外的内容……所以,立项的条件是,让我能靠近我想了解的事件来源。(政治学家,教授)

延长项目是另外一个机制,这个机制与项目的战略设计毫无关系,是一个比较被动的机制。学者根据资助额度来调整他们投入项目的时间。一个历史学家和两个数学家表示,由于缺乏资金,他们放缓了研究步伐。

资金不足是一个经常发生的情况,并促发了很多学者的适应性行为。也有学者的笔录没有表示有适应性行为。32 个受访者中有 10 个表示完全没有适应行为,除了 1 个地质学者,其他 9 个都来自那些资源依赖型的学科领域(4 个来自数学领域,3 个来自政治领域,2 个来自历史领域)。

在个人层面描述了这些机制后,我们希望读者注意两个正在发生却没发现的机制。首先,学者并没有对外部和内部资助模式做出反应是因为他们并没有根据公式获得资助。分配给院系的"研究经费"只覆盖了部分工资和基础设施。剩下的经费用来做内部资助和支持一些差旅费用。这笔经费并不是按照公式来分配的。两个学校的学者认为资助公式与他们的研究条件不一致。

其次，在只有最好的研究才能获得外部资金的情况下，我们可以预料到适应过程是学者通过解决研究领域的核心问题，并在核心期刊发表解决方案来提高自己的研究质量。不同的绩效资助模式都会触发这种机制，即通过在研究前沿领域选择重要的问题来提升研究质量。但是，我们观察到没有学者会以"世界一流研究"为目标，而这个目标恰恰是科研评价体系强调的(Kemp, 1999:6)。我们采访的学者并没有扩大他们的研究问题空间，而是根据他们认为能够获得资助的机会，在有限的主题范围内进行了调整。

（五）知识生产的变化

大学对基于公式的研究经费分配方式的适应导致了他们对研究的重视。由于采用了基于公式的资金分配模式，这些大学的研究比其他学校更受重视。然而，这并不是澳大利亚科研评价体系中采用特定程序的结果。任何强式的科研评价体系都可能会促进对研究的重视，因为它将研究变成大学的收入来源。只要在不考虑教学质量的情况下资助教学活动，在任何强式科研评价体系中，教学与研究之间关系的转变都很可能发生。

除了把注意力和资源从教学转移分配到研究外，大学层面的机制还有两个主要影响。对关键群体的战略投资（如 U1 所示）为跨学科合作研究提供了竞争优势。通过战略性投资给一些申请者，大学可以赋予一些研究竞争优势，而这些研究则更容易得到外部资助，从而又强化了这些研究的主题偏好。

尽管关于"指标适应"机制对知识论的后果很难评价，但可以将个人层面的其他机制影响明确地和研究内容的变化联系起来。适应行为的产生导致研究内容变得应用化,更接近主流,范围越来越狭窄,其结果也变得不太可靠(未经严格测试)。应用型研究的申请越来越多,因为大学内部和外部资助都越来越倾向于这种研究。即便是澳大利亚研究理事会这个被认为是主题中立的资助机构,也是倾向于资助应用类主题。当然代表国际科学社群关注的热点主题也享受一样的地位。

通过追随这些潮流,澳大利亚资助系统偏向主流研究而非那些非传统角度的研究。研究者放弃了那些"过于基础"或"不够热点"的研究方向,而将关注点都投向那些更实用和更热点的主题。这意味着他们的研究路径非常狭窄,比如研究者会研究更少的主题,并观察更窄范围的知识生产领域。由于知识的重组和不同领域的链接是科学知识创新的主要机制(Gläser,2006),研究路径的缩小是会减少创新的潜能的。同时,这也会限制合作研究的可能性,因为缩小研究路径减少了其他领域研究者的"对接点"。缩小研究路径的大趋势会导致澳大利亚科学领域的多样性的减少。但是,运用本研究的方法,我们无法确定影响的程度。

研究范围和可靠性的降低,是因为项目规模要适应于所能获得的资助资金。更少的实证研究对象,更少符合条件的实证对象,更少的实验、测量或方法,这些都意味着有关的研究发表和研究观点不具有扎实的基础。由于这些特征跟科学界的质量标准是直接相关的,所以我们可以说:研究范围和可靠性的降低意味着研究质量的下降。

四、 强式科研评价体系的预期和非预期影响

通过把对澳大利亚的分析跟惠特利关于强式科研评价体系的影响研究对比,我们会发现一些差异比较明显。澳大利亚科研评价体系影响了学科领域的分层,其作用仅发生在学科领域严重依赖外部

资金的情况下。学科领域的社会结构或知识生产实践的改变不能归咎于科研评价体系。其原因是基于公式的科研评价体系依靠一些学术行为最基本的指标，因此从个人贡献看被认为是"平均主义的"。

尽管就个人贡献来看是平等的，澳大利亚科研评价体系的研究资金分配却出现高度偏差，8所大学获得近乎64%的资金。澳大利亚科研评价体系的影响是有限的，因为它尝试节省政府的开支，这直接弱化了中间的转动工具，如资金的总量。科研评价体系的主要影响是为研究提供了普遍支持，并尝试集中资源分配给一些绩效表现最佳的研究。研究内容之所以会改变是因为学者们对针对微薄且有偏颇的资助环境做出了反应，当然这是科研评价体系影响中最不重要的部分。

资金环境的巨大压力是科研评价体系最重要的影响，资金压力迫使很多受访者要调整他们的研究策略。由于这个适应行为，他们的研究变得不够多样化，基础不够牢固，可靠性也减少。我们没有观察到学者一些趋向"更好的"研究的做法，比如研究更基础的问题，提供更创新的解决方案等。除了放弃整个研究路径外，总体的变化是有关主题的和逐步递进的。

尽管压力越来越大，学者们还是不能简单地"改善"他们的研究，这可能有更深层的原因。科学界的知识生产采用的是自我选择机制，因为只有科学家自己才能够制定他们可以解决的任务（Polanyi，1962；Benkler，2002；Gläser，2006）。如果制定对学者有意义的任务是实现成功研究的必要先决条件，那么科研评价体系既不能改变选择任务的方式，也不能改变任务本身。在研究的当前阶段，我们将假设自适应行为遵循由两条指数曲线重叠产生的钟形曲线（见图6.3）。适应外部条件的能力在很大程度上取决于学者的能力。只有优秀的科学家才能跨越广泛的问题领域，并能够在次要问题和基本问题之间进行转移。大多数科学家的这个能力是欠缺的。然而，对于那些不成功的学者来说,改变他们的研究的压力最大。这两个特征的重叠导致钟形曲线的形成,这意味着只有在可接受的适应压力与有限的适应能力相吻合的中场领域才能形成显著的适应能力。

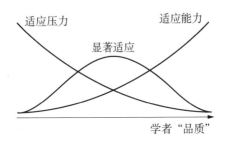

图 6.3　压力和适应能力交叉下导致的适应性行为

　　如果我们的假设是正确的,并且许多研究人员无法适应,那么在这种情况下,科研评价体系只会导致对"正确"研究的制度化期望与任务定义实践之间的差异越来越大,或者导致将资金重新分配给研究任务定义满足科研评价体系的要求的研究人员。因此,为了提高研究绩效,大学应该雇用更好的研究人员,而不是"研究"现有的研究人员。但是,这种策略已经存在很长时间了,所有竞争对手都在这样做,因此也无法显著改变大学的收入情况。无论采用何种策略,都会出现另一种"尽可能快地运行以便至少保持现状"的情况。

　　我们的研究还揭示了在研究科研评价体系对研究内容的影响方面的重要局限性。由于不再进行某些类型的研究,因此可能正在发生重大的认知变化。虽然我们可以确定某些类型的研究被终止的原因,但我们无法确定可能会被研究资助系统施加系统性抑制的研究的特征。要获得这些特征,我们需要对尚未进行的研究进行调查,这显然是不可能的。

　　这一难题使我们得出两个方法论结论。首先,我们需要尝试对研究过程进行更详细的调查,即对不同研究环境的参与者进行比较观察。通过这种方法,将有可能对所进行的研究过程和被放弃的研究过程进行更系统的比较。其次,很可能根本无法在单个研究过程的微观层面上观察到这些变化,因此可能有必要在科学领域的中观水平上测量认知变化的方法。这种方法可以包括比较受不同科研评价体系约束的国家科学领域的认知特征。我们将尝试在进一步的项目中开发这种方法(Schmidt 等,2006)。

参考文献

ARC [Australian Research Council] (2005), Australian Research Council Report 2004 - 2005, Canberra: Australian Research Council, http://www. arc. gov. au/pdf/annual_report_04-05. pdf (accessed 18 August 2006).

AVCC [Australian Vice Chancellors' Committee] (2005), Key Statistics on Higher Education, http://www. avcc. edu. au/documents/publications/stats/2005Edition. pdf (accessed 18. August 2006).

Benkler, Yochai (2002), 'Coase's Penguin, or, Linux and The Nature of the Firm', Yale Law Journal, 112,369 - 446.

Böhme, Gernot, Wolfgang van den Daele, Rainer Hohlfeld, Wolfgang Krohn and Wolf Schäfer (1983).

Finalization in Science. The Social Orientation of Scientific Progress, Dordrecht: Reidel.

Böhme, Gernot, Wolfgang van den Daele and Wolfgang Krohn (1973), 'Die Finalisierung der Wissen-schaft', Zeitschrift für Soziologie, 2,128 - 144.

Braun, Dietmar (1993), 'Who Governs Intermediary Agencies? Principal-Agent Relations in Research Policy-Making', Journal of Public Policy, 13,135 - 162.

Braun, Dietmar (1998), 'The role of funding agencies in the cognitive development of science', Research Policy, 27,807 - 821.

Chubin, Daryl E. and Terence Connolly (1982), 'Research Trails and Science Policies' in Norbert Elias, Herminio Martins and Richard Whitley (eds.), Scientific Establishments and Hierarchies, Dordrecht: Reidel, pp. 293 - 311.

DEST [Department of Education, Science, and Training] (2005a), Australian Science and Technology at a glance 2005, Canberra: Department of Education, Science, and Training, http://www. dest. gov. au/ NR/rdonlyres/841985DC-E046-4E82-B07D-478E70D0A5A2/8649/at_ a_glance_2006i. pdf (accessed 18 August 2006)

DEST [Department of Education, Science, and Training] (2005b), Higher Education Workplace Relations Requirements (HEWRRs) under the Commonwealth Grants Scheme (CGS), Canberra: Department of Education, Science, and Training, http://www. dest. gov. au/sectors/ higher_education/programmes_funding/ programme_categories/professional_ skills/hewrrs/(accessed 18 August 2006).

DiMaggio, Paul J. and Walter W. Powell (1991[1983]), 'The Iron Cage Revisited: Institutional Isomorphism and Collective Rationality in Organizational Fields', in Walter W. Powell and Paul J. DiMaggio (eds.), The New Institutionalism in Organizational Analysis, Chicago: University of Chicago Press, pp. 147 - 160.

Gläser, Jochen (2006), Wissenschaftlich Produktionsgemeinschaften. Die soziale Ordnung der Forschung, Frankfurt am Main: Campus.

Gläser, Jochen and Grit Laudel (2006), Experteninterviews und qualitative Inhaltsanalyse als Instrumente rekonstruierender Untersuchungen, second edition, Wiesbaden: VS Verlag für Sozialwissenschaften. Gläser, Jochen, Grit Laudel, Sybille Hinze and Linda Butler (2002), Impact of evaluation-based funding on the production of scientific knowledge: What to worry about, and how to find out, Report to the German Federal Ministry for Education and Research, http://www. sciencepolicystudies. de/dok/ expertise-glae-lau-hin-but. pdf (accessed 3 November 2006).

Guston, David H. (1996), 'Principal-Agent Theory and the Structure of Science Policy', Science and Public Policy, 23,229 - 240.

Hedström, Peter (2005), Dissecting the Social: On the Principles of Analytical Sociology, Cambridge: Cambridge University Press.

Kemp, David A. (1999), Knowledge and Innovation: A policy statement on research and research training, Canberra: Minister for Education, Training and Youth Affairs, http://www. dest. gov. au/archive/ highered/whitepaper/report. pdf (accessed 3 August 2006).

Kleinman, Daniel Lee (1998), 'Untangling Context: Understanding a University Laboratory in the Com-mercial World', Science, Technology &·

Human Values, 23,285 - 314.

Knorr-Cetina, Karin (1981), The Manufacture of Knowledge: An Essay on the Constructivist and Contex-tual Nature of Science, Oxford: Pergamon Press.

Knorr-Cetina, Karin (1995), 'Laboratory Studies. The Cultural Approach to the Study of Science', in Sheila Jasanoff, Gerald E. Markle, James C. Petersen and Trevor Pinch (eds.), Handbook of Science and Technology Studies, London: SAGE, pp. 140 - 166.

Latour, Bruno and Steve Woolgar (1986[1979]), Laboratory Life: The Construction of Scientific Facts, Princeton: Princeton University Press.

Laudel, Grit (2006), 'The art of getting funded: How Scientists adapt to their funding conditions', Science and Public Policy, 33,489 - 504.

Lynch, Michael (1985), Art and Artifact in Laboratory Science: A Study of Shop Work and Shop Talk in a Research Laboratory, London: Routledge & Kegan Paul.

March, James G. and Johan P. Olsen (1984), 'The New Institutionalism: Organizational Factors in Political Life', The American Political Science Review, 78,734 - 749.

Marginson, Simon (2006), 'Dynamics of national and global competition in higher education', Higher Education, 52,1 - 39.

Marginson, Simon and Mark Considine (2000), The Enterprise University: Power, Governance and Rein-vention in Australia, Cambridge, UK: Cambridge University Press.

Mayntz, Renate (2004), 'Mechanisms in the Analysis of Social Macro-Phenomena', Philosophy of the Social Sciences, 34,237 - 259.

Mayntz, Renate, and Fritz W. Scharpf (1995) 'Der Ansatz des akteurzentrierten Institutionalismus' in Renate Mayntz and Fritz W. Scharpf (eds.), Gesellschaftliche Selbstregelung und politische Steuerung, Frankfurt am Main: Campus, pp. 39 - 72.

Mayntz, Renate, and Uwe Schimank (1998), 'Linking theory and practice: Introduction', Research Policy, 27,747 - 755.

Merton, Robert K. (1968), 'On Sociological Theories of the Middle Range' in Robert K. Merton (ed.).

Social Theory and Social Structure, London: The Free Press, pp. 39 - 72.

Morris, Norma (2000), 'Science policy in action: Policy and the researcher', Minerva, 38,425 - 451.

Nagi, Saad Z. and Ronald G. Corwin (1972) 'The Research Enterprise: An Overview' in Saad Z. Nagi and Ronald G. Corwin (eds.) The Social context of Research. London: Wiley, pp. 1 - 27.

Nelson, Brendan (2005), Higher Education Report 2004 - 05, Canberra: Minister for Education, Science and Training, http://www. dest. gov. au/sectors/higher _ education/publications _ resources/profiles/highered _ annual_report_2004_05. htm (accessed 8 August 2006).

North, Douglass C. (1990), Institutions, Institutional Change and Economic Performance, Cambridge: Cambridge University Press.

Polanyi, Michael (1962), ' The Republic of Science ', in Edward Shils (ed.), Criteria for Scientific Development: Public Policy and National Goals, Cambridge: Massachusetts Institute of Technology, pp. 1 - 20.

Powell, Walter W. and Paul J. DiMaggio (eds.) (1991), The New Institutionalism in Organizational Analysis, Chicago: University of Chicago Press.

Rip, Arie (1982), 'The Development of Restrictedness in the Sciences', in Norbert Elias, Herminio Martins and Richard Whitley (eds.), Scientific Establishments and Hierarchies, Dordrecht: Reidel, pp. 219 - 238.

Rip, Arie (1994), ' The Republic of Science in the 1990s ', Higher Education, 28,3 - 32.

Ruivo, Beatriz (1994), ' ' Phases ' or ' paradigms ' of science policy?', Science and Public Policy, 21, 157 - 164. Scharpf, Fritz W. (1997), Games Real Actors Play. Actor-Centered Institutionalism in Policy Research,

Boulder: Westview Press.

Schmidt, Marion, Jochen Gläser, Frank Havemann and Michael Heinz (2006), 'A Methodological Study for Measuring the Diversity of Science', in Jean-Charles Lamirel, Claire Francois and Hildrun Kretschmer (eds.), Proceedings International Workshop on Webometrics, Informetrics and Scientometrics & Seventh COLLNET Meeting, Nancy (France).

Scott, W. Richard (1991), 'Unpacking Institutional Arguments', in Walter W. Powell and Paul J. DiMaggio (eds.), The New Institutionalism in Organizational Analysis, Chicago: University of Chicago Press, pp. 164 - 182.

Silvani, Alberto, Giorgio Sirilli and Fabrizio Tuzi (2005), 'R&D Evaluation in Italy: more needs to be done', Research Evaluation, 14,207 - 215.

Van der Meulen, Barend (1998), 'Science policies as principal-agent games:
    Institutionalization and path dependency in the relation between
    government and science', Research Policy, 27,397 - 414.

Van der Meulen, Barend and Loet Leydesdorff (1991), 'Has the Study of
    Philosophy at Dutch Universities Changed under Economic and Political
    Pressures?', Science, Technology, and Human Values, 16,288 - 321.

Whitley, Richard (1972), 'Black Boxism and the Sociology of Science: A
    Discussion of the Major Developments in the Field', in Paul Halmos
    (ed.), The Sociology of Science, Sociological Review Monograph 18,
    Keele: University of Keele, pp. 61 - 92.

Whitley, Richard (1977), ' Changes in the Social and Intellectual
    Organisation of the Sciences: Profes-sionalisation and the Arithmetic
    Ideal', in Everett Mendelsohn, Peter Weingart and Richard Whitley
    (eds.), The Social Production of Scientific Knowledge, Dordrecht:
    Reidel, pp. 143 - 169.

Whitley, Richard (1984), The Intellectual and Social Organization of the
    Sciences. Oxford: Clarendon Press.

第七章
德国的基本研究状况：知识生产预评估的条件

斯特凡·兰格
Stefan Lange

一、引言

在系统化的绩效评价方面，大多数德国大学的科研代表着一种"基础"状态，因为近期在评价科研成果方面的尝试都是很新颖的，并且还未直接影响研究绩效。这种基础状态的分析告诉我们研究评价系统可能会发生变化。在本章中，我报告了对北莱茵-威斯特法伦州（NRW）一所大学中 5 个学科的学者进行访谈的初步结果，这些结果代表了尚未受到任何类型的回溯性研究评估影响的基本研究状态。[①] 这个分析与格拉泽和劳德尔在澳大利亚进行的分析有关，德国的案例研究采用与澳大利亚研究相同的方法。

讨论的 5 个学科是：政治学、历史、数学、生物学和地质学。我访谈了每个学科的 5 位学者，包括 5 位全职教授和 2 位博士后副教授。另外，我在大学领导层进行了 3 次面试，并对学科所在学院的院长进行了 3 次访谈。这为我们提供了有关本地组织研究策略和学者应该适应的评估工具的信息。

为了理解德国正在发展的学术研究绩效评估不断变化的整体环

① 非常感谢德国联邦教育与研究部在其"科学政策研究"计划中对该项目的资助。出于隐私保护的考虑，大学文档来源未列入参考文献部分。此外，在不影响主要信息的情况下，我们对表示大学规模的数字进行了更改，学院名称也已更改。

境,我将在下一部分中总结国家和地区层面上不断变化的治理结构的关键特征。然后,在概述不同领域的学者适应新需求的主要方式以及他们对新需求的有限响应之前,我将描述大学的领导层和院长如何应对这种变化的环境。

二、 德国学术研究的管理变革

德国统一之后,学术研究绩效的系统评价引起了广泛的讨论,当时,德国对前东德科学院的研究所的研究进行了评估,以便将符合国际标准的那部分研究整合到德国的研究环境中,并关闭其余的那些研究部门(Mayntz, 1994; Wolf, 1995)。在此之后,德国对非大学研究机构协会(即 Max-Planck-Gesellschaft, Fraunhofer-Gesellschaft, Helmholtz-Gemeinschaft 和 Leibniz-Gemeinschaft 的研究机构)进行了首次"系统评估"(Röbbeckeand Simon, 2001; Krull and Sommer, 2006)。如今,除直接隶属于联邦政府和州政府的机构外,德国所有非大学研究机构都受到同行评审的定期内部和外部评估。

但是,除了下萨克森州的新评估(详见本书第八章),这项大规模评估活动并未扩展到大学研究中。与大学研究不同,非大学研究由联邦政府和各州共同负责,德国大学几乎完全由后者管理和资助。联邦政府仅提供了框架法律,如今该法律对接受高等教育、毕业手续和就业的某些方面进行了规定。[①] 传统上,各州根据教授数及其合同,通过项目预算来为大学提供资金。

在过去的十年中,这种情况发生了变化,因为许多州都在努力引入新公共管理工具来指导其高等教育(Lange and Schimank 2007;

---

① 由于德国联邦制的最新改革,联邦政府通过框架法律在高等教育系统上采取行动的权力将于 2008 年被废除。届时,大学和高等专科学院将完全处于 16 个州的法律和财政权力之下。

538-541）。一次性预算的引入使大多数州根据绩效指标为部分资源分配制定了资助公式。16个州的大学整体预算总额（按公式分配部分）、资助公式的构造、以及使用的绩效指标的种类差异很大（Leszczensky and Orr，2004）。几乎所有州使用的研究绩效主要指标是外部研究经费的数额；一些州还使用博士生毕业数和适应能力的数量（Jaeger，2005：8-9）。为了防止表现不佳的大学陷入财务困境，相对于先前的预算，每所大学的整体收益或损失的比例通常限制为1%～5%（Jaeger等人，2005：5）。

与评估相关的另一项德国高等教育政策创新是，2000年初以来，州与其公立大学会就"绩效协议"进行谈判（Kehm and Lanzendorf，2006：159-161）。在这些准合同中，大学和州政府就教学和研究方面的绩效改进指标达成一致，并对帮助大学建立自己独特"形象"的措施也达成一致。建立"研究档案"的典型措施包括与当地非大学研究机构的合作，建立（最好是跨学科的）研究中心和研究生院以及开展国际化活动。绩效协议必须被认为是一个非常薄弱的研究评估体系（详见本书第一章），因为其中大多数协议仅定义了模糊的绩效目标，并未提及对违规行为的任何制裁措施。没有一个州表明了大学未能达到既定目标的后果。

最近，联邦政府和各州共同发起的"卓越竞争"加强了大学建立个人形象的趋势（Schimank and Lange 2006，另见本书第四章）。在第一项促进大学研究的国家级倡议中，德国大学通过为研究生院、"卓越集群"①和大学未来发展规划提出计划书，争夺19亿欧元的预算份额。额外的资金用于提供给表现突出的学校（DFG，2006：112）。

但是，最近的这些举措并不能减轻前面30年来对德国大学的财政支持的大幅减少带来的影响，导致德国大学研究资金的比例开始

---

① 这意味着与地方或地区非大学研究机构的紧密合作。

越来越依赖于外部资金。但是，与格拉泽和劳德尔在本书中陈述的澳大利亚情况相比，德国的研究领域是丰富多样的。大学教授可以从众多不同类型的资金来源中获得具有竞争力的外部研究资金。最主要的资金来源是德国研究基金会，它为大学研究提供了超过 40％的外部资金（Kuhlmann and Heinze，2004：53）。该资金的很大一部分以竞争模式分配。在过去的二十年中，德国研究基金会的资金竞争日益激烈，项目资助率从 1986 年的 59.5％下降到 2005 年的 36.6％（HRK 1993；DFG 2006：112）。

德国研究资助的第二个主要来源包括德国联邦教育和研究部（German Federal Ministry of Education and Research，BMBF），其资助主题一般以任务为导向，联邦和州级的其他部委，还有欧盟委员会的框架计划也是如此。这些来源的资金具有竞争性，但获批资格与指南方向或应用研究紧密相关。1998 年，在对德国研究基金会的资助过程进行评估时，德国研究基金会因其为小型项目的资助而受到批评，被建议应该将更多的精力集中在主题集中的重点计划："原则上，资源应该集中在几个主题领域，并重点资助少数前景显著的项目。"（Kehm and Lanzendorf 2006：165－166）除了已经存在的大型协作研究项目外，德国研究基金会还为大量分散的研究人员团体、主题集中的计划和研究中心提供了资金。

因此，不管是内部资金流（绩效协议和卓越竞争）还是外部资金，德国研究的资助格局正在向主题集中、合作研究或者其他"大型"研究倾斜。这种趋势带来的影响是：长远看，政治家、资金管理者和参与资金分配的科学精英的影响力不断加强，而学者个体则逐步失去他们的自主权和控制权。

现在开始考虑我们所研究的大学所处的区域背景，北威州是德国拥有最多大学的州（总共十五所），德国学生中有四分之一以上（占27％）被北威州的高等教育机构录取。在这种状态下，自 1994 年以来,根据使用绩效指标的公式,分配给临时工作人员和设备的经费稳步增加。现在,基于指标的资金所占比例占大学总预算的 20％(Hartwig,2006:19)。该公式混合使用了具有特定权重的输入和输出指标(Leszczensky and Orr,2004:35)。大多数基于公式的资助都是根据教学表现和规模分配的。大学的总预算中只有 5％是根据研究指标分配的(外部资助金额指标占 4％,博士学位毕业生人数指标占 1％)。通过为 3 类学科分配不同的权重,来考虑学科资助强度的变化(同上)。①

2001 年,德国对北威州的整个高等教育格局进行了首次评估。一个专家委员会对 15 所大学的所有学科进行了评估,评估内容包括学生需求、毕业率和研究活动等方面。这项评估导致了一些后果,包括关闭了部分课程和机构,合并了杜伊斯堡大学和埃森大学,提出针对绩效协议内容的修改建议(Hartwig,2006:20-21),制定了一个监督体系计划,该计划要求大学报告绩效目标的实现情况(Fangmann,2006:60)。北威州和其大学之间的绩效协议得到了来自大学的2,000 个职位中的 1,000 个"创新池"的支持。这些职位被重新分配给大学,以支持绩效协议中规定的领域的教学和研究(Hartwig 2006:18-19)。

由于采取了这些措施,大学的大部分基本经费现在是基于绩效标准来获得的。作为回报,教育部给大学承诺,直到 2006 年才可以免除整体预算削减(Fangmann,2006:54-55)。② 但是,这些评估措施对研究的影响相当微弱。虽然北威州的联邦框架法和高等教育法

---

① 自 1999 年以来,医学科学的资金分配根据一个独立的公式进行,该公式根据绩效指标首先分配了 10％的资金,现在分配 20％的资金。这两个与研究相关的指标用于衡量外部资金的数量(在公式中加权为 42.75％)和出版物的数量(加权 28.5％)(Leszczensky and Orr,2004:35-36)。

② 自 2007 年 1 月 1 日起,第三代绩效协议开始生效,北威州政府承诺在 2010 年前向整个大学和高等专科学院整个体系稳定分配总计 37 亿欧元的资金。

都要求对所有高等教育机构的教学和研究进行评估，但注意力仍集中在教学上。因此，毫不奇怪，尽管北威州的大学的所有章程现在都包含关于评估的章节，但这些章节仅与教学有关，并没有专门规定和规范关于研究的评估。

三、 对大学与院系研究的评估与指导

按照德国的标准，接受调查的大学规模很大。校长及其副校长领导大学，并将其理解为一家学术公司。该大学由数个以院长为首的大型学院组成。校长、副校长和院长由传统的学术自治机构选举产生，任期固定。他们都是教授，任期满后将返回学院和教席。行政事务和财务是该大学校长的职责，其是州政府任命的公务员，也是行政首长，代表州政府对大学领导层正确使用资源的关注。

该大学有一个教学评估系统，但没有科研评价体系。教务长收集所有系的研究项目和出版物的信息，每2年出版一次大学研究报告，而领导层还掌握了有关外部资金数额的其他信息，但这些信息都没有用于内部评估。德国副总理解释说，改革同时面临许多压力，这使得大学领导此时无法进行研究评估。但是，教务长提供了财务支持尝试建立某些机构和学科的自我评估程序，例如生物学和医学。根据与北威州的绩效协议，中央还有一些工具可以用来建立大学的研究档案。校长最近建立了一个董事会，为必须填补研究职位空缺的教职员工提供建议。他还创建了一个中央基金，用于资助大型合作研究申请。

这些工具都不能减少院系或教席的自主权。绩效协议主要是在自下而上的过程中制定的，即根据学院的建议制定的。由中央基金支持的项目建议也是自下而上的举措。接受采访的副校长们认为，将研究引导到特定的方向并不是大学领导层的任务。优秀的研究应

该从大学教授那里成长出来，然后教授们的倡议可以得到管理层的放大和支持。两位副校长均表示，某些政客认为研究可以是自上而下引导的想法是一种危险的幻想。校长管理层认为他们建立学校品牌和实施战略化的研究管理主要靠招聘政策。

接下来要考虑各院系及其院长的角色变化，需要注意的是，尽管这里分析的3个院系规模都很大，但学生的入学率和教师的教学负担却有所不同。人文学院和社会科学学院的学生整体入学率较高，因此教学负荷较高，而自然科学学院的教学负荷平均较低，并且各学科之间的差异很大，如表7.1所示。

表7.1　教师特征和评估方案

教师	社会科学	人文学科	自然科学
生师（教授）比（%）	170	124	68
教授人均外部资金（€）	43，000	70，000	220，000
品牌建立	招聘新教授强调研究与合作 在某些领域建立研究中心		
研究评估方案	自愿组织（影响少量资金）	无（也无计划）	无（但正在讨论中）

所有接受采访的院长解释说，尽管根据法律，他们现在有更大的酌处权以便采取行动向业绩不佳的学科施加更大的压力，但他们仍然更倾向于协商一致再做出决策。所有院长都声称，以苛刻的管理态度进行自上而下的决策不会在大院系取得成功——某院长表示"这是不可想象的"。①

尽管大学的受资助模式发生了重大变化，但内部经费分配仍然遵循传统模式，而不是依据绩效指标进行分配。这意味着，教师预算的80%直接分配给了教授，只有20%由院系自行决定。院长最多可

① 然而，社会科学学院的院长和自然科学学院的院长被同僚描述为领导人和"议程制定者"，他们在重新分配空位和为了研究的成功引入激励措施时明确使用了权力。

以动用一半的可支配资金来建立用于"声誉建设"的战略性基金。所有院长都报告说他们还是利用了这个机会（见下文）。但是，可分配资金的比例太小无法实现任何显著效果。剩余 10% 的"自由"资金可以分配给教授，既可以递增，也可以根据绩效指标进行分配。

我们样本中的 3 个院系在利用这些机会方面存在显著差异。社会科学学院不久前推出了一种基于绩效的资助机制，该机制使用了其 10% 的常规资金。教授可以根据其教学、行政和研究绩效从资金池中获得资金。其中研究绩效部分通过以下指标来测量：

（1）声誉建设活动；

（2）在高层次会议上的演讲；[①]

（3）外部资金数额；

（4）根据各学科明确定义的研究期刊层次发表的期刊文章。[②]

对于研究成果的奖励在 750 欧元（用于在国际认可的会议上发表论文）和 8 000 欧元（用于成功申办大型合作研究基金）之间。最有趣的是，德国通过奖励的方式来刺激和指导教师的发表行为，如在国际顶级期刊发表的论文奖励 6,000 欧元，在高层次期刊发表的论文奖励 4,000 欧元，在优质期刊发表论文的奖励 2,000 欧元，在应用期刊发表论文的奖励 1 000 欧元。

该计划是一个非常薄弱的评估系统，因为奖励是按需支付的，不参与则不会产生任何结果。损失 10% 的常规资金，对于表现不好的参与者或此类系统的反对者而言并没有影响，但也不会太具惩罚性。然而，这种激励机制使社会科学学院成为大学引入基于绩效资助计划的领导者。

自然科学学院根据大学的绩效标准，将其预算的 10% 分配给研

---

① 各学科会在下一年度就上一年的高层次会议内容达成一致意见并报告给院长。

② 期刊的排名由各学科确定后上报给院系。每年的期刊等级由整个院系的管理层一起讨论和确定。

究所和教授教席（见上文）。院长目前正在努力说服他的同事接受与社会科学学院类似的激励机制。[①] 人文学院的资金分配根本没有评估模块。在不采用绩效指标的情况下，人文学院将其预算的5％用于教学和研究项目支出，而用于奖励高层次研究的评估和激励系统并不存在，也没有计划要制定。

　　人文学院将5％的预算用于支持"声誉建设"的战略性资金，自然科学学院的最高比例是10％。这笔战略资金用于任命和奖励那些靠绩效评价获得常规资金的新教授，支持大型合作项目的竞标，以及建立那些能够提升教师声誉的研究中心。后者对于人文院系非常重要，因为能够提高人文学科的规模和多样性。为了避免一些小众学科（orchid disciplines）因为低注册率而被州政府关闭，人文院系通过建立一些研究中心，把这些小众学科与大型院系联结，集中自由来促进学科合作。建立这些中心的目的是提升院系声誉，这与教育部门签署的协议目标是一致的。然而，协议认为多样性是这些学科本来具有的价值，而研究中心则是代表多样性和声誉的中介机构。

　　战略资金规模太小导致研究水平很难提高，因此这3个学院建立声誉主要是通过招聘政策。尽管这三个院系的院长都认为教学和研究同等重要，但院长们对新老师候选人的研究水平关注度却越来越高。为了响应当前的政治期望，人文学院一般倾向于寻找年轻的，具有新兴研究议题和能够开展国际合作课题的教授。传统的人文学科在孤独和自由中工作，而这种模式现在逐渐消失，即使是古典德国人文学科也不例外。自然科学学院则主要关注候选人的发表记录、外部资金和"杰出程度"。后者意味着该教师在本专业的国际化卓越水平，未来可能成为学院在国际学生和资金竞赛中的"商标"。

[①] 除此之外，对整个院系的同行评估也正在计划中。这将包括内部评估和自我报告，以及由国际同行开展的外部评估。该评估会帮助确认表现不佳的学科和机构，并提供激励措施来提升入学率或找到研究前沿方向。

四、 对不断变化的研究环境的学术回应

本节将探讨开展学术研究的条件变化，最重要的是研究时间和经费的减少以及不同领域学者如何应对；接着将讨论研究评估和院系提升声誉的活动是如何影响学者的工作时间。

（一）时间

所有接受访谈的教授都说，他们研究的最大限制条件是时间不够用。虽然各院系的教学负担各不相同，也不是所有受访者都认为这是个问题，但所有教授都抱怨行政事务太多且不断增加。大学教授的教学任务协议量一般是每周 9 小时，实际花费的时间还取决于学生数量以及额外的咨询、评分、考试和其他工作琐事。人文社科学院的学者的教学任务量也要比自然科学学院的学者高得多。

所有受访教授（包括政治学家和历史学家们，尽管他们的教学量已经很大）都遵循洪堡主义的教学研究关系模型。教学与研究相结合的推理引出了关于研究得益于教学的传统观点，例如所有教授都将官僚化和由此产生的大量行政工作视为其研究活动的最大限制，这远远超出了所有教授们的教学量。① 官僚化的部分原因是这所大学的规模以及由此产生的行政管理级别和学术自我管理结构的数量。其他管理负担由以下因素产生：

（1）德国高等教育同步推动的许多改革议程，例如"博洛尼亚进程""卓越竞争"以及其他需要大量额外计划、决策和报告的议程；

（2）在"新公共管理"的背景下，将先前集中的管理任务下放给机构和教务长；

---

① 这正是很多自然科学教授极力反对双层学位体制（本科/硕士系统）教学改革的原因。本科学生对于研究是没有贡献的。很多教授预测这些本科生只会占用实验室空间和教学时间资源，而无法产出任何有价值的科研成果。

（3）研究本身的官僚主义漂移。受访教授估计，现在需要大量工作来保证资助项目计划书的成功。[①] 所有拥有大量外部资助的教授都宣称，他们聘用的助手的唯一任务是应对官僚主义和准备计划书。

（二）资助

德国大学教授根据排名获得经费。通常教务长的经费足够支付1名秘书、2名全职研究和教学助理人员和一些普通员工的经费。新任命的老师也能得到一些科研启动金。在常规性经费只够维护设备而不足以投入新研究时，新老师会节省部分启动资金来弥补常规性经费的不足。低排位的教授的经费只足够聘用一位助理教授，大多数情况只足够聘用一名普通员工和购买一些小型设备，其经费额度远低于教务长。同级别教授之间常规性经费额度差距也很大。很多教授在得到其他学校的录用通知时，会跟本校管理层谈判条件。一般常规性经费的分配细节都是严格保密的。

为新教授提供研究基础设备的初始资金通常难以支持他们更换或更新研究工具。所有的生物学家都认为如果研究设备失灵，他们的研究就无法开展。大学没有资金帮助新教授更换设备，资助机构一般也不支持设备购买，因为资助机构认为这是大学应该提供的基础设施。

不同学科的研究对于常规性资金和外部资金依赖程度各不相同。3位历史系教授认为没有资助的条件下，靠传统的个人研究模式开始历史研究是非常困难，甚至是不可能的。3位教授中只有1位获得了外部资助。第2位教授曾经获得几次外部资助，但在受访时没有在研外部资助项目。第3位教授从未得到过外部资助。因为常

[①] 欧盟所资助的项目竞争激烈，同时也非常耗时，因为协议谈判过程很繁琐且项目实施过程中要频繁地汇报研究进度。

规性资助并不涵盖研究费用，2位历史教授和其他受访的副教授都认为他们投入个人的资金来买书，复印和扫描材料，或者花费资金去国内和国外的档案馆查找档案资料。所有历史学家（包括政治理论教授）都认为大学投入图书馆的经费太少，而在德国，这已经成为有效研究的最大障碍。

数学家的情况与历史学家的非常相似。3位受访教授中有2位是经典的"孤独而自由"研究人员，他们通过使用"纸和笔"进行低成本研究来解决数学问题，并且仅使用个人电脑进行计算和模拟。他们没有外部资金，因为他们的基本资金足以为他们提供所需的少量东西，包括少量参加国际会议的旅费。两者都声称做数学是一项孤独的活动，"……在无法委派任务的知识水平上找到了结果"，因此数学研究不需要额外的人员。

第三位数学教授领导着一个应用数学研究所，该研究所获得了不同来源和研究人员的大量外部资金。大多数研究项目都是由联邦和州政府的主题式资助计划资助的。还有一些由行业合作伙伴提供资金。一个项目是由大学校长的网络倡议发展而来的，并获得了大学的资助。这位教授声称，他只能用他的常规性资金进行研究，但规模很小。他已经建立了一个团队，现在该团队的运转依托于他在基金申请方面的成功。

与常规性资金能满足历史和数学研究不同，大部分政治、地理、生物等学者是非常依赖外部资金的。所有受访的政治学者都有外部资金，有2个政治学者认为这是开展研究的必要条件。受访样本中的生物学者开展了最昂贵和人力集中的研究。他们的实验室配备了昂贵的设备，同时需要专门人员来开展实验，观察实验过程和维护器械。生物学的2个教授提到如果没有外部资金，他们根本无法发挥作用。1个主席教授的常规性资金和2个副教授人员配备就足够去准备研究计划或开展一个研究项目。然而，教授认为，如果他们可以同时开展多个研究项目，他们只能是在竞争激烈的环境中开展那些成功又国际知名的研究。

第 3 位生物学教授通过与产业界的合作获得外部资金，但没有来自科学资助机构的资金。他积极从事教学工作，并使用博士文凭候选人帮助进行基础和应用研究工作。对于极少数的博士生，他尝试从著名的工业基金会获得培养津贴。他的设备比同事的设备便宜，但是他可以通过将研究工作的一些副产品（他合成的生物材料）卖给工业来赚钱："这笔钱比从德国研究基金会或其他机构获得的资金要容易得多。"

尽管地质学家和生物学家一样强烈依赖外部资金，但他们获得资助的方式却取决于他们的专业。那些关注国际问题的地质学家在获得外部资金方面没有任何问题。像生物学家一样，一位地质学家声称自己的常规性资金不足以开展具有国际竞争力的知名研究。另一位地质学教授致力于一个应用主题，并获得了来自行业的大量资金。因此，他有能力弥补因专业方向导致常规性资金不足的问题，这是因为资金主要流向了那些能够"提升声誉"的专业方向。

我们采访的第三位地质学教授处于一种不幸的境地，这些情况都不适用于他的专业，因为他从事的专业方向没有应用潜力。尽管他使用"锤子，口袋镜片和背包"进行低成本研究，但他仍需要比常规性资金更多的研究经费，因为他需要前往研究地点，聘请博士生，并准备和分析研究对象。为了支付这些费用，他向德国研究基金会申请了资助。他抱怨说，由于竞争日益激烈，资金申请越来越困难和耗时。当他没有外部资金时，他通过在大学附近寻找有趣的研究对象来削减成本。

（三）评价和激励机制

几乎所有受访教授都没有觉得他们的研究正在被学校或院系评估，即便是已经引入评价奖励计划的政治系教授也是这么觉得。除了政治理论学教授，其他政治学学者都表示他们通过把文章发表在奖励最多的期刊，来应对院系的奖励计划。他们认为奖励计划加强了而不是改变了现有研究行为。三名受访教授中的两位从这个计划中获得了相比他们的贡献更多的奖励。从事理论研究方面的教授则强烈反对这个发表奖励计划，因为他认为专著是学术传播的主要形式，但专著并没在奖励范畴。论文只是研究的附属产品。他认为奖励计划把教授从一个学术人转变为一个经纪人。奖励系统使得学者开始计算他们获取报酬要付出的时间，又与他们为一些企业或基金组织做讲座获得的报酬进行对比。由于后者能够得到更多奖励，那么他们就会花更多时间从事后者活动。

自然科学研究者清楚意识到所在院系正在引进奖励计划，并根据他们感知到的威胁来评论这些计划。所有数学家都抱怨奖励计划的评价指标忽略了数学学科的特殊性。数学学者发表文章相对较少，文章影响因子也说明不了问题，因为他们的专业社群太小且高度专业化。他们的研究并不依赖于设备或人员，大多数情况下也不需要外部资金。[①] 数学系的低入学率和高退学率使得评价结果更糟糕。该学院的其他学科则希望利用这些绩效指标来削减数学研究所的预算，将削减的部分用于其他学科的资源分配。

像数学学者一样，其他学者都从自己学科的研究成果角度来评估即将到来的奖励计划。生物学者主要与产业合作研究，他们很少发表文章，因为他们强烈反对将影响因子和引用率作为科研评价的奖励指标。然而，如果采用基于指标的评估系统，这位受访的生物学者也表示不担心会削减预算，并声称他的大部分资金都不是大学的钱。受访的地质学者正在开展一项非常成功且国际吸引力很强的课

---

① 有趣的是，连一位获取外部资金非常成功的教授也对外部资金作为研究活动指标的观点表示了强烈不满，他说："从智力角度来讲，这是一种犯罪，因为它只体现你弄到钱的能力。"在他看来，引用次数和期刊排名也有此弊端。

题研究，他表示原则上是同意影响因子和引用次数作为评价指标的。然而，他也强调这些指标其实只代表了研究的一小部分，不应该给予过高的权重。他的同事则秉持不同观点。对他来说，发表作为研究绩效评价的指标是个坏消息。他认为地质专业的大多数发现是区域式发现，因此去看一本带有结果的美国杂志是没有意义的。他的大部分论文发表在区域类的杂志，这些杂志往往没有很高的影响因子。如果研究评估引入报告制度和问责仪式，而学术决策机制和大学管理结构不变的话，自然科学家将面临越来越大的压力，①研究时间也越来越不足。

（四）声誉建设

尽管外部或内部评估几乎没有影响，但至少对于历史学家和地质学家而言，大学和院系的声誉建设活动是不可忽视的力量。历史学家不同意院系围绕一个特定主题来建立研究声誉，其中包括建立"卓越团队"。所有受访者都抱怨这种"炒作"行为，认为没有任何理由和可能性去让自己的研究适应这个主题。为了满足绩效协议中包含的上级要求，该学院成立了一个研究中心，该研究中心的重点是 3 位受访教授的研究领域。但是，3 位教授都报告说，该中心对他们的研究没有影响。该中心的预算很少，资金只够偶尔邀请客人，而中心的主要作用是召开一些行政会议，并通过一些路演来促进研究。一位受访者指出，在中心的 40 名正式成员学者中，只有 6 到 10 名经常在该中心活动中。

尽管历史学家感到很烦恼，但他们并未受到其院系声誉建设活动的影响，而一位地质学家却成为此类活动的受害者，因为他的专业不属于设想的主题。教师决定通过将空缺的位置专门用于与受访者无关的其他专业来"重新配置"空缺的位置。这项决定背后的想法是

---

① 甚至那些有望从评估或奖励计划中获益的人也有此担忧。

新成立的专业很新潮，有望筹集大量外部研究资金，特别是在政府和欧盟的主题导向的计划以及专门用于购买昂贵设备的德国研究基金会特别基金。这位受访者遗憾地说，这些大型的、机会主义的和成本密集型的科学取代了低成本科学。

根据大学与教育部之间的绩效协议，社会科学应与当地的马克斯-普朗克研究所进行团队建设活动。一位政治学教授报告说，院长问他是否可以成为学院与马克斯-普朗克研究所之间的联络人。这里的团队建设意味着马克斯-普朗克研究所的董事成为该学院的成员①，马克斯-普朗克研究所的研究人员可以参加研究生和硕士候选人的课程。但是，采用哪种合作方式是由受访教授决定的，他不觉得他们的工作是受迫于上级压力而为。

在生物学家中，只有一位教授提到声誉建设活动，他认为这对他的研究影响很小。他的研究所在两年前就引入了评估活动。在校长的财务支持下，他们邀请国际同行对自我报告和出版物清单发表评论，听取演讲并与学者交谈。评估被认为是成功的，评估提出了一些重组和优先发展领域的建议，但不幸的是，这些建议并未导致任何直接结果，主要是因为实施这些建议的成本很高。

（五）适应模式②

总体而言，没有观察到研究的内容和行为会系统性去适应评估。所有受访者都声称自己的动机才是参与研究的关键因素，并表示他们仍然可以做自己想做的事情，并遵循他们认为有用的研究道路。除了一个例外，没有人因为纯粹是机会主义的原因而筹集资金，也没有人因为外部压力而迫使转向一个时髦的研究课题。所有人都说，在大多数情况下，他们以传统的方式进行研究：受到实验、文献研究

---

① 这是一个在过去受教师强烈抵制和引发冲突的问题。

② 以下讨论适用于本书中格拉泽和劳德尔所使用的分类。毫不意外的是，出现的适应性机制与强式的澳大利亚科研评价体系中出现的几乎完全不同。

或在学术会议上同行的启发，然后定义研究问题，再开始考虑资金来源和资助计划。行业资金尽管发挥着一定作用，但即使对于生物学家、地质学家和应用数学家来说似乎也是最小的资金支柱。在某些情况下，受访者反馈的唯一机会主义行为是根据资助机构审阅者的喜好和期望来组织语言。[①]

正如预期的那样，对指标的适应行为也很少。最主要的适应行为是出版行为。所有受访者都宣布他们会选择期刊发表，以确保能与同行交流。尽管几乎所有受访者都强调他们遵循关于期刊质量的学科或专业特定假设，期刊影响因子只对生物学和面向国际的地质专业造成影响，但是，正如一位生物学教授指出的那样，即使期刊影响因子会影响研究人员的声誉，科学家仍然质疑是否值得花费大量的时间和精力来推动一篇文章通过顶级期刊同行评审的过程。

历史学教授更愿意在学术会议发表论文或撰写专著，因为历史学论文的脚注长度与通常的期刊格式不符，而政治理论家则认为期刊论文不足以表达一种有价值的哲学思想。与知名出版商目录中的优秀书目相比，期刊论文的受众群体要小得多。对于那些具有实证研究主题的政治科学家，社会科学学院制定的奖励计划维持了现有的出版行为。一位教授认为奖励计划会影响他的出版行为，这种影响仅限于减少他发表论文的期刊的多样性。考虑到自己的行为，他预测这种奖励机制会使得顶级期刊规模越来越大，迫使其他期刊陷入平庸或从学界消失，从而使一些保守观点得到强化。未来，文章发表的集中化可能会使非主流文章找不到自己的位置。

机会主义筹款和适应性资助很少。只有应用数学研究所的负责人提到适应性资助。这个研究所主要资助主题集中的项目计划，这些项目计划都与政治热点主题相关，比如多媒体、生物信息学等。研

---

① 历史学家甚至都没有这样做。

究所的特长是数据分析，也是适应性很强的方法。如果政治风向改变了，"……我们也会改变，最后我们也会转向新的研究方向，不然我们就得不到资助"。因此，这位数学家遵循着一种典型的机会主义筹款适应模式，而这对研究本身来说是有负面影响的。一旦有新的热点研究主题进入政治家的日程，原有的政府导向的主题计划就会被中止。当这些项目被中止，没有人会要求研究结果，而原有的研究路线也被放弃。项目组成员会离职，而连续几年收集来的科学知识也会丢失。教授抱怨说这种资助方式没有可持续性。

根据生物学者的自我评价，他们与产业合作并向产业伙伴出售生物材料，因此他们不是机会主义筹款或适应性资助的例子。他表示自己只销售在基础研究期间形成的产品。他只会与其开展的基础研究高度相符的行业合作："只有在与我们的（科学）兴趣相关时，我才会从事与行业相关的研究。"

但是，对于研究资金和研究时间的匮乏，几乎所有受访者都提到了一种普遍的适应模式，就是"拉伸"研究。除了政治学家（暗中提及），所有受访者都明确表示他们需要扩大研究范围。后者意味着学者们大大扩展了他们研究项目的时间范围。在上述不利条件下，预计工期为两年或三年的项目可能会持续更长的时间。在竞争激烈的研究领域，研究时间的缺乏、良好的基础设施的不足以及对临时研究人员过于严格的外部资金投入，都导致了需要扩大研究范围，这成了紧跟研究前沿的明显障碍。

在所有受访者中，只有一位地质学家提到他缩小了研究规模。他通过选择可负担的研究对象（景观和地貌）来适应资金的短缺。由于设备老化和缺乏购买新设备的资金，许多自然科学专业都暗自缩小了研究规模。

有一种适应模式没有在澳大利亚教授中发现，但是却被几个德国自然科学教授和一个历史学者提到，这几个学者都距退休不到十年，这种模式被称为"内部移民"。一些教授终止了自己在学术自治委员会的职位，放弃了那些他们无力影响的不利条件斗争。他们表示，本科/硕士研究系统的改变，发表计数带来的奖励或惩罚结果，以及其他科研评价体系工具主要打击的是年轻同事。这些快退休的教授认为，他们已经在职业生涯的最后阶段，并没有必要去适应这些他们不赞成的机制。

"内部移民"并不意味着放弃研究，而是退出学术自治和避免行政职责。例如，我们的一位地质学家成立了一个"关联机构"，并将其所有研究活动转移到了该机构。[①] 这位教授觉得他的专业没有什么未来，因为学生入学率逐步下降，使得经费预算严重削减，行政支持员工离职，学术牵头人退休，部分空缺职位被分配给其他学科。在他自己的附属机构中，他可以自己创造研究环境，选择员工一起产出工业应用研究成果。现在，他正将越来越多项目活动从官方大学系统转移到附属机构，他正跟退休的同事一起运作这个机构。

这个例子表明，充足的外部资金来源可以使教授免受大学预算削减的影响。对于许多自然科学家来说，常规性的资金规模太小，以致正如一位生物学家所强调的那样，如果不使用外部研究经费来支付人员费，他们根本无法开展教学工作。如果采用研究评估制度，符合指标的教授可能会获得一笔"小数目"奖励，而那些不符合但拥有外部资助的教授则不会在意，因为他们将注意力转向了其他资金来源。[②]

五、 结论

所有受访教授都声称，他们仍然可以在内在好奇心的驱动下开

---

① 附属机构是附属于大学但根据私法而不是公法运行的研究机构。

② 政治理论学者也采用同样的模式，他声称要权衡学院给他的奖励和通过校外讲座、演讲来获取的资金。

展研究。尽管一些受访者通过将项目扩展到未来以适应其研究条件的局限，但没有一个受访者认为这些条件会影响研究的内容或改变他的研究方向。大多数声称需要外部资金来进行研究的教授在资助竞争中都取得了成功。研究主题、对象和方法的选择几乎不受研究条件的限制，研究多样性也不会因外部影响而减弱。

近期，由新出现的弱式科研评价体系所引起的研究条件的主要变化是"声誉建设"，主要发生在两种情境中，一是国家层面组织大型合作研究项目的资助模式趋势，二是学校内部的资源集中在一些特定主题和合作上。这种声誉建构活动，也出现在其他类型科研评价体系（澳大利亚体系详见本书第六章，德国下萨克森州体系详见本书第八章），这种活动可能会导致学者研究主题的局限性。

但是，即使是本案例研究中的社会科学系所引进的弱式科研评价体系，对教授的影响也是很低的。那些适应于指标体系的教授已经展现了评估系统希望他们实现的行为。他们原本就存在的内在行为仅仅是得到奖励和放大。那些不适应指标体系的教授则不可能改变，而他们恰恰是评估系统的目标对象，不改变的原因包括：第一，他们已经是终身教授，不可能被解雇。同时，重新定义这些教授的任务，取消他们的常规资金，或者增加他们的教学和管理任务，都是不合法的。最多是他们被边缘化并转向"内部移民"，但这与评估系统想要达到的目标相违背。

第二，由于学科或专业的认知结构，一些教授根本没有办法适应常规的指标体系标准。这些教授不需要外部资金，只面向小型的科学界（这意味着影响较小的出版物），也可以使用期刊论文以外的发表形式。即使这些学者自己愿意也很难改变学科认知特点。对于这个群体，奖励系统的影响作用接近于零。第三，表现欠佳的教授最多损失常规资金的10%（由于指标的设置），这是大多数人都可以接受的范围。正如麦森（Minssen）等所强调的：基于绩效的资金仅占总资金的 10%，这个比例太低以至于无法产生重大的影响（Minssen 等人，2003：89）。

考虑到绩效导向资助模式的局限性，以及德国大学教授可能会忽略各种科研评价体系的声誉建构活动，很难想象如果没有进一步根本性的改革，德国该如何拥有一个有效的科研评价体系系统。德国大学变革的主要手段似乎是任命新教授，这些新教授具备以下特征：①符合大学的新规划和新形象；②如果表现不好，可以大幅度减少常规性资金来惩罚他们。目前还不清楚有限引入弱式科研评价体系对新任命的教授会有什么影响，这些教授具有聘用期教职但又需要接受绩效评估，他们的部分经费和薪资都取决于各种活动的评价结果。

目前，由于相关的标准和流程并没有明确定义，用于增加薪资的资金也没有落实，因此，这些制度还没产生任何影响。总的来说，在德国 16 个州的不同州、大学和院系之间，研究评价系统的实施工作过于差异化和分散化，因此我们可以预测研究评估会对未来的大学研究内容产生重大的影响。

参考文献

DFG ［Deutsche Forschungsgemeinschaft］（2006），Jahresbericht 2005. Aufgaben und Ergebnisse，Bonn：DFG.

Fangmann，Helmut（2006），'Hochschulsteuerung in Nordrhein-Westfalen. Strukturen und Instrumente，Sachstand und Perspektiven'，Beiträge zur Hochschulforschung，1/2006，54 – 65.

Hartwig，Lydia（2006），'Neue Finanzierungs- und Steuerungsinstrumente und ihre Auswirkungen auf die Universitäten. Zur Situation in vier Bundesländern'，Beiträge zur Hochschulforschung，1/2006，6 – 25. HRK ［Hochschulrektorenkonferenz］（1993），Zur Forschung in den Hochschulen. Stellungnahme des 170. Plenums vom 12. Juli 1993，

http://www. hrk. de/de/beschluesse/109 _ 485. php? datum = 170. +
Plenum + am + 12. + Juli + 1993 (accessed 22 May 2007).

Jaeger, Michael (2005), 'Leistungsbezogene Mittelvergabe und Qualitätssicherung
als Elemente der hochschulinternen Steuerung', HIS-Kurzinformationen,
A/12/2005, Hannover: HIS.

Jaeger, Michael, Michael Leszczensky, Dominic Orr, Astrid Schwarzenberger
(2005), 'Formelgebundene Mittelvergabe und Zielvereinbarungen als
Instrumente der Budgetierung an deutschen Universitäten: Ergebnisse
einer bundesweiten Befragung', HIS-Kurzinformationen, A/13/2005,
Hannover: HIS.

Kehm, Barbara and Ute Lanzendorf (2006), 'Germany-16 Länder
Approaches to Reform', in Barbara Kehm and Ute Lanzendorf (eds.),
Reforming University Governance. Changing Conditions for Research in
Four European Countries, Bonn: Lemmens, pp. 135 - 186.

Krull, Wilhelm and Simon Sommer (2006), 'Die deutsche Vereinigung und
die Systemevaluation der deutschen Wissenschaftsorganisationen', in
Peter Weingart and Niels C. Taubert (eds.), Das Wissensministerium-
Ein halbes Jahrhundert Forschungs- und Bildungspolitik in Deutschland,
Weilerswist: Velbrück, pp. 200 - 235.

Kuhlmann, Stefan and Thomas Heinze (2004), 'Evaluation von
Forschungsleistungen in Deutschland: Erzeuger und Bedarf. Teil I:
Konzeptionelle Grundlagen', Wissenschaftsrecht, 37,53 - 69.

Lange, Stefan and Uwe Schimank (2007), 'Zwischen Konvergenz und
Pfadabhängigkeit: New Public Management in den Hochschulsystemen
fünf ausgewählter OECD-Länder', in Katharina Holzinger, Helge
Joergens and Christoph Knill, (eds.), Transfer, Diffusion und
Konvergenz von Politiken, PVS-Sonderheft 38, Wiesbaden: VS, pp. 522 -
548.

Leszczensky, Michael and Dominic Orr (2004), 'Staatliche Hochschulfinanzierung
durch indikatorgestützte Mittelverteilung. Dokumentation und Analyse der
Verfahren in 11 Bundesländern', HIS-Kurzinformationen, A/2/2004,
Hannover: HIS.

Mayntz, Renate (1994), Deutsche Forschung im Einigungsprozess: Die
Transformation der Akademie der Wissenschaften der DDR 1989 bis 1992,
Frankfurt a. M. and New York: Campus.

Minssen, Heiner, Beate Molsich, Uwe Willkesmann and Uwe Andersen

(2003)，Kontextsteuerung von Hochschulen? Folgen der indikatorisierten Mittelzuweisung，Berlin：Duncker & Humblot.

Röbbecke，Martina and Dagmar Simon (2001)，Reflexive Evaluation. Ziele，Verfahren und Instrumente der Bewertung von Forschungsinstituten，Berlin：Edition Sigma.

Schimank，Uwe and Stefan Lange（2006），'Hochschulpolitik in der Bund/Länder-Konkurrenz'，in Peter Weingart and Niels C. Taubert（eds.），Das Wissensministerium-Ein halbes Jahrhundert Forschungs- und Bildungspolitik in Deutschland，Weilerswist：Velbrück，pp. 522 - 548.

Wolf，Hans-Georg（1995），'An Academy in Transition：Organizational Success and Failure in the Process of German Unification'，Social Studies of Science，25，829 - 852.

第八章
作为组织发展的研究评估
——下萨克森州（FRG）学术咨询委员会的工作

克里斯托弗·斯恩　邬·席曼克
Christof·Schiene　Uwe·Schimank

一、引言

在最近写给下萨克森州学术咨询委员会（Wissenschaftliche Kommission Niedersachsen，WKN；英文 Academic Advisory Council，AAC）的一封信中，一位工程学教授用严厉的言辞表达了他个人对近期经历的研究评估活动的失望。在他看来，对德国大学研究的评价是"无用的、适得其反的、不经济的"，评价活动追求的目标是"受欢迎的"，但不能以这种方式实现。评估适得其反的作用表现在评估是"过度的官僚主义"，它"阻碍"有能力和有意愿的研究人员。在他看来，那些对其他研究者开展评价的教授实际上是在与敌人（评估机构）合作。这些教授是"缺乏个性的，例如缺乏对专业同事之间合作的尊重"。与所有这些"寄生形式主义"不同，他对如何产生好的研究这个问题有一个相当简单的见解：

> 个人对特定研究主题（如果一切顺利的话）的研究成果的乐趣会激励研究的高绩效。成功不是由评估和考试决定的。真正给予研究者的回馈应该是比正式的行政行为更具持久力的。例如，一个研究者会为了研究结果被其他研究人员采用或用于工业生产过程而付出额外的努力，而不是仅仅为了积极的评价或增加工资。

总结他的论点，笔者坚持认为，评估活动本身的财务成本最好投资于大学，让大学招聘更多的研究助理。

另一位前大学校长来信中对定期评估的效果得出了截然不同的结论。从某些角度看，评估有几个非常积极、也符合现实迫切需要的效果，每一个效果的益处体现在其本身以及与其他效果的联系。首先，"对评估实践进行准备和分析极大地改变了大学内部的交流，主要是大学领导层和学科之间的交流，也包括被评估学科的学者之间的交流"。其次，"准备定期评估活动的任务并分析其结果导致大学设立了强有力的行政管理单位。在院系和学科一级，院长和研究所负责人的角色发生了变化，因为他们必须参与发展规划、改革管理和质量保障方面的工作"。最后，这位前大学校长强调，"如果要求大学定期准备有关研究的信息数据，则可以通过分析这些数据发现有问题的案例，并对其进行更密切的调查"。

他的经验是，学术咨询委员会的评估结果给大学领导层在以下方面提供宝贵的论证支持：

> ……引入战略形象建设措施，决定资源的重新分配，建立内部系统用于支持研究活动的筛选，向公众和科学和文化事务部展示不同学科的表现。

这两封信①都使用了大家都比较熟悉的论证：后者完全赞成评价，前者完全反对评价。这种观点冲突的有趣之处在于——这代表了德国大学内部目前开展的主要辩论——双方主角并没有完全不同意基本事实，即什么是评估以及评估如何进行；但他们不同意评估的实际直接效果，以及对德国大学开展的这类研究的长期影响的评估意见最不一致：这些年会发生什么，是否可取？

对于德国大学系统的哪个（任意一个）观察者是对的，以及在多

---

① 两者都未发表。对文件和报告的所有引用都由作者翻译。

大程度上是对的，我们在这里无法给出决定性的答案。相反，我们认为这一根本性的分歧本身就是一个相当有趣的迹象，表明由于学术咨询委员会的工作，下萨克森州的大学开始出现变化。

德国在评估方面是一个后来者。到目前为止，所有对大学负责的联邦和州政府部门都已经开始评估教学，并在较小程度上开始了对研究的评估。在一些州，包括下萨克森州，已经建立了评估机构。[①] 评估的方法和标准差别很大。在大多数情况下，同行评审是评审程序的重要组成部分，但也有基于指标、公式的评审方法，按指标机械地向大学分配部分公共资金。学术咨询委员会开展了一种基于同行评审的研究评估，这种评估方式没有直接将财务后果与研究单位的个别研究人员的评估相关联。学术咨询委员会是德国此类评估最具典型的代表。[②]

本章将重点关注学术咨询委员会进行的研究评估的具体内容，文章不会讨论在学术咨询委员会评估中起重要作用的研究质量、相关性或效率问题。相反，本章将选择讨论当代研究评价修辞的另一个重要元素：坚持声誉建设以及在特定研究领域的关键研究群体。我们将展示以下内容：第一，学术咨询委员会评估程序的内在偏向；第二，什么是所谓"好"研究；第三，这类评价的具体结果。

本章将从两个截然不同的学科进行实证研究：历史和化学，因为两个领域的评估结果都有很好的记录。[③] 虽然它们不是极端的对比案例，但它们在许多方面都具有代表性。[④] 化学是一门自然科学，与

① 有关德国评估活动的描述性概览，请参见（Kuhlmann and Heinze，2004a；2004b）；兰格在本书第七章中介绍了一个案例研究。2006年初，德国科学委员会开始就化学和社会学这两个学科对所有德国大学进行大规模研究评级，以作为评估程序和标准的测试平台。

② 有关学术咨询委员会与荷兰、英国和爱尔兰评估活动的比较，请参见（Orr，2003）。

③ 至于数据来源，我们使用了学术咨询委员会部分已发表、部分仍未发表的一些报告。另外，我们还使用了来自学术咨询委员会近期的一个元评估的数据（WKN，2006）。

④ 另请参见研究两个学科所属的不同"学术部落"的现象学（Becher and Trowler，2001）。

实用和知识使用者的超科学标准密切相关,而历史属于人文学科,主要进行好奇心驱动的研究。化学学科非常国际化,历史则不是;化学强烈依赖外部资助,历史则不然;化学通常需要大量的实质性资源和广泛的合作,历史通常在这两方面都是需求不明显的。

二、 程序

评价是大学治理新模式的内在组成部分,通常被概括为"新公共管理"[①]。大学治理这一深刻变革所追求的基本目标是效率和相关性。前者指的是可用于大学研究的公共资金稀缺,这要求以更少浪费的方式分配资金。此外,大学研究需要有更高的超科学投资回报,尤其是考虑到西方国家持续的经济危机。自 20 世纪 70 年代末以来,对效率和相关性的坚持一直是研究政策新框架合法化的基本要素。

总结新公共管理的计划:由于各种体制机制以及现有财政资源日益稀缺,大学内部和大学之间的竞争压力越来越大,这导致了对研究效率和质量的重新强调。此外,加强大学的外部指导又要求研究具有科学以外的相关性;解除对外部强加的官僚束缚的管制是掌握这些有所变化的外部环境的先决条件之一;另一个是强有力的校长和院长需要加强大学的分级自我管理,以及学术自治的削弱。[②] 这相当于将大学建设成为一个企业行为者,不仅能够在高度竞争的环境中生存,而且能够繁荣发展(Krücken and Meier, 2006;另见本书第四章)。

新公共管理经常与"更市场化"的口号联系在一起,事实上,如果

---

① 见(De Boer 等人,2006)对四个欧洲国家这些治理变化的概述,其中德国属于后来者,(Kehm and Lanzendorf, 2006)就德国进行了更广泛的报告。

② 参见(Brinckmann, 1998),他是作为德国辩论中最明确的新公共管理支持者。

把学费作为大学资金的主要来源，或者大学研究的合同和其他类型的第三方资助变得越来越重要，就像德国和其他地方一样，在这种情况下，学生、商业公司、政府部门和资助机构都是买家，他们将决定把稀缺的资金分配给哪所大学、学院或哪个教授。从广义上讲，科学期刊也是文章的购买者。众所周知，大学科学家们正在激烈争夺稀缺的出版机会，尤其是顶级期刊。

然而，即使所有这些"市场"都扩大了，在大多数欧洲大学系统中，相当一部分大学资金是作为政府的年度整笔拨款提供的。这些整笔拨款将用于大学的基本开销和基础设施——人员工资、建筑费用、图书馆、实验室等。如果政府希望根据大学的相对表现来分配这些整笔拨款，以及如果大学领导层希望对院系、研究所或个别教授也这样做，那么两者都需要获得关于这些表现者的相对地位的可靠信息。此外，这样的信息对那些需要决定去哪里学习的学生，以及那些需要决定研究合同给谁的商业公司或其他非科学行为者也非常有帮助。

这就是评价发挥作用的地方。评估活动向决策者（如部委、大学校长、院长、学生和其他人）提供被评估单位（大学、学院、研究所或教授）在教学或研究绩效方面的相对排位信息。那些决定整笔拨款分配的人基本上有两种可能性，即如何利用理查德·惠特利（详见本书第一章）区分为"强式"或"弱式"的科研评价体系的绩效信息。①

（1）强式研究评估将直接把大学评价绩效与资金分配联系起来，如澳大利亚大学基于公式的政府资助（详见本书第五章）。因此，"强式"评价是市场力量的机械延伸：在提到的各种"市场"的"看不见的手"指明方向的情况下，整笔拨款的分配没有任何酌处权。在吸引

---

① 另请参见（Orr, 2003：24）关于"高风险"和"低风险"的评估。

学生、研究资助和合同方面表现优异者会得到奖励，表现不佳者会受到惩罚。这种不可抗拒的后果被认为是"马太效应"（Merton，1968），即随着时间的推移，强者变得更强，弱者变得更弱。

（2）绩效信息的另一种可能用途是在"弱式"评估中。在这里，决策者施展一只"看得见的手"（Chandler，1977），并逐步明确决定他们是简单地跟随"市场"所指的方向，还是偏离这一方向。偏差通常可能发生在两个方向。为了放大市场动态，表现优异者可能会被"过度奖励"，而表现不佳者，甚至表现一般者，也会受到严厉的惩罚。然而，更有趣的情况是，表现不佳者或一般者有机会提高。在这方面，大卫·坎贝尔（2005：15）谈到通过评估启动组织学习过程。

本章重点强调的是广义上的组织发展评估。这类评估必须在被评估的单位内部进行，但也可能伴随着或多或少的外部支持的决策——这些决策内容包括金钱，还包括为绩效改进设置某些先决条件。学习如何提高绩效可以了解到缺陷产生的可能原因。因此，那种只形成关于被评估单位绩效信息的基于指标的评估，并没有给出任何提示告诉被评估者从哪些方面提高绩效表现。然而，由适当的定量指标支持的定性同行评审，不仅可以判断研究绩效，还可以对研究条件进行评估，通常会非常准确地指出可能的干预点。此外，这样的评估应该有助于了解和明确表现不佳是由可变因素造成的，还是由大学无法控制的情况造成的。

学术咨询委员会的评估程序就属于这种类型。它的明确意图是引导和激励组织领导层形成"一只看得见的手"来指挥行动，在必要时，政府、各部门、大学校长、院长、研究所负责人和负责大学或相关分单位的其他行为者应采取措施提高或保持研究水平；此外，他们被告知要做什么（Orr，2003：61）。这类程序将预先假定收集和压缩信息，并给出关于输入、吞吐量和输出之间等被评估单元之间关系的总体定性图像。

学术咨询委员会的程序大纲要确保实现这一目标(WKN，1999；Orr，2003：28 - 35)就必须坚持评估以学科为导向。他们评估下萨克森州所有大学院系或选定学科的研究所，通常有如下程序：学术咨询委员会向大学内被评估的学科提供一份简短的框架文件，以帮助他们准备一份关于过去 5 年研究活动和未来规划的报告。评估小组随后访问大学以及来自德国其他联邦州或外国大学被评估学科的大约 6 名教授。这些评估者与大学校长、被评估学院的院长、被评估学科的每位教授、一些科研人员和一些博士生交谈，并进行讨论。基于这些讨论，一份关于该学科及其在下萨克森州所有大学的相对表现的报告草案由评估者撰写，并由学术咨询委员会主要办公室的主要官员编辑。

然后，被评估的单位和个人会被征求意见，并通过大学校长提交给学术咨询委员会。在此基础上，一份包含评估过程和建议的最终报告("评估员报告")会由评估员撰写并提交给学术咨询委员会。典型的建议包括教授职位的重新定位、外部同事参与空缺教授职位的招聘程序、为博士生建立特别学习计划或改善图书馆及实验室条件。学术咨询委员会会对报告展开讨论、做出建议，并予以公布，但对个人的评估除外，该评估将提供给个人和大学校长，并将完整的副本送交该部门。接下来，包括根据建议采取的若干措施的后续行动会继续进行，此外，重新评估的一个标准工具是 3 年后的中期报告。

部门或研究所可以在两个层面上进行评估：作为一个整体，以及作为较小的"研究单位"，由研究人员根据当地和学科条件自行定义。"研究单位"的范围可以从科学家团队(如自然科学)到个人讲席(如人文科学)。每个单位的研究业绩，会按照各自学科内的国际科学标准和惯例来衡量，首先在绝对的基础上进行评估，其次在相对的基础上与国家和区域竞争者的业绩进行比较。因此，评估报告给出了下萨克森州各大学相关学科的整体对比图。它不仅评估了每个"研究单位"的活动,还讨论了所访问的每所大学的学科情况以及下萨克森州学科的总体情况。

到2005年底,成立于1997年的学术咨询委员会(作为一个独立的专家机构,就所有与科学政策相关的问题向下萨克森州政府提供建议)已经在大学内完成了25次研究评估,从1999/2000年的化学和历史开始(WKN,2000a;2000b)。这些评估的一个关键原则是努力考虑科学领域的具体情况,如工程、社会科学、人文科学或自然和生命科学,甚至是特定学科或必要时跨学科领域的具体情况(Schiene,2004)。虽然程序大纲主要提到了四个一般性的固定标准(质量、相关性、有效性和效率),以及一些更具体的基本指标,但评估者小组必须将其对"好"研究的特定学科定义付诸实施。业绩标准框架的这种适应性也体现在评价者对选定指标的加权上。

一方面,这种评估程序为以同行评审为代表的各个学科群体提供了强有力的地位。显然,这一事实有助于提高学术咨询委员会评估的合法性,这与各部门收集的比较表面的定量证据形成对比(详见本书第四章)。另一方面,需要重点强调的是,与新公共管理的其他元素一样,学术咨询委员会评估程序的预先假设是:这有助于将大学创建为一个在大学或次级单位具有强大集体行动能力的组织。科学体系的传统评价活动强烈依赖于个人和科学界。这在下面的情景中尤为典型,包括教授职位候选人、项目建议书或出版手稿的同行评审程序中,更为典型的情景是对出版物的非正式和随意评价,以及通过引用情况和其他出版物的评论来评价作者水平。[①]

个体研究员对他们工作的质量和相关性负责,他们将完成的工作提交给科学界,科学界将把它纳入最被接受或争议最小的知识体

---

① 参见格拉泽将科学学科系统地描述为"生产社区"(Gläser,2006)。

系，然而在大多数情况下，这些工作将会被遗忘。

然而现在，该组织成为评估的重要参与者。大学应该从对教授的评估综合得出大学整体的评价结论，而大学的领导层往往也有此决心。但这对于德国教授来说仍然是新生和陌生的，他们对这种强加的要求表现出的愤怒（见引言中引用的科学家），他们中的一些人甚至认为宪法保障的"科学自由"受到了这些新评估活动的侵犯。①

直到最近，德国大学校长都无需太在意其大学教授的研究表现，至少在阻止政府拨款方面不会。如今，甚至在未来，个别教授的研究表现对一所大学至关重要。因此，大学校长不得不对他从评估中获得的绩效信息做出反应。如果评估程序是"弱式"程序，要避免接受对大学和执行者的财务影响，校长就必须要求弱执行者进行改进。此外，如果评估程序给出了缺陷产生原因的信息，以及应该如何解决这些问题的建议，他可以用这种对大学处境的解读对峙弱势表现者。

学术咨询委员会开展的评估特意服务于这一目的。在这种背景下，更仔细地研究什么样的研究才是这些评估所追求的"好"甚至是"卓越"的研究是很重要的。

三、 研究设想

学术咨询委员会对各种学科的典型性建议的描述性概述，显示了评估者对提高研究绩效的要求要点是什么样的。主要建议可简要列举如下：

---

① 然而，德国宪法法院最近宣布了一些包含一定条款的评估，作为科学政策的法定措施（Bundesverfassungsgericht, 2004）。

（1）设立新的教授职位，重新分配学科内的空缺教授职位，取消空缺教授职位或将其转到另一个学科；[①]

（2）外部同行参与空缺或新教授职位的招聘委员会；

（3）增加教授职位以外的科学人员；

（4）减少长期科研人员，转而与年轻科学家签订临时就业合同；

（5）制订研究生学习计划；

（6）获取来自政府的额外财政资金的渠道；

（7）大学或学院内部更注重绩效导向的整体拨款；

（8）项目资金或研究合同的增加；

（9）建筑物、图书馆、实验室的基础设施改善；

（10）加强内部和外部的协调与合作。

就推荐的内容而言，学术咨询委员会已经涉及的所有学科之间没有太大的区别，尤其是化学和历史。[②] 例如，人们可能会怀疑，化学学科比历史学科更重视外部资金；但事实并非如此，尽管这两个学科的实际情况在这些方面有很大的不同。尽管研究实践存在事实上的异质性，但与评价者发布的优秀研究方法大致相同。在更加仔细地研究了这个建议列表背后的研究想法之后，我们反思出这个令人惊讶的事实。

仔细阅读评价报告可以发现，只有很少几个支柱的认知和评价结构能够轻松、坚定地提出所有上述具体建议。好的大学研究的3个基本先决条件由评估者明确地陈述，在这3个先决条件中，建议作为逻辑结果被遵循。这里可以非常简要地提到其中的2个先决条

[①] 后一种措施并非加强被评估的学科，而是加强另一学科。当然，从学科同行的角度来看，这种"利他主义"的建议仅会在"无望的情况"下给出。如果将可支配的财政资源用于更好地配置其他教授职位，例如配备科研人员，第一种措施能加强被评估的单位。

[②] 只有少数而且大多是微不足道的建议是针对特定学科的。例如，在化学中，技术基础设施比图书馆更受重视，而图书馆对历史学家来说特别重要。

件：首先，研究质量的内部科学标准优先于外部科学相关性标准，[①]其次，教学减少有利于缓解研究工作时间的压力。[②] 好的大学研究理念的这两个支柱无需在此进一步评论，因为这是它们早已公认的真理。但是，现在有一个全新的并仍然在德国大学备受争议的第三支柱。根据这种观点，好的研究体现在一个研究所或学院的独特形象上，而这反过来又要求一个被评估的单位配备有足够数量的合作研究人员和充足的资源。

在德国，传统的观念是，好的大学研究是与个人密切相关的，即每个教授作为个体必须建立其学术声誉。[③] 如果碰巧学院甚至全体教员也展示出学术声誉，这要么是个体声誉建设的一个受欢迎的副产品，要么是几个教授自发的"合资企业"，但通常不是大学期望教授们集体去追求的东西。换句话说，根据传统观点，个人学术声誉就足够了。针对这一立场，学术咨询委员会及其评估小组认为有必要扩大集体声誉。学术咨询委员会的程序大纲表明：评价要达到的 5 个目标中，有 2 个明确提到集体研究概况（Orr, 2003：29）。评估报告多次表明，即使某个特定学院或院系的所有教授都是优秀的研究人员，这也是不够的：

> 今天，即使是在哲学领域，一个成功的研究企业也需要最起码的意愿与在同一研究所内研究其他学科的学者合作，在跨学科的背景下与大学中的其他学者合作，或与全国和国际的研

---

① 尽管有各种言辞和要求，最后同样重要的是，在宣布"模式 2"时，好奇心驱动的研究已经被"淘汰"，研究对社会的使用价值变得至关重要；学术咨询委员会的评估者们认同一个传统概念，即研究质量的内部科学标准明显优于外部科学标准。当然，这并不排除与各种外部科学需求的相关性——从工业需求到医疗甚至军事需求——被视为一个非常重要但并非最重要的标准。简而言之，每当外部科学的相关性高度重要时，内部科学的质量必须更加重要，因为内部科学的质量被视为实现相关性的先决条件。

② 参见席曼克（Schimank, 1994；1995）对德国大学体系机构组织中日益增长的教学负担导致研究边缘化的内在危险的分析。

③ 实际上，这个个体代表且领导着一个教授职位的小团队。

究机构和项目合作……当然,评估者不排除重要的个体研究好处的可能性。然而,经验表明,即使在哲学领域,研究的质量和方法创新通常与有前途的学者的晋升和参与研究网络相关。(WKN, 2005)

毫不夸张地说,在这种观点中,第一个提到的支柱仅与第三个支柱相关联:没有集体声誉就没有真正的研究质量!评估者不仅声称整体应大于其各部分的总和,而且在任何情况下,各部分的总和都是不够的。此外,这种集体声誉应该不同于其他地方的研究重点,至少在被评估的大学之间是不同的:

这一评估将有助于实现研究多样性的可能优势,因为它建议建立一个更加确定、独特和显著的声誉,并在不同机构相应地设定研究重点或优先点(WKN, 2000b:8)。

至少,在一个研究所或学院内部必须有一个共同的研究议程,以便各个研究人员的主题以一种有意义的方式相互关联:

在本报告所述期间,这些得到广泛承认的研究活动主要源于学者的个人兴趣,但并不相互关联,它们只是在少数情况下以研究项目的形式组织的。发展整体研究形象没有被认为是该学科的一项重要任务(WKN, 2004c:36)。

但更好的是研究合作:

建立新的跨学科研究领域的关键取决于化学研究所之间的内部合作,传统上,这些研究所的工作相当独立,彼此孤立。这也取决于与大学其他学科合作的增加(WKN, 2000a:8)。

因此,研究活动的"松散耦合",有时相当于完全分离,这种"松散耦合"过去是、现在仍然是许多学院和院系大学研究的一个主要特征,这种"松散耦合"应该转化为一个更紧密耦合的网络:[1]

---

[1] 关于荷兰研究政策中的类似趋势,例如建立"研究型学校",请参见范德默伦所著本书第九章;另参见兰格所著本书第七章了解传统德国大学的现状。

如果评估人员建议研究所更仔细地审视其概况和研究优先事项的设定（这可能需要其单位和个人成员之间更多的交流与合作，他们往往在彼此非常孤立的情况下工作），这并不矛盾（WKN 2000，b：12）。

或者：

这一点也是一个研究所通过内部和外部合作成功建立特定形象的程度，一个从外部可以识别的形象。（WKN，2005：9）

评估者意识到这样一个事实，即他们坚持集体建立档案在德国大学引起了新的共鸣，虽然这一要求还没能自圆其说。报告中的几个地方给出了要求从传统的"小即是美"转变为"大即是美"的两个理由。首先，评估者看到了一种不可抗拒的内在科学动力，主要是在所有学科中（不仅仅是在粒子物理或生命科学的部分领域）出现了更大规模的研究问题和活动的趋势：

鉴于当今研究领域和科学领域的多样性，有必要与自己大学、其他国家机构和国际机构的同事在网络中研究复杂的研究问题。因此，合作应该是研究单位的中心目标之一（WKN，2002：11）。

其次，评估者认为，所有学科都有着不可以抵挡的研究"更大问题"的超科学动力，这不仅涉及诸如气候变化等跨学科问题领域，还涉及许多学科主题：

现代社会很多迫切要解决的问题都非常复杂，只能通过不同学科的协作来解决。这就是为什么项目导向的、有组织的研究，以及所有社会科学之间的跨学科和合作变得更加重要。（WKN，2004b：13）。

或者：

许多疾病引起的复杂问题需要各部门和研究机构之间的密切研究合作，这为解决问题的过程贡献了不同的方法专长。

当这些合作发生在由共同资助的重叠的制度化研究网络中时，它们是最成功的(WKN, 2004a:19)。

这两种动力相辅相成。回答"更大的问题"需要更大规模的研究方法，而后者会刺激前者。

我们不能在这里讨论这种科学社会动力学的评估到底多有效。就我们的目的而言，学术咨询委员会的绝大多数评价者都同意这一点；我们没有理由认为学术咨询委员会是因为评估者坚持这一观点而选择它们。相反，我们怀疑所有学科的精英都认为这种观点给出了当代科学中发生的事情的正确描述。即使这种观点只是一个自证预言，它也会切实地发挥作用。

从新制度主义的角度来看，这两个相互关联的原因是理性虚构的好例子(Schimank, 2005b:372-393)。假定两个动力因素是理所当然的，那么只有坚持关键质量和声誉建设才是合理的。但是这类断言在真理和偏见之间摇摆不定。如果一个人谈到"神话"，后一个方面就被强调了(Meyer and Rowan, 1977)。事实上，理性虚构总是假装是已被证明的普遍真理，尽管它们至多对相关现象的有限子类有不确定的科学支持。对所有学科和所有研究领域来说，内部和外部的科学动力学都提出了"更大的问题"，这是真的吗？当然可以举出一些例子，但这些例子是例外还是规律？这种趋势也许只是一个暂时的阶段，很快就会消失吗？没有人确切知道——但许多人假设知道真相，并在这种信念中相互加强，此外，他们还相信各自的理性虚构来自于经验证实的理论。[①] 一些理性虚构甚至完全缺乏任何科学证据。然而，科学真理的地位经常被宣称为理性虚构，因为在现代社会中，这是对抗任何怀疑主义和在失败时免受批评的最佳保障。作为被认为是科学真理的东西，理性虚构被有效地具体化了。它被

---

① 这在最近的许多管理新潮中非常明显(Kieser, 1997)。另，新公共管理属于这些新潮的一种。

认为是建立在"事物本来的样子"上的。因此，实际上，它变成了主体间共同的思维和行为常规。[①] 基于每个人都认为正确的东西做出的决定也不一定能达到目的，但这种失败可以归因于不幸的外部环境，而不是被认为是一个错误的决定。因此，理性虚构是"避免谴责"的好方法（Weaver，1986），这也是所有决策者所关心的。

评价者提出的许多建议被理解为声誉建设的措施。这对于有目标奉献任务的其他教授职位或现有教授职位的奉献任务变化来说是显而易见的，对于其他的科学人员、资金或基础设施来说也是如此。当然，对合作的频繁强调也是朝着同一个方向发展的。评估者希望启动一个相互因果关系：合作导致声誉建设，从而导致更多的合作等。

问题仍然是：为什么历史、社会学甚至哲学领域的评价者会像化学或医学领域的评价者一样强调好大学研究理念的第三个支柱，尽管后者的实际研究实践比前者更符合这一理念？这一惊人事实的解释可能在于评估者的选择。他们所有人的共同点是他们的科学声誉很高。在异质学科的精英中，好研究的理念的同质性似乎相当高。反过来，这个事实可以追溯到五种互补的解释：

第一，在精英网络中出现了许多"模仿"和"规范同构"（DiMaggio and Powell，1983）。学科之间的相互观察导致对成功的学科的模仿，而忽略了成功的秘诀是否可以从一个学科转移到另一个学科的问题；成功只意味着更高的科学声望等级。化学之类的自然科学在集体塑造形象方面进展顺利，但这并不意味着历史也是如此——尽管如此，这个结论还是经常出现。如果专家意见强调了交互式观察——这实际上可以追溯到交互式观察——理性虚构的同质性就会

---

① 根据定义，从"程序合理性"的角度来说，常规从来都不是理性的（Simon，1982），因为它越过了对问题和替代方案辛苦又耗时的思考，直接"跳"到结论。因此，即使是在仔细考虑会导致建立"关键质量"一般评估程序的正确建议情况下，这些评估程序也几乎从不依赖于理性虚构。

稳定下来。

第二,即使学科精英成员个人有不同的意见,他们也可能认为"随大流"是明智的。因此,好的研究表达的想法可能只是"空谈",也许是为了缓冲对干预的真正的"行动"(Brunsson, 1989),但这对其长期后果没有影响。被评估单位对这些建议的适应行为是被强制和监督的,这导致研究动力的同质化;也许十年后,历史研究会与今天的化学研究模式相似。①

第三,在学科内部有着高度评价声誉的学者通常被要求担任政策顾问工作,他们对评估的建议有很好的直觉,这些建议可能有机会在政治上得到支持并在未来实现。形象塑造是好研究的一种理念,在财政预算减少、政治决策"不受欢迎"的科学政策背景下,这种理念很容易被"推销"。

第四,在评价程序中可能存在有利于集体形象的规范性偏见。教授个体只是知识评价体系的第二层次;第一层次是集体:学院或院系。此外,只有关于集体层面的评估单位的发现会被公布。这个规定是否向评估者暗示,人为构建的单位必须能够反映"真实"整体的某些特征?②

第五,评估程序意味着对评估者施加一定的压力,要求他们提出建议——也许,除了总体优秀的学院或研究所,可能提出的建议有限。因此,在某种程度上,关于质量和形象塑造的建议是存在统计概率的。更甚者,由于一些相对无害的建议似乎看起来更容易实现,这种建议提出的概率会更高。

此外,评估者可能会期望通过声誉构建来加强研究所或学院内

---

① 然而,两个学科对于关键质量和形象塑造的理解和具体措施很可能仍存在差异。

② 在德国大学体系中,将研究所或学院视为研究合作社的虚构的方法非常明显,因为德国与美国的大学系统大不相同,他们在同一位置通常没有相同或相似名称的职位(Ben-David, 1971)。这种专注于某些子领域,赋集体形象予学院或院系的方式在德国大学中很少见。

同事之间的相互监督和制裁——这相当于将质量保证部分委托给那些质量受到威胁的组织自身。这无疑是学术咨询委员会想要发起的组织建设努力的重要组成部分。同样，大学被视为具有集体行动能力的组织：

> 评估人员已经认识到在经济学中建立特定研究形象，能够明显提高学科达到最高位置的机会（WKN，2001:34-评估员报告-经济学）。

出于这些原因，学科精英可能扮演了跨学科研究政策的先锋者，他们开始动员其学科追随者转向那些大家公认的好研究的方向。这种影响会被以下的事实所强化，即政府部门更倾向于与少量有"关键质量"的集体打交道，而不是与很多个体教授组成的"跳蚤马戏团"互动。

学术咨询委员会关于"好"研究的第三支柱的重要之处在于，它符合本章第二节所分析的程序逻辑。该观点和程序都指向同个导向：大学是一个具有集体行动能力的组织。与此同时，该观点和程序都弱化了教授个体作为行动者的地位。该程序逻辑认为教授是知识组织整体的一个成员，这个组织是由其领导层所代表的，并且对它自身的绩效负责任；而建立集体形象的观点又将这个思路从对组织研究工作的最初的监督和认可延伸到研究工作本身。研究主题、研究时间进度，甚至研究理论和方法，以及如何发表都不再是个体的选择，而是深嵌在集体决策中。

四、 效果

下萨克森州的第一轮评估活动即将结束。所有被评估的学科将被要求在三到四年后提交一份中期报告，用来描述学科从评估中吸取的经验教训。很多学科已经实施了评估中提出的大部分具体建

议,这些建议也显示了预期效果。大学领导层已经接受这些建议,甚至不顾受影响的院系和学院的想法去尝试落实这些建议:

> 这些建议对大学领导来说是精确的、信息丰富的,但与被评估科学家的自我认知却完全不一致(大学校长来信,未发布)。

因此,从领导层的角度来看,大多数建议看起来都是合理的。从大学管理人员自 2002 年以来与教育部谈判的绩效合同以及随后与院系签订的内部绩效合同中包含此类建议这一事实也可以看出这一点:"(评估结果)作为内部绩效合同中战略目标的论证依据非常有用。"(大学校长来信;未发布)。

这样,建议就成为大学和政治两方之间具有约束力的承诺。教育部要求大学执行这些建议,这意味着大学领导层要求学院和研究所执行这些建议;如果要认真努力实现这些建议,大学可以向教育部申请商定的基本资助:

> 大学领导认为评估员的报告特别重要,因为偏离这些建议的决策现在需要一个特殊的理由。(大学校长来信,未发布)。

在多数情况下,评估者和学术咨询委员会甚至更多地参与到"改革管理"中:

> 评估小组参与到后续的建议工作中,是评估程序能够被高度认可的重点。这个方式通常都会伴随着相当大的结构变革,而这样的过程相比员工和大学领导层之间的谈判,会更容易被员工接受(大学校长来信,未发布)。

最近,学术咨询委员会成立了两个特设委员会(人文学科;工程学和自然科学)与以前的评估者和大学合作。这些委员会必然会通过概念性的努力来支持评估工作从"诊断"转向"治疗"。

然而,必须提到至少有两个因素严重阻碍了这方面的快速和可持续发展。相当多的预期效果不佳首先是由资金限制导致的。预算削减①不仅使大学无法遵循一些建议，更夸张的是，导致大学方面对教育部的意图非常缺乏信任。这些基础资助的削减幅度太大，因此很难通过增加外部资金来弥补；后者变得更加困难，甚至在某些情况下是不可能的，因为它需要足够的基本资助。例如，由德国研究基金会推动的建立合作研究区（Sonder for schungsbereich）的前提是已经有了一定的基础设施和科学人员。在一些情况下，评估者也许应该建议关闭一所大学的一个学科，将这些资源转移到另一所大学，而不是把资金分配在两个既不能生存也不能死亡的地方。但是，不能指望评价者公开反对自己学科所在位置，毕竟，评价者受其学科忠诚的约束，他们甚至不会这样对待那些表现不佳的同事。

其次，这些预算削减伴随着教学负担的不断增加，也阻碍甚至导致许多建议不可能实现。除了不断增长的学生数量之外，欧盟实施的博洛尼亚进程（设计新的学习计划、认证和教学质量保证）消耗了德国大学大量的时间和精力，与研究形成零和关系。

考虑到这些困难，我们要注意的不是这些建议在大学内部产生的具体效果，而是一个经常报道的通用效果。评估活动的准备过程和评估建议的实施过程都加强了院系之间的交流，以及被评估单位与大学领导层之间的沟通，尤其是在制定未来的共同目标和战略方面（Orr，2003：33，64）。这始于这样一个事实：教授们第一次集体面对评估，并一起讨论他们各自的研究如何相互关联（Schiene，2004：86）。这些具体的建议以及对集体声誉建设的坚持，促使了对这些高度脱节的研究活动更明确的阐述、论证、规划和协调：

> 因此，在评价活动开展之后，教工之间的合作实践大大增加了，例如通过共同组织研究座谈会等形式……在新成立的会

---

① 在给大学的整体拨款中，下萨克森州 2004 年削减了大约 4 000 万欧元，2005 年又削减了 1 000 万欧元。学术咨询委员会作为政府和大学之间的调解者，补助的削减对其功能的发挥产生了明显的不利影响。

议中,即使它们主要关注的是学术自治或教学问题,也会引起
更多关于研究问题的交流(某大学未发表的中间报告)。

　　这种外部强制的交流至少表现在三个方面。需要指出的是,这
些建议并不是针对每一个教授职位而言的,而是针对各个大学的整
个学科,通常由所有被评估学院或研究所的以下人员进行讨论。第
一,每个接受评估的研究单位,以及每一所大学都可以根据应用的指
标与其他单位进行比较。第二,大量建议只能通过集体来实现;为
此,必须构思和实施合适的组织结构。第三,一些建议直接指向大学
这个组织。总之,个人通过彼此间的互动走向组织的集体建设。

　　这种动态的一个决定性方面是:许多教授不得不学习转变视角。
传统上,他们的大学,甚至他们的教员或学院,都只是资源,被用来满
足自身职业的需要。除了教授职位之外,大学内部的一切都是潜在
的战利品,其中一些具有公共财产的地位,在那里每个人都可以自由
地拿走任何数量的他想拿的东西。在某些有利的情况下,他们还可
能拿走一些他人的财产。现在,教授必须把他自己和他的教授职位
想象成一个更大整体的一部分,这个整体不仅仅是一个共同的猎场,
而且应该有一个公司行为者的品质,而且,对其个人成员有一定的要
求。在未来,研究活动必须符合一个研究所或学院的形象需求,并有
助于集体的利益,即各自组织单位的研究业绩。

　　在这种方式下,具体建议的执行和组织建设的总体动态是齐头
并进的,后者往往是前者潜在的伴随效应。然而,教授们仍然普遍抵
制大学改革的实施,尤其是抵制学术咨询委员会在集体的研究形象
塑造和组织建设方面提出的建议。[①] 大量教授积极地捍卫自己习惯

---

① 这种抵制有时会以财务方面的理由作为掩饰。例如,一所大学的化学学院以资金短缺和安全
　感缺乏为由,为其对评估建议的不作为辩解。但是“……评估者不同意这种观点……”,并将这
　种不作为的态度追溯到这个事实:“……在 X 中,人们关心的主要是捍卫自己的‘狩猎场’”。
　(化学——某大学未发表的中期报告)

性的高度的个人自主权，尤其是因为这意味着可以自由地继续做一个糟糕的研究员或根本不做研究。在德国大学仍然存在的传统治理体制中，个别教授在捍卫自己的领域方面的实力相当强大。

因此，要想真正有所作为，学术咨询委员会的评估工作不能只是孤立的活动，而必须融入大学治理的整体重塑，赋予院长和大学校长适当的层级权力和竞争力。尽管下萨克森州目前在这方面比大多数其他德国州走得更远，但传统上对教授个体的自主权的极端尊重仍然很强，这种尊重导致了德国大学一种停滞不前或"无所事事的大学"的文化现象。①

在这个艰难的过渡阶段，教育部如何抵制住诱惑是具有重要战略意义的，这种诱惑源于它对大学变革意愿的不信任，即过于强烈地干预大学的决策，如此一来就削弱了大学领导的权力。② 从教育部的这种必要的自我约束以及上述遇到的障碍，很明显可以看出只有当评估和实施的建议确实促使几年后研究绩效有所提高，这种新的大学治理工具才是合法的；但是，这种对成功的依赖反过来要求有一个有利于实施建议的友好环境，而这种环境在大多数地方并不存在，而是必须通过政治行动来建立，这些政治行动包括财政、教学量和治理等方面的措施。

如果渐渐地，一切真的朝着学术咨询委员会关于下萨克森州所谓的好的大学研究的方向发展，这意味着（重申我们的主要论点）不相关的个人研究逐渐转变为机构或院系等组织单位的集体研究。这并不像通常表面上宣称的那样，各种学术专业被大学作为一个整体组织框架所取代。③ 一个不争的事实是，正如我们刚才提到的，与

---

① 采纳了前英国教育部长大卫·布伦基特（David Blunkett）的说法（Orr, 2003：68）。
② 关于大学的自治，德国联邦大学系统表现出相当大的差异。显然，各州为大学自治的让步程度成为该大学组织发展能力的关键性决定因素。
③ 有关以下内容的更广泛讨论，请参见（Schimank, 2005a）。

良好的大学研究理念相联系的新的治理制度强调强有力的组织领导，而不强调学术职业的学院自治，这种自治由教授之间的隐性互不侵犯的模式主导，从而最大限度地确保了教授个人的自主权（Schimank，1995：222 - 258）。

然而，教授继续在大学系统的治理中发挥重要作用。个体教授捍卫自己地位和自主权的影响力和权力将会减弱，大学内部学院机构中教授正式的集体权力也会减弱。但通过校际同行评审机制，教授中的学科精英将对资源配置的政策和决策产生明显的集体影响；如果政策制定者得出结论，认为在整体拨款的准市场上施加竞争压力最好是基于同行评审的绩效信息，这种影响甚至会增加。学术咨询委员会的存在和运作就是这一发展趋势的典型例子。因此，更准确地说，学术职业变得更有组织、更有层次，从而获得集体行动能力，如有必要，这甚至会对其个体成员不利。由此而产生的一个可能的结果是，在大学院系和研究所的关键研究人员群体的基础上建立集体的研究形象。

最后，我们想提醒注意利弊的另一面。考虑到德国大学总体的组织发展变化将在下萨克森州发生，而这种发展变化是由学术咨询委员会发起和伴随的，并且为了论证，我们必须承认许多学术咨询委员会所希望的对研究绩效产生的积极影响确实实现了。然而，人们也不应忽视其可能的负面作用，总体上，削弱了大学研究作为最重要的改革性研究储备库的角色（Nowotny，1990）。

集体研究形象的前提是减少个体教授选择研究主题的自主权，这并不总是能延伸到其他方面，但至少有时也会影响到研究方法（方法、理论）的决策。这对于"常规科学"（Kuhn，1962）及其现有知识库的系统性渐进变化来说可能是一件好事。[1] 如果不同学科分支领域

---

① 尽管库恩(Kuhn)对"常规"科学和"革命"科学的区分过于简单，我们在此仍可用其达到目的。

的研究人员愿意投入到一个大家都同意的研究范式的集体,这种"小步骤方法"(small steps approach)(Sunstein and Ullman-Margalit,1999)可以以更加协调和有效的方式执行;而学院和研究所内的小群体则是这个集体中达到这个目的的适恰组织形式。然而,如果这个集体包含了每个教授,那么那些全新的研究主题和方法则会受到极大影响,完全主流的主题和方法将把非正统的方法排挤出去。但是,范式层面的改革通常都来源于非正统方法,而不是主流方法,主流方法如果被限制,最终也会自我损耗。关于这点,最关键的问题是,大学几乎是整个研究系统中唯一一个能让非正统方法制度化的安全空间。个体教授的自治恰好体现了这种制度化。[1]

回到本章开头,我们现在很清楚,大学校长对于学术咨询委员会的评估工作的陈述是能更好理解的。但是,我们的第二个主角,工程学教授,有一个强有力的观点:[2]他坚持认为一个教授有能力追求他自己的研究想法,无论这些想法在评估者或者其他人看来是有多么特殊和古怪,都不应该轻易放弃。研究者必须在集体研究形象塑造和个人自主性之间找到微妙的平衡;而这种平衡只有学术职业才能找到。另外,诸如学术咨询委员会这样的机构也应被塑造为能够确定和实现这种平衡的机构。

参考文献

Becher, Tony and Paul R. Trowler (2001), Academic Tribes and Territories. Intellectual Enquiry and The Culture of Disciplines, Buckingham: Open University Press, Second edition.

---

[1] 然而,这一论点不应过分强调。只有个体,而不是集体才具有根本的创造力,这在一定程度上是一种虚构。尽管如此,如果所有的个体都被严格融入集体研究工作中,创作单位的数量会大大减少。

[2] 他所表达的主要信息也可能有一定道理:在评估行业中存在相当多必须予以纠正的繁文缛节。

Ben-David, Joseph (1971), The Scientist's Role in Society. A Comparative Study, Englewood Cliffs, N. J. : Prentice-Hall.

Brinckmann, Hans (1998), Die neue Freiheit der Universität. Operative Autonomie für Lehre und Forschung an Hochschulen, Berlin: Sigma.

Brunsson, Nils (1989), The Organization of Hypocrisy-Talk, Decisions, and Actions in Organizations, Chichester et al: Wiley.

Bundesverfassungsgericht (2004), 1 BvR 911/00 vom 26. 10. 2004, Absatz-Nr. 1 – 191, http://www. bverfg. de/entscheidungen/rs20041026 _ 1bvr091100. html (accessed 19 October 2005).

Campbell, David (2005), Evaluation of University Research in Europe-Conceptual Framework and Comparative Typology, University of Klagenfurt, IFF: unpublished manuscript.

Chandler, Alfred (1977) The Visible Hand. The Managerial Revolution in American Business, Cambridge, MA: Belknap Press.

De Boer, Harry, Jürgen Enders and Uwe Schimank (2006), 'On the Way Towards New Public Management? The Governance of University Systems in England, the Netherlands, Austria, and Germany', in Dorothea Jansen (ed.), New Forms of Governance in Research Organizations. From Disciplinary Theories Towards Interfaces and Integration, Dordrecht: Springer, pp. 137 – 152.

DiMaggio, Paul J. and Walter W. Powell (1983), 'The Iron Cage Revisited', American Sociological Review, 48, 147 – 160.

Gläser, Jochen (2006), Wissenschaftliche Produktionsgemeinschaften. Die soziale Ordnung der Forschung, Frankfurt am Main: Campus.

Kehm, Barbara and Ute Lanzendorf (2006), 'Changes in the Governance of Public Research in Germany', in Barbara Kehm and Ute Kanzendorf (eds.), Reforming University Governance. Changing Conditions for Research in Four European Countries, Bonn: Lemmens, pp. 135 – 186.

Kieser, Alfred (1997), 'Myth and Rhetoric in Management Fashion', Organization, 4, 49 – 74.

Krücken, Georg and Frank Meier (2006), 'Turning the University into an Organizational Actor', in Gili Drori, John Meyer and Hokyu Hwang (eds.), Globalization and Organization: World Society and Organizational Change, Oxford: Oxford University Press, pp. 241 – 257.

Kuhlmann, Stefan and Thomas Heinze (2004a), 'Evaluation vonForschungsleistungen in Deutschland: Erzeuger und Bedarf. Teil I:

Konzeptionelle Grundlagen', Wissenschaftsrecht, 37,53 - 69.

Kuhlmann, Stefan and Thomas Heinze (2004b), ' Evaluation vonForschungsleistungen in Deutschland: Erzeuger und Bedarf. Teil II: Produktion und Verwendung evaluativer Information sowie Möglichkeiten ihrer künftigen Organisation', Wissenschaftsrecht, 37,125 - 149.

Kuhn, Thomas S. (1962), The Structure of Scientific Revolutions, Chicago: The University of Chicago Press.

Merton, Robert K. (1968), 'The Matthew Effect in Science', Science, 159,56 - 63.

Meyer, John W. and Brian Rowan (1977), 'Institutionalized Organizations: Formal Structures as Myth and Ceremony ', American Journal of Sociology, 83,340 - 363.

Nowotny, Helga (1990), 'Individual Autonomy and Autonomy of Science: The Place of the Individual in the Research System', in Susan E. Cozzens, Peter Healey, Arie Rip and John Ziman (eds.), The Research System in Transition, Dordrecht: Kluwer, pp. 331 - 343.

Orr, Dominic (2003), ' Verfahren der Forschungsbewertung im Kontext neuer Steuerungsverfahren im Hochschulwesen: Analyse von vier Verfahren aus Niedersachsen, Großbritannien, den Niederlanden und Irland', HIS Kurzinformation, A1,16 - 74.

Schiene, Christof (2004), 'Forschungsevaluation als Element der Qualitätssicherung an Hochschulen', Zeitschrift für Evaluation, 1,81 - 94.

Schimank, Uwe (1994), 'How German Professors Handled Increasing Scarcity of Resources for Their Research: A Three-Level Actor Constellation', in Uwe Schimank and Andreas Stucke (eds.), Coping with Trouble: How Science Reacts to Political Disturbances of Research Conditions, New York: St. Martin's Press. pp. 35 - 59.

Schimank, Uwe (1995), Hochschulforschung im Schatten der Lehre, Frankfurt am Main: Campus.

Schimank, Uwe (2005a), ''New Public Management' and the Academic Profession-Reflections on the German Situation', Minerva, 43,361 - 376.

Schimank, Uwe (2005b), Die Entscheidungsgesellschaft. Komplexität und Rationalität der Moderne, Wiesbaden: VS.

Simon, Herbert (1982 [1976]), ' From Substantive to Procedural Rationality', in Herbert Simon (ed.), Models of Bounded Rationality, vol. 2, Cambridge MA: MIT Press, pp. 424 - 443.

Sunstein, Cass R. and Edna Ullmann-Margalit（1999）, 'Second-Order Decisions', Ethics, 110,5-31.

Weaver, R. Kent (1986), 'The Politics of Blame Avoidance', Journal of Public Policy, 6,371-398.

WKN〔Wissenschaftliche Kommission Niedersachsen〕（1999）, Research Evaluation at Universities and Research Institutions in Lower Saxony. Procedure Outline, Hannover: WKN.

WKN〔Wissenschaftliche Kommission Niedersachsen〕（2000a）, Forschungsevaluation an niedersächsischen Hochschulen. 'Chemie', Bericht der Gutachter, Hannover: WKN.

WKN〔Wissenschaftliche Kommission Niedersachsen〕（2000b）, Forschungsevaluation an niedersächsischen Hochschulen. 'Geschichte', Bericht der Gutachter, Hannover: WKN.

WKN〔Wissenschaftliche Kommission Niedersachsen〕（2001）, Forschungsevaluation an niedersächsischen Hochschulen. 'Wirtschaftswissenschaften', Bericht und Empfehlungen, Hannover: WKN.

WKN〔Wissenschaftliche Kommission Niedersachsen〕（2002）, Forschungsevaluation an niedersächsischen Hochschulen. 'Rechtswissenschaften', Bericht und Empfehlungen, Hannover: WKN.

WKN〔Wissenschaftliche Kommission Niedersachsen〕（2004a）, Forschungsevaluation an niedersächsischen Hochschulen. 'Medizin', Ergebnisse und Empfehlungen, Hannover: WKN.

WKN〔Wissenschaftliche Kommission Niedersachsen〕（2004b）, Forschungsevaluation an niedersächsischen Hochschulen. 'Politikwissenschaft und Soziologie', Ergebnisse und Empfehlungen, Hannover: WKN.

WKN〔Wissenschaftliche Kommission Niedersachsen〕（2004c）, Forschungsevaluation an niedersächsischen Hochschulen. 'Germanistik mit Niederdeutsch, Niederlandistik und Skandinavistik; Kulturan-thropologie/ Europäische Ethnologie; Medienwissenschaften', Ergebnisse und Empfehlungen, Hannover: WKN.

WKN〔Wissenschaftliche Kommission Niedersachsen〕（2005）, Forschungsevaluation an niedersächsischen Hochschulen. 'Philosophie', Ergebnisse und Empfehlungen, Hannover: WKN.

WKN〔Wissenschaftliche Kommission Niedersachsen〕（2006）Forschungsevaluation an niedersächsischen Hochschulen und Forschungseinrichtungen. Bewertung des Evaluationsverfahrens, Hannover: WKN.

第九章
干预治理和新兴控制中心
——荷兰的大学研究评估

巴伦德·范德默伦
Barend van der Meulen

一、引言

在分析 20 世纪 80 年代出现的学术研究新评价实践时,人们自然而然会将其和战后大学与政府之间关系的变化联系起来。第二次世界大战后,学者们习惯了一种自治制度,即政府愿意为学术研究提供资金,既不控制其学术表现,也不控制它的投资回报。对学术研究的质量控制留给了学术部门,更准确地说,质量控制被视为隐含在科学动态中的因素,而不必单独组织。

对于荷兰而言,这种政策方法在 20 世纪 80 年代开始被逐渐淘汰并由新的评价做法取代。在科学政策方面,荷兰成立了学科导向的专门向政府提出建议的科学政策委员会。委员会以此作为他们的工作内容之一,开始对大学科研进行评估。1982 年起,对其科研项目的积极评价成为对大学研究的资助条件,此举旨在组织起这些科研项目中 80％受机构资助的项目。此后,评估经历了几个发展阶段,从政府组织的结构松散的活动,到完善的标准化的实践,再到如今研究单位可以自行组织评估。

通常情况下,我们从新模式的建立来看待国家对大学研究评估的发展。通过新的模式,政府对大学和大学研究进行控制(OECD,1997;Geuna and Martin,2003)。我们甚至在更多的人类学研究中发现了这种方法,其中对大学研究的评估被视为西方社会中审计文化兴起的又一个例子(Shore and Wright,2000)。这种分析迹象表明,政府可以界定和控制评估框架,而忽视大学管理层、研究者和评价者的作用。此外,从政策层面对评估的关注导致对科学本身评价实践的忽视。尽管评估可以从"外部"实施,但很可能随着它们被保留并发展成一种实践,进而成为科学世界的一部分,并成为誉享学科的组织(Whitley,1984)。

荷兰大学研究评估的发展可以用来研究评估如何同时成为政府工具和科学界的一部分。人们可以区分两种不同但相关的治理方案。首先,政府、大学、部门、研究小组和研究人员之间存在着机构关系。这些关系由国家界定,并通过资助安排、工作合同以及研究政策责任在不同层面上的分配得到制度上的完善。其次,对研究的评价嵌于学科背景中,这些学科背景从认知和专业两方面构建了研究项目和研究人员策略的风向。学科背景是一种隐性的治理方案,在这种方案中,研究质量的概念得到界定,研究策略也得到社会认知层面的协调。

每种治理方案都有自己的评估实践,并对不同的研究质量概念做出定义。荷兰新出现的大学研究评估实践确保了这两种因素的相互作用,或者说,某种意义上的"干预"。评估产生绩效指标、评分表、排名顺序,以及对研究质量等无形事物的洞察。治理互动包括了学科机构,以建立合法的、基于同行的评估程序,并在研究质量的学科概念等基础上和新的治理工具之间建立联系。这些评估旨在塑造政府和大学之间的问责关系,但也对声誉秩序造成影响,由此改变了学科间的互动。

"干预"这一概念应从字面上进行理解。波浪的干扰产生了一种新的波浪模式,这是因为两种波浪的波峰在某些点上相互加强,而在其他点上,波峰则被波谷破坏。同样,治理方案的干扰可能会强化某些行为者的地位，强制执行新的互动规则，形成研究质量的强有力概念，从而导致"控制中心"或"权力节点"的出现（Clegg，1989）。两种治理方案之间的干扰也可能削弱立场，破坏现有的协调和控制机制。

　　尽管有所不同，波的干扰通常会产生稳定的模式。一方面，在治理方案受到干扰的情况下，行为者可能会对新的模式做出反应。例如，特定立场和相互作用的削弱可能使他们试图通过引入评估过程来恢复其立场。另一方面，当新的评价实践产生新的控制中心时，新中心也可以服务于其他职能，行为者可以与这些中心建立联系从而改善自己的地位。因此，即使评价实践已经在程序、研究质量定义和方法方面变得稳定，其在治理方案中的意义也会发生变化。

　　以下三节分析了荷兰的大学研究评估实践演变的不同阶段，并展示了这种评估实践是如何嵌入以及是如何改变治理方案的。起初，在评估大学研究的探索中，对于谁应该进行评估，如何进行评估，以及评估结果的功能是什么等问题，行为者们并没有明确的思路，只是在准备评估、进行评估和讨论报告的过程中，他们才产生出这些想法，因此也可以说，评估体系由此才得以构建。在第二阶段中，方法依然存在不确定性，但是评估开始与大学研究经费和大学研究组织挂钩。并且随着研究项目的发展，大学研究管理出现了一个新的控制中心。第三个阶段则是荷兰大学协会在 20 世纪 90 年代实施的评估实践。

二、阶段一：评价的建构

　　1969 年，科学政策咨询委员会建议成立"特设专家委员会"，以评估那些在有限研究领域受政府资助的研究的性质和适宜性（RAWB，1969：32）。20 世纪 70 年代上半叶，荷兰政府成立了三个这样的委员会来评估政府政策部门在教育、社会政策和环境规划等领域的相关研究。1976 年,研究重点转向了科学,化学、生物化学、生物和物理学科委员会也在随后几年陆续成立。80 年代中期,经济科学、法律、哲学、教育研究和教育学、社会学和政策科学、神学和建筑研究委员会相继成立,这些委员会都是在 1985 年至 1990 年预算削减的背景下运作的。如果没有完善的评估实践,这些委员会中的每一个都必须明确必要的评估是什么、谁可以评估、如何评估、出于什么实际目的以及需要为谁评估(Van der Meulen 等人,1991)。

化学评估展示了部长、学科机构和委员会是如何共同建立起一个评估体系的。1976 年,在科学预算中,部长宣布他将在荷兰成立一个化学委员会。该委员会的目标是审查所有化学研究活动,包括私营部门的研究活动。1977 年,在下一个科学预算中,部长决定将生物化学与化学区分开来,并为前者设立一个单独的委员会,将工业研究纳入演习的计划随之被放弃,因为荷兰化学公司拒绝参加演习。委员会起初没有成立,部长将挑选委员会成员的任务委托给化学学院委员会,该代表团也借此机会讨论了委员会的任务。最终,该委员会于 1978 年 4 月成立。经过该部门与学科机构之间的谈判,一项重大战略任务确定下来,即从国际角度描述和评估荷兰化学分学科的发展、质量、有效性、一致性和相关性,并就荷兰的化学政策提出建议。

两年后,该报告发表。[①] 这是一个委员会评价方法逐步发展的结果。一年多来,委员会成员在会议上讨论了这项工作的目的和目标以及科学政策的一般原则。与此同时,该委员会还开始采访该学科的关键人物,并收集受公共资助的研究活动的有关数据。报告详细描述了公共资助的研究,列出了每个研究小组、研究领域和研究主题的研究成果。此外,出版物和专利的数量按子领域统计。不过,政策建议反映的是会议上的讨论,而不是数据的收集结果。

———————————

① 彼时,生物化学委员会仍未开始工作,要到 1982 年 10 月才发表其报告。

　　关于研究的质量（"荷兰的化学质量"），委员会只是泛泛而谈，内容涉及对来自院系和研究机构、学科机构、行业和国外主要科学家的50多次采访。该委员会没有对研究团体、个人或当地研究项目进行质量排名。在附录中，委员会报告了一项"定量文献研究"，其中收集了荷兰化学出版物的数量数据，数据按子字段组织和比较。有趣的是，一些英文期刊被认为是英国、美国和加拿大的"国家期刊"，因此委员会质疑是否应该将它们纳入考虑范围。同样，委员会试图对那些主要以荷兰语出版的领域进行平衡。

　　该报告被呈送给了一系列科学政策机构，包括国家机构和学科机构，它们都向相关部门提交了回复。大多数机构支持提高研究人员流动性和加强与工业界互动的建议，但他们也提出，荷兰化学评估与这些建议之间关系不大。1981年12月，在该报告发表近两年后，该部门得出结论，认为该报告没有为以化学为导向的研究政策提供太多基础信息。尤其感到遗憾的是，该报告没有为化学确定优先次序和先后顺序[①]。

　　虽然政府没有采纳化学报告的结果和建议，但学科机构详细阐述了委员会的工作。此后几年，荷兰皇家化学学会和隶属于荷兰艺术与科学学院以及当时的研究委员会和科学院[②]的化学机构编写的报告越来越多，报告讨论并协调了荷兰的化学研究。通过这些报告，化学界部门的行为出乎意料：制定战略来改善研究条件，并在各院系之间分配研究重点，化学评价从科学政策治理安排转移到国家子领域。

---

① 先后顺序是消极的优先顺序：一个典型的20世纪80年代荷兰科学政策术语，与当时的预算限制和逻辑有关，即"如果政府希望我们（大学、研究人员）将我们的（原文如此）资金放在优先顺序上，就必须说明资金的出处。"

② 在荷兰大学协会成立之前，各大学用来开会的全国性委员会是学术委员会（Academische Raad）。它有一个由（子）学科和专题小组委员会组成的精细结构。

当时的评估是一个过程,延伸到同行委员会访问和结果公布之前和之后。它始于第一次提及大学研究评估(由政府报告、学科机构或审计机构的规划方案进行)之时,并在评估结果纳入两项治理方案时继续发展。评估成为关于资金、部门合并、研究项目等互动的一部分。"大学研究"作为治理的一个对象,从被资助发展到需要被评估,再到在报告中呈现出一定的属性和问题。在这两者之间,需要进行各种解释,以构建评价对象、评价框架、评价原则、组织评价所需的专门知识以及能够进行评估的专家(Van der Meulen,1995 年)。[①] 这些解释很重要,因为它们决定了评价在多大程度上与现有的治理方案相联系,或者仍然是一个弗雷姆德尔项目。

三、 阶段二: 评价对象和控制中心的构建

1979 年,教育和科学部宣布了一项新的大学研究资助计划。大学被迫在由同行委员会事先评估的研究项目中组织研究,那些不能提供相当一部分研究预算的大学可能会失去资金。积极的评估意味着五年内对方案的预算保护(另见 Ball and Verkleij,1999)。

对于所有行为者来说,如何进行评估并不清晰。教育和科学部要求同行委员会对科学质量和社会相关性进行评估,但并未说明如何解释这些概念。委员会使用不同的指标来判断质量。一些委员会只评估了科研项目的说明。其他人则关注项目中的科学家,或者作为同行,根据他们对团队研究成果的一般了解做出判断。没有一个委员会能够系统地评估社会相关性。此外,着眼于具有严格预算条件的政策背景,大多数评价委员会的判断标准并不十分苛刻。尽管

---

① 从行动者网络理论的角度解释,即对象通过与其他对象关联来构建,并获得与所处环境相关的意义(Callon,1986)。

有几个非常严格，它们将相当多的方案评估为低质量的（Blome and Spaapen，1988）。

1985 年，各大学成功地通过谈判改变了评估程序，1987 年开始对受到有条件资助的项目进行第二轮评估。这次的重点转向问责制，科研项目从事前评估转向事后评估。教育和科学部内部仍然认为评价结果应该在大学的预算分配上有所体现，但却没有制定任何规则或程序来实施这种重新分配。虽然这一轮的评估仍然缺乏严格的评价程序，但事后评价问题较少，与第一轮评价相反，大多数评价结果被认为是有效的。在大学系统内，评估结果则变得很重要，大学管理者认识到将评估系统用于大学研究管理的机会。1992 年，到第二轮评估结束时，大学和研究人员接受了问责制的理念。但他们也认为，就评估工作而言，他们从同行那里收到的反馈相当有限，为此，大学希望在评估中拥有全部责任。1993 年，评估大学研究的责任移交给了荷兰大学协会（Association of Dutch Universities，VSNU）。

评价实践改变了各个群体的关系，重新定义了这些关系中信任、问责和控制的平衡。事前评估对资金几乎没有直接影响，教育科学部仍然不起作用。评估结果并没有真正走出大学的围墙，也没有形成学科互动。但是，在"政府-大学-研究人员"的体制关系中出现了一个新的实体：作为评估对象的研究项目。

研究项目有目的和目标，有项目负责人和研究人员，有工作计划和预算——所有这些都是组织良好的研究所需要的。在自然和生物科学领域，研究项目并不少见，尽管在这些学科中，评估网格甚至迫使大学从院系层面对项目进行明确划分，从而使他们可以在院系层面启动项目。在其他学科中，研究人员第一次加入了一个共同的五年计划，这些研究项目大多只是从一个行政实体开始的，但很快就不仅成为评估的对象，而且成为大学、教师和研究小组进行研究管理的场所。"项目负责人"成为一种责任，一种组织内部对项目绩效负责的职能。

通过新的资助制度及其相关的评价实践,研究项目成为一个新的控制中心,它既是大学研究的机构治理的一部分,也是社会认知治理的一部分。[①] 在这些研究项目中,实验室和研究人员办公桌后的研究活动、田野调查和文献综述可以用管理术语来描述。这些项目具有研究路线、研究目标和研究问题,生成实证性与理论性的发现并汇集成为科学出版物。同行委员会可以阅读这些项目并进行评判。但它们也为计数、计算和分配全职等量、机构整笔拨款、实验室空间、博士学位提供了一个框架,并将这些投入因素与科学出版物的数量和同行的认可关联起来。

这些项目的管理很容易被科学家们描述为一种自我组织的形式。他们自己开发了项目,研究人员由此可以照常继续研究活动(另见 Morris,2002)。这种描述是有局限的。研究项目作为管理手段的优势来自外部控制和新规范内部化的同时施压。后者指的是研究需要在产生可量化结果的研究项目中被组织(Shore and Wright,2000)。学科治理过程和机构治理过程之间的干扰导致了控制活动治理领域的"高峰"。具有讽刺意味的是,研究项目组织的研究活动越多,它们对评估就越有用,而研究人员则越容易与大学其他级别的研究管理者建立问责关系。

四、 阶段三:标准化、可比性和第二层次的动态

1993 年,荷兰大学协会获得了大学研究评估的认证,该协会开发了一个评估系统,向大学董事会和各部门详细通报研究项目的绩

---

① 克莱格(Clegg,1989)在拉克劳和莫菲(Laclau and Mouffe,1985)的"话语节点"和卡隆(Callon,1986)的"强制性通过点"之后使用了"权力节点"。

效和进展。教育和科学部仅从总体上了解了它们的质量，这种评估
方法很快发展成为所有大学都参与的既定做法，即所有的大学研究
都要经过四年周期的评估。在一个周期开始时，大学为整个评估周
期制定一个议定书，其中规定了学科及其评估年份、参与评估的每个
行为者的责任、评估标准、评估必须依据的最基本信息以及评估
程序。

在实际评价之前，各部门进行自我评估，根据议定书的指导方针
编写报告。自我评估报告包括研究项目说明、过去五年业绩概览、未
来计划以及五份主要出版物清单。完整的出版物列表通常作为附录
加入报告中。如果项目曾经被评估过，自我评估必须明确以前的建
议是如何被采纳的。评价由同行委员会进行，他们根据自我评估报
告进行评价，并辅之以对项目负责人的访谈。对于大多数学科，特别
是基于实验室的学科，他们都进行了实地考察。对于少数学科，特别
是那些有大量研究项目的学科，方案负责人则被叫去访问委员会，而
不是接受现场访问。

评估侧重研究项目的四个方面——质量、生产率、科学相关性、
可行性，以五分制（优秀、良好、满意、不满意、差）进行。通过比较第
一周期对化学和法律的研究评估，可以清楚地发现，该协议为这四个
方面的学科解释留出了空间（见表9.1）。在化学领域，荷兰大学协会
的学科常务委员会根据同行评审的国际出版物，将"质量"和"生产
率"解释为"产出指标"，对"相关性"和"可行性"的含义做出概述。至
于评估这些方面需要哪些数据，则由评估委员会决定。法律研究评
估委员会刚开始对这四个方面的解释并不太具体。在质量方面，委
员会查看了主要出版物，他们信任同行对质量进行评估的能力，或者
请外部同行评估出版物。为了提高生产率，委员会制定了一个公式，
根据这个公式，可以将项目分为不同的类别。其他两个方面没有系
统评价。只有当项目在这些方面做得很好时，报告才会提到这些

方面。

表 9.1 化学和法律研究评估中使用的标准

评价方面	化学	法律
科学质量	产出质量 国际知名度 博士论文数量和种类	出版物质量
科学生产力	国际出版物 专利数量 特邀讲座数量 研究课题和方法	根据公式计算
科学相关性	对化学和其他科学进步的预期影响 对技术学科的进步的预期影响 未来研究计划	对那些涉及特别相关学科的项目进行相关性和可行性评估有明显进展
长期生存能力	人力资源 研究设施	

　　尽管存在差异,但评估报告中的最终评分表为大学管理者创造了一个重要的机会:化学研究和法律研究是可相互比较的。法学院的研究项目质量得分为"5",生产率得分为"4",该得分高于化学的项目,例如,化学项目的得分为"4,3,4,3"。随着时间的推移,研究人员和研究团体在当地的声誉突然有了"独立"的基础。评估揭示了政治强势群体的表现不佳,弱势群体的表现出色。

　　评估结果的标准化使大学管理者能够在大学层面的决策过程中使用这些结果。报告在关于投资、新的教授职位和学院组织的决策(Westerheijden,1997)等战略决策中被逐步使用。研究评价的结果和所需的声誉也在其他背景下使用,并促进其他评价取得良好结果——提供了获得研究合作和学科领域关键职位的机会。此外,它们被研究人员用于获得竞争性资金。在 20 世纪 90 年代为鼓励创建英才中心和网络的新资助计划中,大学研究评估的高分对于加入联盟是必要的。某种马太效应(Merton,1968)发生了,但这一现象不是发生在个人层面，而是发生在研究团体和项目层面。

荷兰大学协会组织的评估为荷兰大学研究领域的评估关系增添了新的特征。作为控制中心的研究项目得到了荷兰大学协会作为新的控制中心的评估实践的补充，评估就是从该中心组织的。在这里，自我评估、同行、判断、文献计量指标汇集在一起，创建了所有学科的绩效表。这两个中心是相互依存的：评价实践需要研究项目，以便有一个可以按照协议作为实体来呈现的评价对象。研究项目的力度取决于评价，只要它产生可用于管理内部和外部研究的可靠结果。

两者之间的联系对于理解评估实践如何影响大学内部以及大学与政府之间的机构关系至关重要。在大学和政府之间，20世纪80年代以前的情景似乎又回来了：政府资助研究，但没有机会行使控制权。但不同的是，在20世纪80年代之前，质量控制隐含在科学动态中，但现在它是被明确组织的。评估实践缓冲了政府对大学研究活动的影响，同时加强了大学管理层在大学和院系层面的地位。这种大学管理模式成为研究项目和大学协会之间的纽带。

评价实践的标准化为评价实践创造了新的机会和进一步的动力。这意味着评估本身变得可转移，大学也不一定需要他们的协会来管理这个过程。1998年，研究人员成功地向当时的新科技部长断言，研究评估已经失控，需要减少评估。20世纪90年代，除了荷兰大学协会评价之外，研究生院和不同类型的英才中心的政策计划还引入了评价。

部长要求荷兰皇家艺术与科学学院（Minister asked the Royal Netherlands Academy for Arts and Sciences，KNAW）、荷兰大学协会和国家研究委员会制定解决方案，减轻评估负荷。他们得出的结论是，大学的研究评估甚至可以委托给更低一级的大学。三个机构组成的联合委员会为评估制定了一个协议，这个协议类似于荷兰大协会的协议,但在协议中,每所大学可以确定评估的学科范围。部长同意该计划从 2002 年起执行,即每所大学自己负责组织评估。但有些评估仍然是联合组织的,尤其是当有一个强大的学科机构时,一些大学借此机会突破学科网格,为多学科领域和机构组织评估。

这里还有倍具讽刺的结果:当新的评估结构一实施,由大学而不是大学协会负责评估,部长就开始讨论他在大学资金分配方面缺乏洞察力和控制力的问题。旧政策旨在于大学之间重新分配资金,并在增强大学创新作用的背景下重新制定绩效奖励方案。在最近给部长的一份建议中,一个高级专家委员会总结道,新的评估结构增加了评估小组的数量,以致在这方面效率低下,并且大学的内部资源分配和绩效也不透明。从政府到学科机构,从荷兰大学协会到大学,这场大学研究评估运动似乎已经进入了死胡同。

五、 结论

在荷兰,评价结果和政府拨款之间没有直接关系。大学的基本经费是,根据一个公式计算后一笔付清,该公式包括一些教学业绩指标和历史决定的因素。如果不能影响基本拨款的分配,评估是否有任何影响? 在我们的分析中,我们对大学研究评估有不同的看法,即它不是政府工具本身,而是体制和学科治理方案中的一种新现象。我们不会重述这一现象的演变,而是探究大学研究评估现象的影响,以及它如何塑造了荷兰的研究体系。这些影响远远超出了资金的分配。

第一个影响是通过评估大学研究的方式来呈现治理的重要性。管理者们通过地图、数字和公式来看待治理的对象,只有通过这些方式,他们才能控制像研究这样复杂和异质的活动(Copper,1992;另见

Law, 1986)。被评估的"大学研究"不是实验室里的活动, 不是摆弄仪器、制作问卷、诠释中世纪文本。早期的评估试图通过对研究质量的同行定性评审和访谈来捕捉这些活动。在荷兰大学协会评估中, 委员会的实地访问也可能揭示其中一些方面。但是在评估报告中, "大学研究"变成了大学研究小组, 有出版物和文献计量资料, 有一定数量的工作人员和博士。这些小组组成了一个集合, 其中一些是"优秀的", 另一些是"好的", 还有一些是"差的"。管理研究活动不可捉摸的问题已经得到解决, 其属性可以在决策程序中被管理者很容易地解释出来。

　　第二个影响是评估如何定义研究质量及其隐性表现。20 世纪 80 年代第一个化学委员会在如何看待国际研究出版物和在荷兰大学协会化学协议中如何定义质量和生产率这两件事上表现出了巨大差异。第一个委员会质疑是否应考虑所有国际出版物, 他们认为荷兰语出版物应被视为一种大学化学研究的国家属性的合理反映。在后一种评价中, 这种国际出版物是常态, 国内出版物并没有提高研究质量的分数。尽管一再呼吁(包括荷兰皇家艺术和科学院的呼吁)对其他出版策略进行更有区别的解释和认可, 但可以发现在其他领域在国际期刊出版物方面同样有着限制研究质量的类似趋势。

　　然而, 大学评估的主要影响在于评估如何重塑机构和学科治理方案。从跨学科的维度, 新的评估实践已经植入了研究质量和研究绩效的标准化概念, 以及客观化的学科声誉。尽管有着注重大学研究的社会效益和经济效益的强大科学政策传统, 但科学出版物和研究成果仍主导着对研究的评估, 英国科研评估框架似乎就是这种情况。甚至在皇家艺术和科学学院内部, 也有人担心这种对国际科学出版物的强调过于强烈, 以致同行评审期刊中出版物以外的其他产出也需要得到奖励。

从制度层面,评估重新调整了政府、大学、部门和研究人员之间的关系,以赋予政府确定优先事项和重新分配资金的权力。相反,大学管理已经成为机构治理方案中的一个关键角色。对政府来说,它起到了看门人的作用,能够缓冲政府的干预。对于研究团体来说,评估为他们提供了一种手段,从而让项目负责人和系主任负责。这一中间位置依赖于对可评估研究项目的研究组织和标准化实践中的评估组织。在 21 世纪初,这种评估配置得以稳定下来。然而,最近阶段,将评估责任下放到大学一级,导致这种评估配置再次处于紧张状态,评估和治理方案在不久的将来会如何演变还有待观察。

参考文献

Ball, D. F. and A. Verkleij (1999), University research as a business: a comparison of research assessment exercises in the United Kingdom and the Netherlands, unpublished manuscript.

Blume, S. S. and J. B. Spaapen (1988), 'External Assessment and "Conditional Financing" of Research in Dutch Universities', Minerva, 26, 1 – 30.

Callon, Michel (1986), 'Some elements of a sociology of translation: domestication of the scallops and the fishermen of St. Brieuc Bay', in John Law (ed.), Power, Action and Belief: A New Sociology of Knowledge?, London: Routledge & Kegan Paul, pp. 196 – 233.

Clegg, Stewart R (1989), Frameworks of Power, London: Sage.

Cooper, Robert (1992), 'Formal Organization as Representation: Remote Control, Displacement and Abbreviation', in Michael Reed and Michael Hughes (eds.), Rethinking Organization: New directions in organizational theory, London: Sage, pp. 254 – 272.

Geuna, Aldo and Ben R. Martin (2003), 'University research evaluation and funding: an international comparison', Minerva 41, 277 – 304.

Laclau, E. and C. Mouffe (1985), Hegemony and Socialist Strategy,

London: Verso.

Law, John (1986), 'On the methods of long-distance control: Vessels, navigation and the Portuguese route to India', in John Law (ed.), Power, Action and Belief: A New Sociology of Knowledge?, London: Routledge &. Kegan Paul, pp. 234 - 263.

Merton R. K. (1968), 'The Matthew effect in science', Science, 159 (3810),56 - 63.

Morris, Norma (2002), 'The developing role of departments', Research Policy, 31,817 - 833.

OECD [Organisation for Economic Cooperation and Development] (1997), The Evaluation of Scientific Research: Selected Experiences, Paris: OECD.

RAWB [Raad voor Advies van het Wetenschapsbeleid] (1969), Vervolg-interimadvies inzake de overheidsuitgaven voor onderzoek en ontwikkelingswerk, Tweede Kamer, zitting 1968 - 1969,9800 hoofdstuk VIII, nr. 50.

Shore, Cris and Susan Wright (2000), 'Coercive accountability: the rise of audit culture in higher education' in Strathern, Marilyn (ed.), Audit Cultures: Anthropological studies in accountability, ethics and the academy, London: Routledge, pp. 57 - 89.

Van der Meulen, B. J. R. , D. F. Westerheijden, A. Rip and F. A. van Vught (1991), Verkenningscommissies tussen veld en overheid; Evaluatie onderzoekverkenningscommissies, Achtergrondstudies Hoger Onderwijs en Wetenschappelijk Onderzoek 8, Zoetermeer: Ministerie van Onderwijs en Wetenschappen.

Van der Meulen, B. J. R. (1995) 'Understanding evaluation processes in research systems in transition', Science Studies, 8,24 - 35.

VSNU [Vereniging van Universiteiten] (1998), Standard Evaluation Protocol Research, unpublished document, Utrecht.

Westerheijden, D. F. (1997), 'A solid base for decisions: use of the VSNU Research Evaluations in Dutch Universities', Higher Education, 33,397 - 414.

Whitley, Richard (1984), The Intellectual and Social Organization of the Sciences, Oxford: Oxford University Press.

附录:VSNU 研究评价协议

APPENDIX: PROTOCOL OF VSNU RESEARCH EVALUATIONS[①]
Protocol of VSNU Research Evaluations

The protocol includes a classification of the disciplines as well as a rolling scheme for evaluation of the disciplines.

After consultation of the involved departments, the VSNU determines a time schedule for every evaluation

The directly related standing disciplinary committee of the VSNU nominates two or more candidates as chairman of the evaluation committee as well as decides upon a profile of the expertise of the committee members.

The VSNU appoints a chairman, after consultation of the Royal Netherlands Academy of Arts and Sciences KNAW. The chairman, in consultation with the KNAW, puts together a committee of which the majority of the members are from abroad. The working language of the committee is English.

The directly related standing disciplinary committee of the VSNU specifies within the discipline-specific protocol the terms of reference for the committee.

Based upon the general protocol and the discipline-specific protocol the involved university departments make self-assessments of their performances of the last five years and describe their future plans. The unit of evaluation is a research programme. Of each programme, five key publications are put up as part of the self-assessment. In addition, a profile or mission statement of the department is requested.

The evaluation committee is requested to judge, for each programme, its quality, productivity, relevance and viability on a five-point scale. For each programme, a brief explanation of the scores is given, which might nuance the general judgement. In addition, the committee gives an assessment of the state of the art of the discipline and of each department.

---

① 资料来源:荷兰大学协会(1998),作者翻译。

The committee's judgements are based on documents, complemented by interviews with programme leaders and the department's management. Especially in the engineering and natural sciences the committee will make site visits.

The report will be finalised and stipulated and presented to the VSNU chairman, after the departments have got the possibility to react on the draft report.

The costs of the evaluation are covered by the universities involved in evaluation.

The costs depend on the discipline and the discipline-specific protocol. The base costs are Dfl. 27,000[approximately 12,000 €] per university.

第十章
转型中的研究评价
——西班牙个体评价与机构评价

劳拉·克鲁兹·卡斯特罗　　路易斯·桑兹·梅内德斯
Laura Cruz-Castro　　　　Luis Sanz-Menendez

一、引言

　　研究评价一直是研究系统常规运转的一项重要实践(Zuckerman and Merton, 1971; Cole and Cole, 1973)。声誉的竞争(Merton, 1957; Ben-David, 1971, 1972; Dasgupta and David, 1994; Whitley, 2000)受到研究评价机制的影响,而这种评价机制大多数时候跟期刊文章发表的同行评审是紧密相关的(Campanario, 1998a, b; Cole, 1998)。有时候,这些用于文章发表或奖项评选的评价实践,已经延伸到政府或中介机构的科研资源分配当中(Chubin and Hackett, 1991; Cole 等人, 1978)。

　　最近,在实行新式公共管理、公共资金短缺及问责要求日渐增强的背景下,一些国家已经形成了国家科研评价体系[①],对机构和项目的资源分配也逐步与研究评价挂钩(Geuna and Martin, 2003; Liefner, 2003)。除了起主导地位的"事前"评价——或者说"项目评价方法"[②]——现在也有了回顾式的"事后"评价制度作为补充,正如

[①] 我们将科研评价体系理解为一个国家在科学质量控制和研究政策之间调解的实践和制度安排的集合。

[②] 与研发相关的不同评估实践的最新评论,请参阅卢克·乔赫和菲利普·拉雷多为世界经合组织所做的工作(Luke Georghiou and Philippe Laredo, OECD, 2006)。

科内尔、科仁斯及其他作者在本书的其他章节谈到的。

对于公共研究体系的管理来说，研究评价主要有两项功能。一方面，研究评价可以被看作是"指导或管理工具"，也就是说，它可以作为组织和管理研究活动的工具（Callon等人，1995）。评价结果可以为研究的相关机构（大学、研究中心和管理机构）作指导，以改善它们的运作；也可以通过对科学技术项目的评价指导政策的制定，以改善研究政策。

除了指导功能以外，研究评价还能用于协助各种奖项和资源在不同类型的主体——包括个人、团体或机构——之间的分配，从而提高科研绩效。这些鼓励措施可能是经济上的（补助金、工资奖金）和/或象征性的（荣誉和声望）。因此，研究评价作为一个分配工具，可以影响研究机构和研究项目的资助，以及对研究者的个人嘉奖。在一些国家中，同一个评价方式包含了两个功能的组合和整合，但在一些国家则是分开的。

本章的主要目的是分析在研究组织领域[①]（Cruz-Castro and Sanz-Menéndez，2007）和公共研究系统发生转变的背景下西班牙科研评价体系的制度化。由于政治分权日渐增强，并且个体评价的重要性高于机构评价，西班牙的公共研究系统与科研评价体系的共同演化特别有趣。西班牙大学科研资金有限，并依赖个体研究人员通过竞标获得科研资助，这意味着机构的战略能力是弱小的[②]，特别是相较于澳大利亚、英国和美国的研究机构而言。

具体来说，我们要回答的问题是：

（1）西班牙注重个体而非机构的科研评价体系的原因是什么？

[①] 我们从组织理论的制度方法中借用了"组织领域"的概念（例子请参见 DiMaggio and Powell，1983）。

[②] 我们回顾这个问题是因为高度自主的科学家在松散协调的组织环境中的表现产生了负面影响（Pelz and Andrews，1966）。

（2）为什么机构层次的研究评价与科研资助的联系很小？

（3）科技政策的分权是如何影响科研评价体系的？

（4）科研评价体系的变化对公共研究系统的组织和运作有何影响？

在过去 10 年里，研究评价被认为在指导公共研究系统方面发挥了十分重要的作用，同时针对不同的主体做了大量工作，来鼓励这些主体养成评价的习惯、使用评价的结构。尽管如此，我们认为，研究评价的重点依旧停留在研究人员和研究团队的个体层面，在机构和项目评价方面发展甚小。

本章的内容结构如下：第二部分描述西班牙学术系统的基本制度特征及其研究资助体制，并作为第三部分分析的参考。第三部分是关于科研评价体系的制度化过程及其特点，包括引起这些变化的解释性因素。第四部分对主要观点进行简要概括，并阐述科研评价体系的新趋势和制度组织对公共研究系统的反馈作用。

二、 学术系统：管理与资助

西班牙学术系统由两个不同的子系统组成：大学（《法城研发数据手册》中的"高等教育"）和科学研究理事会（Consejo Superior de Investigaciones Cientificas，CSIC），后者是最大的公共研究中心（研发数据中的"政府"）。2004 年，高等教育的开支占了研发总开支的29.5％，相当于西班牙 GDP 的 0.32％，研究人员（全职）占总数的 51％，研发人员占总数的 39％。政府部门的开支占研发总开支的 16％，相当于西班牙 GDP 的 0.17％，研究人员（全职）占总数的 17％，研发人员占总数的 17％；科学研究理事会的规模则是政府部门的约三分之一。

西班牙学术系统在过去 25 年的特点可以用两个词来形容：增长和改变。一方面，学术系统的主要指标的数量是以往的两倍多，比如大学、教授、讲师、注册学生、所授予的硕士和博士学位的数量等。另一方面，大学的管理和运作发生了重大改变，公共研究中心同样也发生了转变，只是程度相对较小。

（一）规模和管理

2004 年，西班牙有 69 所大学，其中 21 所是私立大学。但是在注册学生、教授和讲师的数量上来说，公立大学占比约 92%。48 所公立大学有将近 8.8 万位教授和讲师，其中 5.05 万位是公职人员，即固定职员，他们参与到研究中并负责 136 万注册学生的教学；公立大学在 2003/2004 年培养了约 18.2 万名研究生和 0.71 万名博士生。

一些历史数据展示了学术系统的增长情况。1983 年，西班牙有 33 所大学（其中 3 所是私立的，为教会所有①），近 3.1 万名教授和讲师，70 万名正式注册学生；公立大学每年培养近 8 万名研究生和 0.19 万名博士生。

然而，这些转变不仅是西班牙社会对高等教育需求不断增长以及公共教育预算增加的结果，也涉及大学转型的两个重要方面：第一，大学已从独裁时代的"官僚主义集中制"主导模式转变为"自我管理"治理模式（Sánchez-Ferrer，1997）。第二，从前大学仅发挥教学作用，现在已经发展出开展研究和第三任务活动的大学模式（García and Sanz-Menéndez，2003）。

西班牙 1978 年宪法承认大学的自治（《西班牙宪法》，第 27.10条），1983 年《大学改革法案》（University Reform Act，LRU）阐述了大学治理、管理和运作的具体规定。虽然大学被定义为自治机构，但他们高度依赖公共资助；因此，尽管"自治"水平很高，但是大学在财政方面相当贫穷，因此相当依赖政治当局②。此外，法律改革使大学

---

① 直到 20 世纪 90 年代初，西班牙仅有的私立大学都与教会有关，这是他们在佛朗哥专政时期获得的特权。

② 直接通过公共预算（地区或国家）定期转账支付的大学收入总和大约占大学总收入的 78%（Hernández Armenteros，2004）。

能够招募和选择自己的学术人员，并在这些学术人员通过"考试程序"后，任命他们为具有公务员身份的新教授（Mora，2001）。

除了学术人员的招聘程序外，大学的治理也遵循相当自主的机制，1983 年《大学法案》确立的原则给予了大学自治权，大学通过各自制定的具体程序（法规）实施。大学领导（校长、副校长和院长）由他们自己的委员会选出，其中包括长期任职的教授、临时讲师、行政人员和学生，他们对社会的"回应"基本上取决于他们的意愿和政府所能施加的"财政压力"。

在 1985 年至 1996 年期间，作为西班牙分权或联邦化的一部分，大学的监督和控制权转移给了地区政府①。此外，一些地方政府已经建立了新的公立大学，要么将一些以前的"学院"转变成大学，要么从头开始创建，以减少对老大学的招生压力。无论如何，省会城市大学的发展与地方政治、区域政治密切相关。

过去 20 年，政府对大学的治理在很多方面是比较稳定的，但是，在 2001 年，政府通过了一项新的《大学法案》后，大学的监管环境发生了一些重要变化。这个法案代表地方政府加强了对地方大学的管控权，并且从那时起，许多地方政府已经改进了《地方大学法案》。事实上，2001 年的《大学法案》将地方政府与大学之间新兴出现的关系差异化进程合法化。考虑到地方政府实施管控机制能力的不同，可能会出现不同的结果②。

根据新规定，大学校长按照普遍民主法则选举产生；因此大学管理系统经常会重新选举来照顾其选区的利益和要求。虽然这种变化

---

① 国家政府仅对远程教育大学（UNED，与英国开放大学等远程学习大学相同）和梅南德斯佩拉尤国际大学（UIMP，一所尚未提供学位的"暑期课程大学"）拥有直接控制和监督权。

② 西班牙有 8 个地区（巴斯克地区、巴利阿里群岛、阿斯图里亚斯、坎塔布里亚、纳瓦拉、卡斯蒂利亚-拉曼查、拉里奥哈、埃斯特雷马杜拉）各只监管一所大学。在这些地区，很多时候大学校长或院长比地区政府主席更有地位。拥有不止一所公立大学的较大地区是安达卢西亚（10 所大学）、加泰罗尼亚（8 所大学）、马德里（6 所大学）和其他一些地区。

代表着大学自主权的增强和内部问责的强化，但 2001 年的《大学法案》还对大学教授获得公务员地位的机制或获得大学合同的机制做出了重大改变，即需分别获得国家特许任教资格和国家资格认证。这种在学术人员招聘方面对质量控制的重新集中化，是受到 1983 年《大学法案》确立的分散选拔的副作用影响，即高度的内部推选和大学部门内部的劳动力市场动态的固化（Cruz-Castro and Sanz-Menéndez，2006）。

除了大学之外，科学研究理事会作为西班牙最大的公共研究机构，也开展研究活动。这是一个伞状组织，类似于德国马克斯·普朗克协会或法国国家科学研究中心——在西班牙分布有 100 多个研究所，拥有 1 万多名员工和 0.25 名终身科学家（SanzMenéndez and Cruz-Castro，2003）。与大学相反，科学研究理事会管理权尚未转移到地方政府。尽管由教育和科学部部长任命的科学研究理事会管理层拥有强大的资源分配自由裁量权，但他们也试图获得研究人员和研究机构的支持和共识。一直到 70 年代，科学研究理事会都是西班牙公共研究的"储蓄库"（OECD，1964），始终与大学保持强有力的互动。它与其他公共研究中心有所不同，原因有几点：首先，它不是以任务为导向的；其次，只有拥有博士学位的研究人员才能获得学术职位的任期；最后，科学研究理事会研究人员一起参与研究经费的竞争，他们是唯一一个与大学教授处在同一评估系体系的组织。

（二）资助

在大学和研究人员追求自我研究目标的自治背景下，资助的组织方式是评价政府指导研究活动能力的关键因素（Braun，1993；Whitley，2003）。标准盎格鲁-撒克逊文献中关于科学与政治的文章通常将竞争性项目资助对研究越发重要的现象解释为当局要求研究界更多地响应政府的项目研究目标。然而，西班牙的情况并不适合这种模式,因为大学甚至公共研究中心都没有获得大量稳定的整笔拨款用于研究。

在大学的控制权从国家政府转移到地方政府的时候,资助方式相对较为一致。它遵循增量逐项预算法,预算的每一项支出都与前一年的预算相比有所增加,但基于公式模型的系统慢慢出现,主要指标是教学负荷(注册学生人数)和教员人数;几乎没有整笔拨款用于研究的。

现在,大学资助已经下放给地方政府,因此各大学的情况因地区政府的战略和优先事项而异。对大学的年度拨款都包含在年底地方议会批准的《地方政府年度预算》中。由于不同地方政府在高等教育机构和研究政策方面的政治优先考虑非常不同,政府为大学提供资金的机制十分多样化。增量逐项预算法已被两种模型取代,这两种模式在很多情况下是同时使用的,分别为公式模型和合同制(GonzálezLópez,2006)。公式模式通常是基于学生的入学人数、教职员人数和其他数字数据的不同组合情况;而在合同协议(*Contratos Programa*)中,资助通常与达成既定目标或条件有关(详见本书第七章关于德国类似实践的讨论)。

传统上,政府为科学研究理事会的拨款遵循增量逐项预算的方法。在 2005 年和 2006 年的预算中,增加研发预算的决策意味着超过 20% 的显著增长。这种增长为开发合同协议和绩效指标的关系模型提供了可能性,也为新的法律变化的出现提供了可能性。2005 年底和 2006 年初已经往这个方向迈出了第一步(Fernándezde Labastida,2005),并且法律变革也即将开始。

由于研究活动没有大额整笔拨款,大学教授和科学研究理事会研究人员需要竞争资助机构(国家或地区)的资金或与公司签订开发合同来获得研究资金。在 20 世纪 80 年代中期,西班牙成立"准研究委员会",建立了大学和科学研究理事会研究的国家外部资助体系①（García and Sanz-Menéndez，2005）。研究委员会具有鲜明的特点：首先，有关的资助机构直接依靠各部委，这些机构的负责人通常是政治任命的人员。其次，这些机构缺乏重要的行政管理能力，因为它们的官僚机制薄弱，长期工作人员很少，主要人员是系统代理人员，即研究人员。最后，也是最重要的，准研究委员会在委托人和代理人界限不清的情况下运作，但他们多年来享有高度的制度稳定性。

西班牙政府实施研发政策的主要机制是通过对研究项目的资助，并且这占据了公共研究系统无特定目标资助的大部分。这些预算资金是通过年度公开征集提案来拨发的，通常用于资助 3 年的研究项目。在基于项目实施资助的背景下，西班牙式的研究评价与资金分配有密切联系。

此外，国家的区域化也造就了研究资助体系的一个显著特征：多级动态（Sanz-Menéndez and Cruz-Castro，2005）。区域主管部门越来越多地为研究提供竞争性资金，促使了研究目标定义方面的多元化，但却没有缓解西班牙研究机构和组织在制定战略行为上所面临的困难，也没有促进解决研究人员的集体行动问题。

在对研究机构的科研资源分配问题上，可能会出现一些科学理念和政策理念的冲突。虽然相对于政府和政治体系来说，大学的自主权随着时间的推移得到加强，但大学对其地区当局的经济依赖性很大。当研究机构和政治过于密切时，就有可能根据利益集团的政见来分配资源，而不是以择优而选的科学逻辑或更明确的管理方法为基础。地区一级的政治分配往往是基于平等主义的原则，而不是差别对待各研究机构，然而，17 个不同区域的政策总体效果可能都会不同。

---

① 对西班牙科技政策制度建设的深入分析见（Sanz-Menéndez，1997）。

三、 西班牙科研评价体系的制度化过程及其特点

在 20 世纪 80 年代中期,随着用于竞争性研发资助的经费预算大幅增长,资金分配决策中使用同行评审的比例也大大增加。1986年通过《科学技术研究促进和总体协调法案》(Act for the Promotion and General Coordination of Scientific and Technical Research,《科学法案》)后,研究评估的实施安排也开始制度化。根据这项法案及其相关规定,研究活动的资助是围绕国家研发计划进行组织的,其中包括:①优先资助一些目标性研究和一些服务于《知识普及促进计划》的基础研究项目[①];②依靠同行评审作为项目评审机制,这是由科研界管理的国家评估与规划机构(National Agency for Evaluation and Foresight,ANEP)所倡导的。

总的来说,现有的资助制度基本上是一个基于项目的制度,有时候涉及一些较大的项目群工程;然而,学术研究界对国家优先事项的选择一直是有决定性影响力的。西班牙的科研资助系统除了具有高度竞争的特点,也在一定程度上追求不同研究目标的自主权,即便国家层面也一样。西班牙研究资助制度的基本特点及其与研究评价系统的互动关系概括如下:

(1)大学具有高度政治自主权,但其预算很大程度上由外部决定,主要取决于教学负荷或者注册学生人数;

(2)基本上是以同行评审为基础的项目资助制度,并有程序化的评价框架(详见本书第一章);

(3)相比学术同行压力和研究资助机构优先资助范畴,大学的

[①] 通过目标性和非目标性项目组织的国家研发计划的结构,其实只是一种说辞。它并没有事先按区域分配任何资源,而是等着资金需求和高质量提案的出现。

研究战略管理对研究群体影响非常有限；

（4）由于地方政府参与到科学政策制定中，科研资助的来源逐渐多样化；

（5）历史上，公共研究中心相比大学来说，自主权更低，整笔资助压力更大，但随着时间的推移，情况已经发生改变；

（6）各科学领域的评估标准差异很大，但有些趋同的迹象。

（一）科研评价体系的制度化安排

1983 年的《大学法案》几乎将大学教授的选拔，以及教授获得公务员职位的选拔权都移交给大学。相比之下，1986 年的《科学法案》的研究评价组织安排则是更为集中化的科技政策管理。分析两个法案背后的逻辑，可以说《大学法案》是以自由和自我管理责任模式为基础，而《科学法案》则是以计划为导向和干预主义模式为基础，甚至可以说是以伯纳尔科学政策模式为基础。

在 20 世纪 80 年代，西班牙科技政策的早期阶段，与社会主义新政府有关的新兴学术精英非常关注竞争性资金分配的程序（Sanz-Menéndez, 1997），过去主要是采用分层法，根据不同领域教授的资历进行分配。作为实现项目资助方式的第一步，创建由科学家管理的独立评价空间成为一个明确的目标。在 20 世纪 80 年代中期进行的改革将建立评价结构作为优先事项，以便在西班牙建立连贯的科技政策。其重点是建立由国家保障的同行评审制度（Sanz-Menéndez, 1995）作为研究评价机制，协助公共研究资金的分配。

（二）国家评估与规划机构

西班牙采用了独特的制度，设立了国家评估与规划机构（National Agency for Evaluation and Foresight, ANEP），它由科学与技术部际委员会（Inter-ministerial Commission for Science and Technology, CICYT）创建，是负责研发政策的部际政治规划机构，但对科学管理具有自主权。它的任务被定义为：

对参与国家研发计划工程与项目实施的实体机构和研究团体以及对研发主体和运营者的提案进行科学技术评价,对这些工程和项目进展中的结果(产出和成果)进行监控。(Decree RD,415/1987,3月6日,《科学与技术部际委员会常设委员会的有机结构》,作者翻译)

国家评估与规划机构的使命还包括在科学研究和技术开发方面开展前景预测活动,但实际上工作负荷过重和组织能力薄弱妨碍了"事前"项目评估之外的其他评估活动的真正发展。在1995年,国家评估与规划机构的主要活动是为项目筛选和资助进行科技评估、实施一般性的科技评估、向政府机构提出技术建议,以及开展少数几次的对研究机构进行的评价(Sanz-Menéndez,1995)。

项目申请的评估和选择分两个阶段实施:首先,两到三个同行使用邮件程序单独对提交的内容进行首次评估;其次,专家组做出最终的资助决定。因此,国家评估与规划机构不控制所审查项目的最终批准情况。它的审查只是选择过程中的一项参考,尽管这是一个重要的参考。整个项目资助过程被认为是"双重"的,因为在经过国家评估与规划机构的同行评审之后,还要由资助机构的专门小组评定项目的"优先性",评估它们是否与国家计划的研究目标和优先事项一致。国家评估与规划机构活动的影响可以体现在,研究总局的大约50%的研发项目都被否决了(García and Sanz-Menéndez,2005)。

西班牙用于研究资助的同行评审模式建立在两个重要的"角色"之上,通常由学者兼职负责:①每个科学领域的协调员,由国家评估与规划机构任命;②研发资助单位每个科学工程项目的管理者。协调员从专家库中挑选出评审人员,选择标准包括科学专业、研究专长等。工程项目管理人负责任命8到20位专家组成小组,由他们通过打分来补充评价每个子项目。这些新的分数,连同国家评估与规划机构的评价,用于项目是否得到资助的最后决定的参考。评价的标准通常包括：课题的社会贡献、研究设计、研究方法的质量以及项目负责人和研究团队的研究基础等。

创立 15 年后，国家评估与规划机构在国家大学与研究秘书处的领导下，继续作为国家教育科学部的一个行政单位，以独立于研发资助项目和机构的管理方式自主开展研究评价活动。各种资助机构（不管是属于教育与科学部的内部机构，还是作为其他部属资助或地区政府一部分的外部机构）都经常请求国家评估与规划机构的支持，为项目申请或者个人会员资格审批做评估。

（三）国家研究活动评价委员会

西班牙科研评价体系的第二个制度要素出现于 20 世纪 80 年代末，即建立了对个体研究人员的"事后"研究绩效评价程序，以及创立国家研究活动评价委员会（National Commission for the Evaluation of Research Activity，CNEAI）。这项运动是研究活动中对个人激励与奖赏制度化的一部分。1983 年的《大学法案》（第 11 条）批准大学教授（后来《科学法案》也对科学研究理事会的研究人员做了同样的批准）与私人实体订立研究合约，获得额外的个人收入（尽管大学教授是公职人员）。

对许多大学教授转向"合同研究"的反应是：大学试图增加大学教授的工资，主要是从事公共资助项目的人员的工资，并对他们的发表和出版进行奖励。1989 年，政府通过了基于自愿原则对个人研究成果进行周期性（每六年）评价的制度体系[1]，并成立了专门的机构管理：国家研究活动评价委员会。

国家研究活动评价委员会的机制是：通过评价终身教授的学术事业和研究表现来激励研究活动。其奖励方式是对大学教授和科学

---

[1] 令人惊讶的是，墨西哥在 1989 年建立了一个类似的补充学者工资的系统，即国家研究人员系统（Sistema Nacional de Investigadores）（参见 Schoijet and Worthington，1993，尽管他们对该系统的解释令人困惑）。

研究理事会研究人员进行小幅加薪,作为对他们良好研究表现的肯定(反映在积极评估中)。终身学者和研究人员可以每年提交 5 篇文章给同行小组,同行小组每 6 年对他们的水平开展一次的审查。对这些 6 年期的研究活动的肯定,体现在工资的自动增加,并且逐步形成影响研究人员声誉的因素之一(Sanz-Menéndez,1995)。

这种评价机制的出发点只是为了奖励研究表现,这种研究表现主要基于"贡献"的概念,且大多数体现在国家期刊的文章发表上。评价过程在 11 个大的研究领域开展,由公开任命的专家来完成这些文章的审查工作。

国家研究活动评价委员会的体制安排相当柔和,因为它包括了由教育和科学部长任命的专家以及地方政府的代表。评价机制由国家层面组织,但大学教授工资的小幅增长由地方政府承担,因为大学对其有制度上的依附性。个人对评价的申请是自愿的,如果评价结果是积极的话,研究者的工资会有小幅的长期性增长(约共 110 欧元/月,即约占总年收入的 3%)。

20 世纪 90 年代中期,其他形式的旨在改善研发项目和科研机构管理的机构评价的影响较小。科学与技术部际委员会没有正式或明确地表明要开展系统性的项目评价,其他研发管理机构也是同样的情况(Sanz-Menéndez,1995)。20 世纪 90 年代出现了最后一种类型的评价,被称为"对研发政策的评价性研究"。这是一些没有受到正式委托,也不是决策过程一部分的研究评价,尽管一些研究已经得到决策机构的非正式的认可与合作,但决策机构并不承诺根据研究结果实施相关举措。它们更属于是学术活动而非真正意义上的研究评价;它们没有明确定义的评价目的或者评价标准,其方法也非适用于政策反馈。

总的来说,直到 90 年代中期,正式的研究评价仍然在发展当中。同行评审是采用的主要办法,反映了它服务于研发政策"客户"的主要角色。此外，一方面评价大多数是以项目资助为目的"事前"评价，这与个人研究绩效的认可、终身研究员的小幅工资增长及其声誉有关，另一方面，机构评价对战略规划目标的指向在某种情况会有例外，即当它仅仅是探索性的行动而很少导致实际改变的时候。

（四）西班牙科研评价体系的新发展

在过去的 10 年间，西班牙科研评价体系有两个制度上的发展。第一，出现了对大学的系统性评价，这种评价主要关注教学质量而非科研情况，并且对资助没有影响。其主要的工具是全国大学质量评估计划（National Plan for Quality Assessment of Universities，PNECU）。该计划由大学委员会领导，是一个由地方和国家政府代表以及所有的大学校长组成的机构。评价过程由大学委员会官员和专家组成的技术委员会管理组织。

这项计划始于 1996 年，实行了 3 次（1998 年、1999 年与 2000 年），2001 年的《大学法案》使这项评价走向制度化。其理念是使机构评价过程与资助、资格认证分离开来，让每所大学能够形成自己的质量政策，以提高它们产品和服务的质量（Bricall Report，2000）。计划的主要目标是：①促进大学质量的制度化评估；②制定统一的大学评价方法，使其与欧盟现今的做法保持一致；③提供客观信息，使其为不同的机构所用，以协助它们在特定专业领域的决策[①]。该计划评价三项主要活动：①学位课程的教学情况；②有项目委派的部门的研究情况；③与项目有关的服务的管理情况。

全国大学质量评估计划采用了自我评价与外部评价相结合的混合体系评价方法，且会撰写和发表一份最终报告。该计划的一项主要成绩是，向高等教育的主体介绍评价文化并在其中流行起来。几乎所有的大学都参与到该计划中。同时，它也使几乎所有的大学都

---

① 12 月 1 日《RD1947/1995 法令》第 1 条，建立了全国大学质量评估计划。

建立起质量控制单位或部门，大大改善了机构内的信息和数据系统。尽管该计划更倾向于评价教学活动而非研究活动，大学的部分研究活动也受到审查，关注不同的机构性维度，包括：科学性生产、外部关系、人力资源、支持人员、经济资源、物质资源与基础设施、博士项目、研究团队、大学内部对研究的支持、促进性活动、内部沟通与合作以及部门内部对研究的促进。

在 2001 年《大学法案》中出现的第二个重要发展是个人绩效评价的扩充和延伸，执行新的招聘程序和提出新的质量要求（资格认证和特许任教资格）。在公立大学学术事业的起始阶段方面，《大学法案》提出了一些重大改变：新设了非终身教学和研究职位的新形式，要获得一些新形式的签约，候选人必须之前就取得相应机构的认证。在这个认证过程中，专家组会对候选人的研究和教学进行评价。

第二，建立起一个相当复杂的用于取得公务员职位的国家特许任教资格体系。国家特许任教资格考试每年举行一次。特许任教资格证的数量取决于大学的需求。大学为它们的终身职位设置入职考试，并且从获得资格的候选人中进行选择。然而，很多大学只有等它们自己的临时任职的教授取得特许资格之后才开始发布招募，由此导致一些学术近亲的情况。

这两项发展，不管是关于"质量保证与提高"，还是"对个人的国家认证"，都与 2001 年《大学法案》提出的国家质量评估与认证机构的创立有关。这个机构除了致力于全国大学质量评估计划发起的制度化质量评估之外，还开展了对大学教员的资格认证和评价。非常有趣的是，它执行了开发评价方法和出版评价程序手册的重要任务。

这个制度创新之后，几个类似的地区性机构也建立起来。任何一所西班牙大学都可以与获得国家机构认证的个人订立合同，但由地方机构认证的个人只能与该地区的大学签订合约。这种分化的后果对学术劳动力市场的流动性与透明度的影响依然不能确定。但是，特许任教资格作为获得大学学术终身职位所需的官方竞争性评定，依旧是集中化的，这是为了应对传统的高度学术近亲和研究人员的低流动性的情况所做出的反应①。

很多由 2001 年《大学法案》授权的地区当局建立了新的资格评定和质量控制机构，导致了评价体系的迅速发展。2005 年，17 个地方政府中有 9 个设立了大学评价机构②。其中的 2 个机构（加泰罗尼亚和安达卢西亚）在全国大学质量评估计划实施的时候开始运转，其他是在 2001 年《大学法案》颁布时开始运转。这些"机构"有着不同的法律地位，其中很多都是大学和地区政府的"联合体"。

大多数机构在评价和质量评估方面被授予了广泛的权力，其中最重要的有：①机构评价（包括评价学术项目、管理和服务、学术与研究运作）；②资格认证与质量评定活动；③个人评价（包括对教员的资格认证以及与获取地区性工资奖金有关的对研究、学术教职员的评价）；④协助和咨询的相关活动（包括政策计划）。然而，在实际操作上，地区评价机构的大多数活动主要集中在 2 个任务上：个人评价③和一些关于教学活动和服务的机构性评价。为欧洲高等教育空

① 在 2006 年 7 月修订该文件时，西班牙政府已向议会提交了一项新的《大学法案》，该法案引入了特许任教资格程序的变化，主要是将其转变为简单的国家认证。

② 它们是：安达卢西亚评估机构（Agencia Andaluza de Evaluación, AGAE）、巴利阿里群岛（Agència de Qualitat Universitària de les Isles Balears, AQUIB）、加那利群岛（Agencia Canaria de Evaluación de la Calidad y Acreditación Universitaria, ACECAU）、卡斯蒂利亚-拉曼恰（Agencia de Calidad Universitaria de Castilla-La-Mancha, ACUCLM）、卡斯蒂利亚-莱昂（Agencia para la Calidad del Sistema Universitario de Castilla y León, ACSUCYL）、加泰罗尼亚（L'Agència per a la Qualitat del Sistema Universitari a Catalunya, AQU）、加利西亚（Axencia para a Calidade do Sistema Universitari de, ACSUG）、马德里（Agencia de Calidad, Acreditación y Prospectiva de las Universidades de Madrid, ACAP）和瓦伦西亚（Comissió Valenciana d'Acreditació I Avaluació de la Qualitat, CVAEC）

③ 这些机构的主要活动是对大学教职员工进行个人评价。这种评估导向两个主要任务：一是根据 2001 年《大学法案》中包含的新类别招聘新教师，二是分配区域工资奖金。根据现有数据体现，教职员工的评价和资格认证是所有机构开展的唯一活动。此外，评价规范中共同标准的缺失可能会危及资格认证本身的意义。

间(European Higher Education Space)的启动建立带来改变所做的准备是一个新兴的领域。

　　促使这些发展的出现,有两个重要的因素。第一,本科教育的扩张是过去20年间大学规模扩大的主要动因,这部分地解释了评价活动为何集中在教学质量而非科研上。第二,导致评价结构多样性的最重要的因素是研究系统的规模扩大。这种规模的扩大(包括研究中心、实验室和研究人员)使国家评价体系的工作负荷过大,促使一些地方政府创立了地区性评价体系用于支持地方的科学政策。地方政府已经巩固了它的地位,成为体系中新的活跃主体,相对于中央国家政府来说承担了很大部分的研发开支。

　　与1995年相比,不仅研究人员的数量增加,而且来自国家、地方以及国际研发机构的资助也更多了。因此,财政资源的增加满足了增长的需求。资助模式和评价方式受到不同层级及地区的跟随和仿效。已被接受的国家性方法举措受到广泛采用,尽管有的地区出现了一些实验性做法和新发展①。在一些情况下,这甚至导致了评价机构的复制,比如有些地区建立了自己的研究绩效工资奖励机制,但这个机制只用于该地区的大学学者。

四、 评价体系与研究系统间的反馈效应

　　评价占据了西班牙研究主体新话语的很大一部分,但是评价体系还未完全巩固,特别是在组织层面上。总的来说,国家评估与展望机构和国家研究活动评价委员会的研究评价活动,大多数与项目或个人研究绩效评价有关,在西班牙的系统中继续发挥关键作用。我

---

① 例如,加泰罗尼亚政府还振兴了一个名叫加泰罗尼亚研究和高等研究机构(ICREA)的非盈利机构,该机构通过奖金和资助在提高加泰罗尼亚系统质量方面发挥着关键作用,但关注点仍然是最优秀个人的挑选,而非组织实践的改变。

们的分析总结如下：

第一，在地区当局对科技政策的介入增强的背景下，基于竞争性项目资助的研究资助体系在西班牙迅速增多。由于地方政府对当地研究中心和大学的支持，公共研究系统很可能由"竞争性多元化"向"竞争性等级化"转变（Whitley，2003）。

由于科技政策的地区化，作为系统中的一个主体，地方政府的主要应对方式是设立平行资助和评价结构。结果是项目资助外部来源及"事前"评价体系的多样化，导致评价标准和项目资助标准的增加。

地区当局参与到科技政策领域、地区研究评价结构的建立，增强了科研评价体系整体的分化程度。地区政府独立于国家当局，有自己的科技政策，这导致了地区公共研究系统的增加，每个系统都能设定自己的资金分配或项目设计的标准。地区评价结构与国家评价体系的平行存在，并使用不同的标准准则，可能会导致市场二元化与合法性赤字问题的出现。鉴于分权的进程以及资助与评价体系的增加，我们预测只有一些（而不是所有的）地区性体系会发展成为更强的科研评价体系，这主要取决于学者精英在政策决策中的相对重要性。

第二，个体研究者评价的巩固和深化，已经成为西班牙科研评价体系的一个核心举措。于20世纪80年代末和20世纪90年代初发展起来的奖励研究绩效与授予研究者荣誉的模式，已经成为国家和地区层面上的一般性措施。大多数地方政府已经建立了自己的奖励制度，为它们的研究者提供一些额外收入。此外，学术职位的应聘条件增加了对资格认可的要求，以及需要拥有特许任教资格才可能获得终身职位，这在整个研究系统中已经普遍化。相应地，资格认可制度已经在9个地区复制使用，它们同样建立了自己的资格认可和质量评定部门。

第三，尽管国家质量评估与认证机构和地区机构在机构评价和资格认证等方面的活动在过去几年里有所增加,几乎没有一个地区的"研究绩效评价"是与大学和公共研究机构的资助制度联系起来的。用于大学核心资助的模式渐渐变成了"合约"的形式,但这种形式是基于产出指标而不是研究评价。

这个简要的总结促使我们去探讨研究评价措施如何影响机构(大学和类似机构),以及如何影响整个公共研究系统。尽管西班牙科研评价体系的具体组织安排还在转型之中,其过程和程序已经对公共研究系统产生了反馈影响。为了表述的清晰性,我们把影响分为直接和间接影响。

直接影响是那些由法律规定、机构程序、规范标准及例行常规造成的影响,主要与资助机制和研究人员劳动力市场的运行有关。而系统中信息和透明度的增加所产生的合法化进程与声誉动态引发的是间接影响。这些机制对整个系统的影响是长期性的。

最重要的一个直接影响与资金分配有关。西班牙大学的财务疲软,再加上嵌在竞争性项目资助模式中的研究评价程序,导致了研究人员和研究小组对外部资助来源的高度依赖,也导致了不同研究小组间的资源和声誉差别。此外,大学和其他科研机构的资金有限,大大削弱了管理层和学术权威对研究人员和研究小组的领导力,他们在决策和研究目标的选择上拥有高度自主性。大学和传统公共科研机构更像是"联盟",其中有分散的个人、部门、机构或学校的同盟,而不是一个战略整体。

第二项重要的直接影响与人员聘请以及研究事业管理有关。在2001年改革以前,大学保持着对教研人员选择和任命的完整控制和自主权。同时,一个全国性的个人绩效评价体系(国家研究活动评价委员会)建立起来后,形成了一个正式的声誉体系,并为教授提供了一些额外收入。20世纪90年代,一场关于学术近亲对新任大学教授和讲师的质量控制的消极影响的长期辩论,为2001年的法律改革创造了条件。对个人资格的外部评价，已经嵌入到新的聘请与晋升程序中。大学非终身和终身教员的应聘要求在法律和规范上的改变，影响了学术劳动力市场在准入环节的质量控制。

其中的一些影响在某种程度上是相互矛盾的，原因在于，一方面，个体研究者评价体系已经发展得更为广泛和深入，资格认证和特许任教资格是大学合同制或终身制职位的法定条件；但另一方面，由于研究准则（地区当局）和可获得的资助来源的增加，科学家们在资源竞争上的压力变小。

个人评价准则的最后一项直接影响来自 2001 年的《大学法案》，其中一项条例规定，只有拥有国家研究活动评价委员会对研究阶段的积极评价（1 或 2，取决于类别），该教授才能成为特许任教资格评定中选择委员会的成员。这项规定意味着，超过 40％的各科学领域的终身教授被排除到委员会成员之外。

同时，研究系统中的信息增加也会在整体上导致一些间接影响。具体来说，来自个人绩效评价（国家研究活动评价委员会）的数据以汇总的方式使用，已经影响到集体荣誉。因为在"国家研究活动评价委员会研究活动评价"中有被否决记录的学者不会受到同行的认可，所以个人信息几乎变成损害个人权利的秘密和私人信息。但是，越来越多机构和科学领域将这些信息汇总起来，一些关于大学和科学研究理事会好坏优劣的数据（基于对终身教授和研究人员的评价）已经在一些排名出版物上看到（MEC，2004）。

在整体层面上，个人研究绩效评估体系还有另外一些影响。标准学术准则的使用（主要是基于国际科学出版物的发表情况）使西班牙学术出版模式发生了改变，这种改变虽然缓慢，但已经成型。近些年来，国家研究活动评价委员会体系使得西班牙在汤姆森科学信息研究所数据库的份额有了显著而持续的增长（Jiménez-Contreras 等人，2003）。这些过程与那些把公式资助和汤姆森科学信息研究所数据库发表联系起来的国家的情况类似（Bulter，2003）。

还值得注意的是，文献计量学指标（尽管这些指标在西班牙不是在直接评价时使用，而更常在文献计量学研究中使用）对学术界非正式的"声誉市场"有强烈的间接影响。关于这个方面，一些公共机构已经开始对西班牙文献计量学领域进行系统分析（包括各领域和机构的分析），并在此基础上发布排名（FECYT，2005）。

这些动态过程也跟系统中一个最重要的进程有关——差异化。由于研究资助机制以项目为基础，差异化正在加剧。一方面，这些差异化体现在研究团体之间获得竞争性外部资助的相对层级中，另一方面也体现在个体研究人员之间积极评价研究绩效期的情况中。

相较于研究团体和个体研究人员这一层级，我们发现研究机构层级的差异化程度很小，即大学、科研中心之间的差异很小。对此，所设计和实施的机构评价与资助决策没有联系这一事实只能作为部分的解释。研究评价作为一个战略性计划和改善管理的工具，发展得十分缓慢。尽管大学对机构评价有了新的重视，但在我们所研究的时期中启动的国家机构性评价并不重视研究活动评价，而地方机构评价也是如此。

增加大学和科研机构的差异化和专业化，除了需要评价结果所产生的间接声誉影响，还需要改变研究资助制度，创立集体性研究绩效评价机制，并把它与差异化的资助联系起来。此外，如科鲁兹.卡斯特罗和桑兹·梅内德斯（Cruz-Castro and Sanz-Menéndez，2007）所报告的，新型研究机构的出现，能够加强机构间的竞争，促进差异化和专业化进程。

如果发展新的资助方式来影响机构的行为，比如聘请研究人员，我们会看到更为机构指向性的研究绩效评价的出现。或者，像很多战略性计划模型所表明的那样，建立或强化基于合约的资助新模式，能促进软性的机构研究评价的发展。但是，总的来说，由于资助来源渠道多元化的程度增加,近期的趋势总体上减弱了国家研发当局对系统整体的指导能力。

参考文献

Ben-David, Joseph (1971), The Scientist's Role in Society, Englewood Cliffs, N. J. : Prentice-Hall.

Ben-David, Joseph (1972), American Higher Education, New York: McGraw-Hill.

Braun, Dietmar (1993), 'Who Governs Intermediary Agencies? Principal-Agent Relations in Research Policy-Making', Journal of Public Policy, 13,135 - 162.

Butler, Linda (2003), 'Explaining Australia's increased share of ISI publications—the effects of a funding formula based on publications counts', Research Policy, 32,143 - 155.

Bricall Report (2000), Informe Universidad 2000, Madrid: CRUE

Callon, Michel, Philippe Laredo and Philippe Mustar (eds.) (1995), La Gestion Stratégique de laRecherche et de la Technologie, Paris: Economica.

Campanario, Jose Manuel (1998a) 'Peer Review for Journals as It Stands Today'. Science Communication, 19,181 - 211.

Campanario, Jose Manuel (1998b) 'Peer Review for Journals as It Stands Today'. Science Communication, 19,277 - 306.

Chubin, Daryl E. and Edward J. Hackett (1991), Peerless Science: Peer review and U. S. Science Policy, Albany, N. Y. : State University of New York Press.

Cole, Stephen (1998), 'How Does Peer Review Work and Can It be Improved?' Minerva, 36,179 - 189.

Cole, Stephen and Jonathan R. Cole (1973), Social stratification in Science, Chicago: University of Chicago Press.

Cole, Stephen, Leonard Rubin and Jonathan R. Cole (1978), Peer review in the National Science Foundation: Phase one of a study, Washington DC: The National Academy of Sciences.

Cruz-Castro, Laura, and Luis Sanz-Menéndez (2006) 'Careers at universities and public research centres: evidence from individual trajectories' data', Paper presented at the Conference on Science and Technology Policy 2006: US-EU Policies for Research and Innovation, Atlanta, 18 - 20 May 2006.

Cruz-Castro, Laura, and Luis Sanz-Menéndez (2007), 'New Legitimation Models and the Transformation of the Public Research Organizational Field', International Studies of Management and Organization, 37, 27 - 52.

Dasgupta, Partha and Paul A. David (1994), 'Towards a new economics of science', Research Policy, 23, 487 - 521.

DiMaggio, Paul J. and Walter W. Powell (1983), 'The iron cage revisited: Institutional isomorphism and collective rationality in organizational fields', American Sociological Review, 48, 147 - 160.

FECYT [Fundación Española para la Ciencia y la Tecnología] (2005), Indicadores Bibliométricos de la actividad científica española-2004, Madrid: FECYT.

Fernández de Labastida, José Manuel (2005), 'The role of institutional evaluation in the CSIC strategic planning and its consequences', Presentation at the OECD/BMBF International Workshop on the Evaluation of Publicly Funded Research, Berlin, 26. and 27. September 2005.

García, Clara Eugenia and Luis Sanz-Menéndez (2003), 'The Evolution of Knowledge Management Strategies in PROs: The Role of S&T Policy in Spain', in OECD [Organisation for Economic Cooperation and Development] (ed.) (2003), Turning Science into Business: Patenting and Licensing at Public Research Organisations, Paris: OECD, pp. 203 - 222.

García, Clara Eugenia and Luis Sanz-Menéndez (2005), 'Competition for funding as an indicator of research competitiveness: The Spanish R&D government funding', Scientometrics, 64, 271 - 300.

Georghiou, Luke (1995), 'Research evaluation in European and National science and technology systems', Research Evaluation, 5, 3 - 10.

Geuna, Aldo and Ben R. Martin (2003), 'University Research Evaluation and Funding: An International Comparison', Minerva, 41, 277 - 304.

González Lopez, María José (2006), 'Towards decentralized and goal-oriented models of institutional resource allocation: The Spanish case', Higher Education, 52, 589 - 617.

Hernández Armenteros, Juan (2004), La Universidad española en cifras

2004, Madrid: CRUE.

Jiménez-Contreras, Evaristo, Felix de Moya-Anegón and Emilio Delgado López-Cozar (2003), 'The evolution of research activity in Spain: the impact of the National Commission for the Evaluation of Research Activity (CNEAI)', Research Policy, 32,123 – 142.

Liefner, Ingo (2003), 'Funding, resource allocation, and performance in higher education systems'. Higher Education, 46,469 – 489.

MEC [Ministerio de Educación y Ciencia] (2004), Informe del Profesorado funcionario de las universidades públicas españolas y de la actividad investigadora evaluada, Madrid: Secretaria del Consejo de Coordinación Universitaria, MEC, Junio 2004.

Merton, Robert K. (1957), 'Priorities in scientific discovery: A Chapter in the Sociology of Science', in American Sociological Review, 22,635 – 659.

Mora, José-Gines (2001), 'The academic profession in Spain: Between the civil service and the market', Higher Education, 41,131 – 155.

OECD [Organisation for Economic Cooperation and Development] (1964), Country Report on the Organisation of Scientific Research: Spain, Paris: OECD.

OECD [Organisation for Economic Cooperation and Development] (2006), Evaluation of Publicly Funded Research. Recent Trends and Perspectives, Report prepared by Luke Georghiou and Philippe Laredo [DSTI/STP (2006)7], Paris: OECD.

Pelz, Donald C. and Frank M. Andrews (1966), Scientists in Organizations. Productive Climates for Research And Development, New York: John Wiley and Sons.

Sánchez-Ferrer, Leonardo (1997), 'From Bureaucratic Centralisation to Self-Regulation: The Reform of Higher Education in Spain', West European Politics, 20,164 – 184.

Sanz-Menéndez, Luis (1995), 'Research actors and the State: research evaluation and evaluation of science and technology policies in Spain', Research Evaluation, 5,79 – 88.

Sanz-Menéndez, Luis (1997), Estado, ciencia y tecnología en España (1939 – 1997), Madrid: Alianza Editorial.

Sanz-Menéndez, Luis and Laura Cruz Castro (2003), 'Coping with environmental pressures: Public Research Organizations responses to funding crisis', Research Policy, 32,1293 – 1308.

Sanz-Menéndez, Luis and Laura Cruz-Castro (2005), 'Explaining the science and technology policies of regional governments', Regional Studies, 39,939 – 954.

Schoijet, Maurico and Richard Worthington (1993), 'Globalisation of science and Repression of scientists in Mexico', Science, Technology and Human Values, 18,209 – 230.

Whitley, Richard (2000), The intellectual and social organization of the sciences, Oxford: Oxford University Press, second edition.

Whitley, Richard (2003), 'Competition and pluralism in the public sciences: the impact of institutional frameworks on the organisation of academic science', Research Policy, 32,1015 – 1029.

Zuckerman, Harriet and Robert K. Merton (1971), 'Patterns of Evaluation in Science. Institutionalisation, Structure and Functions of Referee System'. Minerva, 9,66 – 100.

第十一章
同行评审的终结？ 结果导向管理在美国研究中的影响

苏珊·科仁斯
Susan E. Cozzens

过去 20 年来,大多数世界经合组织国家在研究中采用了研究评价和绩效衡量系统,研究界为此提出了抗议和担忧,执行机构也为此下定决心进行改革。自由当然是特别好的事,研究者当然也希望有更好的资源和自我引导来应对外部的监管。与此同时,政府机构显然也认为只有通过设定明确的绩效目标才能理性和负责任地期待他们所资助的项目达到最高质量。因此,该问题引发了大量会议和学术期刊的关注。

设计科研评价体系的付出是否都有回报呢？ 面对争议,公共卫生部门还是努力尝试在供应水中加入氟化物,他们希望经过一段时候,民众的蛀牙问题有所改善,事实证明他们做到了。在采纳了研究评估体系后,科研官方机构是否也看到了国家研究的改善？ 此外,是否如预测般,批评家看到了研究创造力的下降？ 这些说法为时过早还是根本说不清？

本文将通过梳理美国联邦政府的成果导向研究管理体系的近期历史来反思这些问题。20 世纪 90 年代初,美国通过《政府绩效和结果法案》(Government Performance and Results Act, GPRA,见美国国会,1993)引入了成果导向研究管理体系。该法案已被纳入立法(Mcmurty,2002)。管理和预算办公室(Office of Management and Budget,OMB)通过其项目评估和评级工具(Program Assessment and Rating Tool，PART)①将对绩效的强调又向前推进了一步,该工具似乎是一个强大的评估系统,用惠特利的话来说:这是一个正式的、公开的,并与资源分配相关联的评估系统。事实上,在过去 10 年中,许多研究机构已经加强了他们的评估系统,最引人注目的例子来自联邦实验室。

然而,在响应立法要求的同时,美国研究机构也逃脱了 10 年前许多人担心的危险。量化的绩效目标管理模式不仅很少,且主要局限于基础设施和管理流程。质量回溯性同行评审已被正式接受为多数项目的绩效衡量方式。基础研究机构已经说服管理和预算办公室,应该将运行良好的项目筛选过程作为研究机构的主要绩效指标,而不是预先计划好的研究发现(OMB, 2005)。

让我们思考一下管理和预算办公室关于研发投入标准的表述。

> 虽然这些标准旨在适用于所有类型的科学研究,但政府知道,预测和评估基础研究的成果向来不容易。偶然的结果往往是最有趣的,最终也可能是最有价值的。承担风险和朝着难以实现的目标努力是良好的研究管理的重要方面,创新和突破也是成果之一。然而,这些事实之间并不存在内在的冲突,需要更清楚地了解项目目标和实现这些目标的绩效。政府希望各机构将重点放在改善其研究项目的管理和采用有效的实践上,而不是预测不可预测的情况。

> 投资标准的目的不是推动基础研究项目追求风险更低、成功机会更大的研究。相反,政府将集中精力改善基础研究项目的管理。(OMB, 2005:60)

经验丰富的评估者会注意到"管理"是一个过程概念。那么,在这个描述中,基础研究的结果导向管理的"结果"在哪里? 在这里,项

---

① http://www.whitehouse.gov/omb/part/(于 2006 年 11 月 6 日访问该网站)。

目筛选压倒了结果，结果导向的管理似乎遭遇了"同行评审的终结"，并被许多人称赞。然而，如果说美国的研究避开了强有力的评估体系的最大陷阱，那就是低估了结果导向管理作为一个整体的影响。在美国，这一系统对任务导向的机构，尤其是政府实验室产生了最大的影响。本文认为，这些工具的影响最好从它们对创新系统的影响来看，包括对部门和国家层次的影响（Freeman，1987；Lundvall，1988；Malerba and Orsenigo，1997；Nelson，1993）。在美国，这些结果在很大程度上是积极的，是惠特利的组织框架基于结构性原因有良好预判的。

一、　分析框架

我们不能孤立地理解美国科研评价体系的影响。在美国，科研评价体系在成果导向管理的整体系统中得到了加强，产生效果的是整体系统，而不仅是其中的一部分。结果导向管理的目标是将政府的项目经理的注意力从投入转向结果，从支出转向结果。为此，第一个主要成果导向的立法《政府绩效和结果法案》需要 3 份文件：涵盖 5 年期，每 3 年更新一次的战略计划；设定具体的年度目标绩效水平绩效计划；一份说明是否达到目标绩效并做出解释的绩效报告（美国国会，1993）。战略计划是按项目组织的（大多数机构为了《政府绩效和结果法案》的目的，将它们的项目汇总在相当高的水平上；见COSEPUP，1999），每个项目都有其目标和绩效目标，这些目标促进了机构的目标完成。在研究项目中，目标和目的被转化为项目的筛选标准，每个项目也都设定了预期绩效目标。

评估是汇总各种项目的结果，并将其与机构目标和目的进行比较，并提出问题：我们是否实现了我们希望实现的目标，完成了我们的使命？这个问题的答案被反馈到战略规划中，并再次贯穿整个周期。

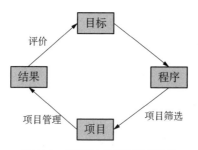

图 11.1　成果导向的管理循环模式

惠特利的分析框架试图解释不同组织环境下科研评价体系的影响。该框架由 5 种资助类型、科研评价体系中的 2 个实力层次、公共研究体系的 4 个特征和领域的 4 个特征构成。这些变量共同预测了对竞争、学科性和风险等的影响。简而言之，惠特利声称，在学科精英控制资源分配的地方，强有力的评估系统的引入将增加个人和机构之间的竞争，并抑制冒险和跨学科的研究。基于惠特利的分析框架，在已经有来自各种资金来源，且呈现高度使用导向的地方，这些负面影响则被"限制"或"削弱"。

在这份结果清单中引人注目的是这些影响都是无意的，因此不包括政府管理者在引入评估系统时所期待的变化。可以看出，在对评价系统的影响进行全面评估时，其中两个目标尤为重要：

首先是信任。《政府绩效和结果法案》的第一个目标是增加美国公众对政府的信心（在我的认知里，这个法案从未为此负责）。科研评价体系是否成功地建立了公众信心和信任？许多美国研究机构，特别是那些勉强接受研究评估的机构，也强调了简洁陈述战略目标的传播价值，并利用这些目标陈述来帮助机构的功能更容易被评价。这些机构是否检验过这种传播模式的有效性？其造成的结果可能是更好的年度报告反而没有被检验。

虽然公众的信任增加可能很难衡量，但信任也体现在与关键外部利益相关者群体的特定关系中。在美国，以研究为基础的产业是最有影响力的，无论是在一般的国家层面还是在特定行业的创新体系。同样，特别是在健康和环境领域，有组织的公民团体也是公共研究评估体系的重要组成部分。这些群体对研究的信任可以通过它们参与到成果导向管理中的各个阶段（从战略规划阶段到事后评价）来建立。这种互动是否增加了？公众对研究的信任相比 10 年前是否提升了？

　　建立信任的目标可能被视为强制执行绩效评估制度的立法中的一种装饰。但是不可能把提高绩效本身作为一个目标。在《政府绩效和结果法案》立法十周年之际，本人采访了一些美国机构，试图了解《政府绩效和结果法案》对这些机构的影响。一些机构确信它们的效率已经提高了，而另一些则嘲笑这个问题。这些反应与惠特利的研究框架中的一些变量相关，实际上也与他对结果的描述相关。当机构将它们的主要角色定义为激发新想法（惠特利影响列表中的风险承担和学科交叉维度）时，换句话说，在基础研究中，它们不太可能认为《政府绩效和结果法案》提高了它们的有效性。然而，当任务导向的机构将它们的角色定位为增加知识库并帮助解决特定问题时，便会认为《政府绩效和结果法案》及其所代表的一系列管理方法是有用的工具，特别是在帮助活动的协调和规划方面。这些机构还不能指出哪些具体影响造成了系列活动调整，但它们高度自信，它们的系列活动组合的组织方式会扩大影响。（关于《政府绩效和结果法案》的事实和结果，参考 COSEPUP，2001 和 GAO，2004）

　　机构的反应指向了现代研究系统中绩效的双重性。科研组织通常被认为是创造力和冒险精神的源泉，但同时研究的组合也被认为是战略导向的，旨在解决工业或民间社会中产生的具体问题。新管理系统中与后一个目标最直接相关的工具是战略规划。影响评估也与研究系统的问题解决目标密切相关。对这一领域的方法论关注是否随着绩效管理系统的增长而增长？追踪研究结果的措施的存在和力度，将是很好的中间尺度，用来衡量绩效评估系统是否满足公共目标。

简而言之，我们需要在更广泛的创新系统背景下去评价科研评价体系的结果。一个创新系统，正如进化经济学中阐述的概念，由行为者(通常是研究机构、政府和产业)及其关系(有关论述见 Edquist，2006)组成。系统越好，所有行为者就越善于利用和积累知识来增加系统的活力和成长。创新系统概念的核心是学习型企业，或者，如果我们希望将该模式扩展到公共创新部门，则是一个学习型组织，无论是公共的还是私人的。学习型组织需要创造力和新想法的来源，他们需要解决他们特定问题的知识。学习型组织与其知识来源之间的关系是系统有效性的关键。学习型组织需要与研究型组织建立关系，这种关系不仅具有创造性和跨学科性，而且是开放的和具有响应性的。成果导向的绩效管理系统可能特别善于鼓励响应。

二、 美国的公共研究系统

美国是目前世界经合组织国家中最大的国家体系，2003 年其研发总支出为 2840 亿美元(美国国家科学基金会，2005)。联邦政府为研究提供大部分公共支持，绩效管理已经在联邦机构中实施。因此，将《政府绩效和结果法案》及其后续法案作为整体来评价科研评价体系是公平的。

图 11.2 是描绘这些关系的一个探索。为了抓住惠特利关于公共研究系统的概念，我将公共研发支出的来源等同于投入资金的机构而不是行业。工业研发作为研究机构的知识所面向的市场放在右侧，而有组织的内部协会作为联邦政府支出优先事项的塑造者放在左侧。该图表无法描述研究机构本身或部分联邦官僚机构(例如国

防部的武器市场）所创造的资金市场的实力（其他学习型组织和行业应该出现在右侧）。链接箭头并不是描绘消费者需求和工业研发之间关系的最好方式。最关键的是，作为一个国家图表，图 11.2 没有描述任何这种活动的国际背景，既没有以工业面临的国际竞争的形式，也没有学习型组织可以用来提高生活质量的国际信息来源。

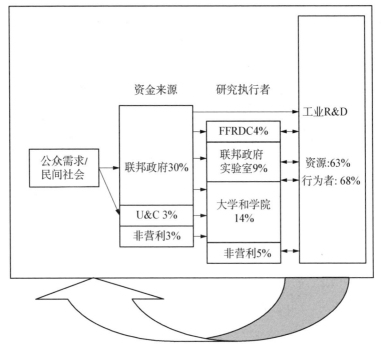

图 11.2   美国公共研究系统（来源：国家科学基金会，2005）

然而，这些不完美的数据确实表明，在美国主要有两个非行业的研究组织群体，即政府实验室和大学。[①] 政府实验室可进一步细分为校内实验室和联邦资助的研发中心（federally-funded research and

———————————————

① 虽然出现了非营利部门，但其数量只是一个估量，而且系统性的信息很少，所以我会在讨论中略过。

development centers，FFRDCs），后者几乎完全依赖联邦政府的资助。此外，大学的支持来源相当多样化，有来自联邦和州不同机构的资金，也有一些内部资金、产业支持和一些私人慈善资金。与政府实验室一样，大学分为两类：大约三分之一是私立大学（其研发经费大部分来自联邦来源），三分之二是公立大学，属于州政府而非联邦组织。因此，政府实验室和大学研究之间的比较将成为美国分析的一个重要方面。

三、　筹资形式

美国采用什么样的研究资助形式，不同形式的比例是多少？本文发现惠特利的分类需要增加维度来描述美国的资金流。他对整笔拨款和项目资助的区分是非常有效的。联邦实验室的主要资助一般都属于整笔拨款类别，尽管对联邦资助的研发中心而言，管理合约一般都要定期重新竞争（GAO，1998）。联邦之外的整笔拨款一般比较少见。农业部最大的项目每年分配的资金总额是 4.5 亿美元。[①] 大学从内部资源中投入的资源也可能属于这一类，尤其是州立大学，其中一部分资金来自州立法机构（国家科学基金会，2005）。

然而，从评价的角度来看，这些资金分配在某种形式上，都带有强式绩效评价系统的特点。此外，大学和政府实验室都有把研究绩效作为考虑要素的个人评价系统。美国大学的晋升和终身教职制度是一个重要制度，在研究型大学，晋升和终身教职候选人的研究证书会被仔细审查。在一些联邦实验室，包括美国国家卫生研究院，外部评审常用于人员评估（Cozzens，2001）。除了人员评估流程之外，所有政府实验室都要接受项目审查，联邦资助的研发中心必须定期重

---

① http://www.csrees.usda.gov/（于 2006 年 11 月 6 日访问该网站）。

新竞争以获得支持。

大部分美国联邦研究资金是通过竞争性的绩效评估，并以项目为基础进行分配的。这一规律适用于国家卫生研究院和国家科学基金会之外的资助项目，以及实验室所在机构的外部项目，如今甚至适用于政府资助的实验室，其中许多实验室以项目为基础进行内部资金竞争，一般竞争模式为某种形式的内部或外部绩效评估（Cozzens，2001）。这些内部项目的评估过程在许多机构中与结果导向管理循环的其余部分相联系：即通过战略计划来确定研究相关性，通过绩效计划来设定年度目标，以及使用外部评估者来检验战略方向和项目的质量。

诚然，很难从美国研究系统中的问题驱动研究中区分出学科驱动的研究[惠特利的"基于问题（project）"和"基于学科（programme）"资助]。国家自然科学基金会聚集了最大数量的真正基于学科的项目，这与它作为各领域之间的平衡地带以及维护大学研究健康的责任是相称的。国家科学基金会也以引领新兴的跨学科领域为傲，包括那些不一定是问题驱动的领域，用管理和预算办公室的话来说，它认为它支持的所有研究都是"基础的"。能源部基础能源科学办公室是物理学的主要支持者，它可能也会将一些项目视为基于学科的，包括对主要高能物理设施的支持。美国国家航空航天局的空间科学也是类似的定位。

美国国家卫生研究院在美国资助体系的其他部分中说明了这个问题。美国的生物医学研究是非常典型的"使用导向基础研究"，在唐·斯托克斯（Don Stokes）提出的框架中该现象属于巴斯德象限（Stokes，1997）。生物医学研究中所谓的临床前学科既是学科性的，也是问题导向的。他们制定自己的研究议程，由于其沉浸在基于科学的医学环境中，这些研究议程自然与人类健康有很高的相关性。国家卫生研究院可能会向管理和预算办公室争辩说，它资助的大部分项目是"基础研究",应该属于本章开头所提到的管理模式。

其他任务导向机构的一些资助项目也可能会提出类似的论点,但可能不那么令人信服。这些任务导向机构的大部分资助项目会明确地定位为问题导向项目,因此不主张管理和预算办公室标准中的基础研究。具体例子包括能源部的能源技术项目、农业部基于项目的外部资助项目以及海军研究办公室的外部资助项目。[①]

四、 科研评价体系的类型

惠特利将评估系统分为两类:弱式评估系统和强式评估系统。弱系统是非正式的、私有的和形式化的。从与资源分配有直接联系的角度上来说,强系统是正式的、公开的和总结性的。最强类型的强系统是基于可公开验证的绩效公式的资助体系。事实是,在美国,大多数资源分配是通过前瞻性评估而不是回溯性评估完成的,因此找到惠特利所说的强有力的评估体系的可能性相当小。回溯性评估通常只是前瞻性分配决策的一个输入,它同样或更多地依赖于提议的收益,即使管理和预算办公室的项目评估和评级工具系统也是如此。

《政府绩效和结果法案》被普遍认为是在美国联邦机构中引入更强评估系统的一次认真尝试,机构对《政府绩效和结果法案》要求的反应和吸收方式提供了许多机会来检验惠特利关于评估和组织动态的假设。为了检验,我们需要了解最基本的情况。当《政府绩效和结果法案》通过时,我刚完成一项针对美国联邦机构研究的项目评估调查(Cozzens 等人,1994;Cozzens,1997)。这个评估过程的影响可以

---

① 惠特利在其"项目"和"程序化"类别中进一步创建了另一个"委托"子类别。在美国,各中心就是这种资助形式的典范。它们经常在内部将资源分配给一系列活动。一些政府实验室也可能被认为有这样的操作。然而,我不知道任何与委托过程相关的评估问题,因此为了本文的分析目的,我将忽略这些细节。

描述为从很弱到几乎没有影响。在当时，我并没有发现基于回溯性评价的公式化资助。大多数任务导向机构通过"项目审议"的方式进行评估，通常这个过程都会涉及外部评估者，在某种程度上是基于评估者收到的信息来进行建构，但最后以项目改进为目标而私下向机构管理层报告。在强式评价的系统中，外部评估者对个人项目的绩效进行评级。然而，这些项目评议过程很容易被归为惠特利所说的"弱式评估"类别。

基础研究机构通常做的更少。特别是那些基于项目外部资助计划，一般采取同行评审方式进行项目筛选，国家卫生研究院和国家自然科学基金都没有进行任何定期的项目评估。有所例外的是那些非寻常的和有争议的项目，比如国家自然科学基金会的中心项目（例如，COSEPUP，1996；NSF，1993，国家生物医学和行为研究人员需求委员会，1994）。相比研究项目，这两个机构对其人力资源项目的评估会更加定期化和专业化。正式的项目评估被公布的部分原因通常是为了向机构外的大众展示项目的有效性。而几乎所有的评估都只是围绕项目预算的决策过程的一个输入。

总的来说，这些任务导向机构的项目评审过程都被大大强化了。它们与战略规划的联系更加紧密，使用外部专家的频率也更高，并且与资源分配流程的联系也更加紧密。环境保护局（Environmental Protection Agency 和农业研究局（Agricultural Research Service，ARS)都体现了这一趋势（Cozzens，2001）。这两个机构都管理着政府实验室。在《政府绩效和结果法案》之前的时代，这些实验室的评审程序都相当薄弱。根据《政府绩效和结果法案》，这两个机构都制定了强式的、有野心的战略目标，并开发了广泛的新系统来调整实验室的内部项目提案和评价过程等活动以期与这些目标相一致。

（一）任务导向的机构案例

就农业研究服务而言，调整过程涉及延伸性的外部咨询，以加强与学术界和产业界的联系。[①] 农业研究局的战略计划有五个目标，并将这些目标转化为研究术语。

（1）通过研究和教育，提高国内生产、加工和营销竞争力的知识增强农业系统的能力；

（2）为了美国公众的健康、安全和福祉，确保充足的食物供应并改善检测、监测、预防和教育计划；

（3）培养一个健康和营养良好的人群，他们有知识、欲望和手段来做出促进健康的选择；

（4）通过更好地理解和利用农业和林业与土壤、水、空气和生物资源的复杂联系，提高环境质量；

（5）通过基于研究的信息和教育为人们和社区赋能，以应对青年、家庭和社区面临的经济和社会挑战。

在过去的几年里，农业研究局的项目被归类与"国家项目"的目标一致。国家项目工作人员的工作组已经完成了这项工作，将最初的大约 50 个项目领域缩减到目前的 22 个左右，例如"作物生产"和"综合作物系统"。这些国家计划领域的设定代表了该组织的重大文化变革，同时设定了对特定项目的期望。在这种结构下，每个实验室活动都与战略计划目标相关联。战略计划形成标准，这些标准将项目纳入整体框架，并将在每年提交的预算中形成项目评估标准。因此，在这一过程中，与部门目标的相关性是一个主要考虑因素。新的国家计划结构的另一个特点是任命了 30 名国家计划领导人，每个领导人负责一个专门领域，并对该领域的协调工作负责。

一个新的科学质量评价办公室成立了，并招纳了一些国家计划的工作人员。在这个制度下，所有的项目都要同时接受外部评估。

---

① 以下描述是基于对农业科学研究院的国家项目工作人员大卫. 鲁斯特（David Rust）的采访（如 Cozzens，2001 所报道）。

这个做法使得评估小组能够看到项目的整体情况，而不是某个项目的局部情况。2001 年，该体系下的第一次食品安全评审得以完成。外部评估小组对每个项目进行评判（将它们分为优秀、良好或不良）。他们根据质量和相关性，以及调查人员完成项目的能力来做出判断，然后根据需要提出修正建议。这些评估小组的成员多数不是农业研究局的人员，大多数成员也不在政府部门工作。所有的评估小组成员都是有着卓越研究资质的博士科学家。有些成员将研究专业知识与那些在组织（那些会使用农业研究局研究结果的组织）工作的经验结合起来。

农业研究局觉得这个新系统有很多优势。过去，国家项目工作人员在每个项目到期时组织评审，一般要求 3 到 5 次外部评审。评价者没有被召集开会，也没有得到报酬。而新的评价系统鼓励对项目有更多的概述，他们觉得召集专家小组开会能够让他们更了解项目并提出更好的意见。第一批评审小组成员是非常严格的，农业研究局工作人员对于所受到的意见是非常满意的。

在项目评审中，实验室经理负责确保项目进度按目标进行。每个地区的办事处负责本地区研究活动的年度评审，并提交一份有关成绩和影响的报告。除此之外，农业研究局的 2 000 名科学家也要接受严格的个人评审。每隔 3～5 年就会组成内部同行评审小组去检验这些科学家的成就，去决定这些科学家是应该得到提升还是保留原级别。这个过程在机构里面有很大的可信度，机构为此投入了大量的时间和精力。规划的制定过程会把这些评价结果和影响考虑进去，前瞻性的项目评审也一样。回溯性评价过程也会被考虑。这些评价都会把农业研究局区域的战略计划目标作为评价标准。

（二）基础研究机构的变化

《政府绩效和结果法案》基本上没有触及到的是基础研究机构的

评估,包括国家科学基金会和国家卫生研究院。这两个机构在将战略规划融入其管理风格方面都取得了长足的进步。在《政府绩效和结果法案》之前的几年里,两者的战略计划制定都不太顺畅,现在它们已经以战略计划的形式抓住了任务的本质。两个机构能将其资助项目的进展和成就的案例收集系统化了(这是向结果导向迈出了真正的步伐)。国家卫生研究院最初使用了外部评价小组来检验这些成功的案例,并对机构绩效做出判断,国家科学基金会至今还有这样的评价小组。[①] 国家科学基金会将绩效评估融入了现有的访客委员会(Committee of Visitors,COVE)流程,要求机构层面的《政府绩效和结果法案》评价小组把 30 多个年度 COV 的判断汇总成对机构绩效的判断。这个步骤可以理解为采用类似于《政府绩效和结果法案》以前的任务导向机构运作模式来进行建立项目评审模式。但是两个机构都还没被要求通过评价结果的信息来形成系统化或数据化的内容。正式的项目评估不像《政府绩效和结果法案》以前那么频繁或普遍。当前管理和预算办公室对绩效的理解是管理而不是结果,这种情况下,这些机构的同行评审是足够的。

在某些方面,按照惠特利所确定的组织动力学,这些变化模式是可以预测的。强式的学科精英主义已经很好地嵌入这些机构的权力结构,它们能够在成果导向的管理中注入自己对绩效的定义,这使得它们在资源分配过程中的角色不被侵犯,并继续控制着以前所掌握的内容,同时加入了战略计划的讨论过程。相反,在任务导向机构(mission agencies),成果导向管理强化了问题导向。然而,过程的公开化也促使了研究群体更多的外部评审,这反过来会促使研究群体把公众目标加入研究项目。在惠特利的研究框架中,这个结果是不可预测的。

---

① http://www.nsf.gov/about/performance/acgpa/index.jsp(于 2006 年 11 月 7 日访问该网站)。

五、结果

　　惠特利似乎假设弱式的评价系统不会产生他所感兴趣的负面作用,因此他也很少关注。但是关于信任和战略规划的评价的结果并不取决于与资源分配相关的正式和公开的评价活动实施。通过深入的评价来明确目标和加强与利益相关方的沟通,可以加强大家对绩效的关注,即使评价结果没有与基于公式的资源分配挂钩。惠特利的分析背后的观点是:强式的研究评价系统加强了声誉竞争,以及需要与竞争对手协调研究计划,巩固彼此的学科界限,也不鼓励冒险。

(一) 竞争的好处

　　惠特利的一个假设是,从整笔拨款转向基于绩效的资源分配会增加研究人员的竞争意识。这是一个相当明显的观察结果,很难描绘出一种不真实的情况。关键问题是,这一转变还会带来什么其他后果,进而考虑收益是否大于成本的问题。

　　我近期完成了一个网络的评价过程研究,这个网络 40 年来一直享受着州项目的整笔资助(OSB, 2006)。这个项目网络包含了研究和推广,是美国一个重要出口行业的创新体系的联邦资助核心。大约 6 年前,该网络引入了项目审查流程,包括对战略规划的要求。在过去的几年里,州计划的项目评审系统开始正式化,并和一小部分"绩效资金"挂钩(不到该计划资金总额的 10%;所有的基础资金都被保留了下来)。州计划基于绩效的预算的这一小步引起了激烈的争议,更使得该网络感到很麻烦,在这之前,该网络一直认为彼此是协作型的,现在却是竞争型的。国家计划和州计划的工作人员之间的信任多少也被破坏了,因为国家计划的工作人员最终会依据项目评级来做出决策。

尽管如此，网络上仍有一个普遍共识，即①整个计划的外部声誉得到了改善，因为它进行了认真的公开评估，②许多州计划的绩效表现由于实施了评价制度而有所提升。一位外部观察者会说，评估体系的力量确实得到了各州计划的关注，因此创新体系正在逐步加强。竞争意识的增强至少在目前来看可能是弱势单位绩效提升的小代价。此外，该项目声誉的提高增加了继续获得资助的机会。因为战略规划在一个分散式网络中很难实施，并且在资助组织中仍处于形成阶段，所以惠特利计划所预测的提升智力合作也尚未实现。但在竞争环境下，该计划的实施应该比整笔拨款计划更有效。

（二）跨学科

惠特利的分析认为，强式的评估系统有可能固化学科边界，并且抑制跨学科研究。美国在转向强式评价系统过程中，并没有产生上述效果。考虑到系统结构因素，也许惠特利的变量预测了这个结果。首先，众所周知，美国的联邦资金很少是基于学科的。通过战略规划所描述的公共利益和目标，使得机构在预算依据中不会重视基于学科的项目，管理和预算办公室在设定资助计划方向时，已经给基于学科的项目而不是解决问题的项目留下空间。

美国研究学科的堡垒是大学院系，但联邦资助日益增长的跨学科性并没有威胁到大学院系在员工招聘、晋升以及职业生涯中的地位（促进跨学科研究委员会，2004）。多种资金来源使得许多领域的大部分学者可以在几个地方寻求支持，他们通常可以同时发表理论，也为资助者提出问题解决方案。在联邦机构引入强式的评估系统对这些可能性以及学科领域的结构几乎没有影响。

对于大多数学者来说，新管理风格导致的主要结果是他们需要做更认真的结果报告。支持这些风格的机构可能要求更详细的研究终报告,更多地计算研究产出和更积极地确定研究影响。① 新的报告格式可能会使研究人员更加了解其机构想实现的目标,从而有可能提高实际绩效。如果研究人员也参与机构战略计划制定过程(很多是通过咨询委员会来参加),这种影响应该会增加。更大规模的资助也将受到更严格的结果审查。

（三）短期主义

惠特利不是唯一一个预测强式科研评价体系会减少研究人员开展有风险研究的可能性,也会引导研究人员更多关注短期成果的人,美国在关于加强评价系统的讨论中也多次表达了这一担忧(COSEPUP,1999)。本篇导言中引用管理和预算办公室的话只是一个例子,它说明了一个有趣的现象:由于担心评估系统可能产生不良影响,恰恰在科研评价体系得到加强的时候,美国将冒险列为美国研究系统的价值观并将其制度化。美国研究系统将冒险纳入绩效概念,并提供了新的机会使得冒险成为官方目标。因此,它们是鼓励、而不是阻止冒险,至少在言辞层面上是这样。

试图避免正式的评价程序对不确定结果和非常规方法影响的一个例子是美国国家卫生研究院的先锋奖新项目——向一小批极具创造力的研究人员提供小型资助,让他们以不受约束的方式探索他们的最佳想法(参见美国国家卫生研究院院长先锋奖②)。该项目被描述为"未来研究团队的一项高风险研究计划",它只需要一个简短的提案,并根据其创造性进行评估,同时把研究者在开创性研究中的以往记录作为考虑因素。国家科学基金会也将"发现科学"作为一个主题,并呼吁在其新举措中进行"突破性"研究,甚至在社会科学领域

---

① 其中很多机构可能同时提供在线报告系统,使该任务的难度较之前有所下降,比如国家科学基金会的 FastLane 系统。

② http://nihroadmap.nih.gov/pioneer/(于 2006 年 11 月 6 日访问该网站)。

（例如，国家科学基金会的人类和社会动力学项目①）。正如早先很难判断系统中风险承担的实际水平是高还是低一样，这些措施的实际效果也很难判断，但至少有这样的官方做法和批准应该会增强评议者的声音，他们希望在评价这些项目提案的过程中，甚至是在这些机构的常规项目提案中，发现一丝一毫的创新。

（四）战略联盟

惠特利对强评估体系的最后一点担忧是，它鼓励研究管理和机构间的声誉竞争。在他看来，项目资金的竞争让正统的学科占据了上风，并降低了真正有创新的新项目的可能性。美国的经历证实了第一个预测，但不是第二个。在大学和政府实验室中，资金来源的结果导向管理鼓励了更多的企业化的战略管理，侧重于利用各种联邦资金来源提供的机会。随着资助机构目标的明确化，并将它们更有效地转化为项目，研究执行机构也进行了重组，以应对新的挑战机遇。像亚利桑那州立大学这样的大学正在将自己重新组织成跨学科的学校，以便应对外部世界的问题。一些联邦资助的研发中心，如橡树岭国家实验室（Oak Ridge National Laboratory）正在为它们的研究人员提供激励，鼓励他们寻求与大学和私营公司的新伙伴关系，从而扩大他们受资助的可能性。这种研究组织已经接受了新的挑战：通过阐述它们的工作付出来影响资金来源的资助决策。

惠特利预测的战略联盟在许多情况下都是可见的。本篇已经描述了在农业研究局内部，通过项目重组进行战略整合的过程。在新的环境中，实验室领导必须意识到现实情况，要熟练地管理内部资源以充分利用竞争优势。国家计划的新结构旨在向公众宣传农业研究局研究的益处。通过将项目集中在与战略计划明显相关的主题下，

① http://www.nsf.gov/funding/pgm_summ.jsp?pims_id=11678&.org=NSF（于2006年11月6日访问该网站）。

农业研究局希望使项目的有用性变得明显。为了让公众可以访问这些信息，其互联网主页内容已经组建。每个国家项目领域的年度报告将会出现，并带有显示与每个项目相关的链接。此外，农业研究局还不定期举办研讨会，与客户和特定项目领域的利益相关方进行磋商，制定行动计划，这些计划也显示在网络上。新结构的一个重要优势是与科学人员的沟通。据该机构官员称，工作人员曾怀疑是否有人在关注，但现在他们已有肯定的答案。农业研究局研究人员现在更多地考虑他们的影响，并意识到需要解决客户和利益相关者希望解决的问题。此外，据该机构的预算人员称，他们从国会工作人员那里收到的问题已经改变，国会工作人员更多地为公众关注研究的结果。

海军研究实验室（Naval Research Laboratory，NRL）提供了另一个例子（Cozzens，2001）。实验室本身开发了内部竞争管理流程，这个管理流程在响应客户需求方面比整笔拨款系统有更大的灵活性，这在很大程度上是因为不想灵活响应的人可能会被解雇（这种情况在政府雇主中很少见）。每个研究团队必须获得自己的资源组合，主要是外部资源，以向实验室客户展示其价值，否则将遭到关闭。即使在大学里，联邦环境也要求战略性投资。内部资源分配更倾向于提高校园外部资金竞争的潜力，例如当大学为主要中心或培训资助提供配套资金时，最好是选择来自州、联邦和行业来源组合的项目。

（五）开放窗口

然而，这种意义上的研究管理并没有消除美国研究系统的创造力。新方向的价值已经制度化，在美国系统中有许多支持性的开放机会。例如，海军研究办公室的核心资金提供了发展新方向的机会。这种资金是通过竞争性提案分配的，这些提案由一个高级经理团队根据提案建立核心竞争力的能力进行排名，有助于将扩展实验室那些由客户资助的工作领域。那些表现出有希望吸引外部客户的核心能力的提案会得到优先考虑,但在核心资金支持下开展的研究侧重于学习和新技能,而不是为付费客户生产产品。对于国家自然科学基金而言,大部分资源仍然竞争性地分配给研究者发起的资助而不是通过合约,甚至科学和技术中心和跨学科研究生培训项目的大笔资助也是在大范围的领域资助的,其重点是原始组合创新和突破性创新(例如,科学和技术中心①和综合研究生教育和研究培训②资助)。美国研究人员在他们的新想法上展开竞争,而不仅仅是停留在旧想法上。

六、结论

因此,结果导向的研究管理以两种方式服务于美国的创新体系,一种是通过开放的创新之窗,另一种是通过以问题为导向的互动工作。美国研究界变化的总体情况是:①围绕战略计划与利益相关者群体的互动增加;②跨学科性增加;③鼓励新想法和冒险;④所有研究组织的战略一致性更好。一些经历过变革的人肯定会问,付出的代价是否值得? 这一质疑在基础研究机构中最具意义,这些基础研究机构在执行相关法案方面所付出的努力不亚于任务导向机构,但在结构和程序方面的变化最小。在以任务为导向的机构中,变化往往被认为更为重要。

长期以来,美国研究体系的多元化一直被认为是其优势所在,而对成果管理制经验的分析证实了这一判断。美国研究机构长期以来享有相当大的战略自主权,尤其是大学,因为它们独立于联邦政府。

---

① http://www. nsf. gov/funding/pgm_summ. jsp? pims_id = 5541&org = NSF(于 2006 年 11 月 6 日访问该网站)。

② http://www. nsf. gov/funding/pgm_summ. jsp? pims_id = 12759(于 2006 年 11 月 6 日访问该网站)。

在过去的 10 年里，绩效管理的趋势鼓励了基于项目、绩效评估的研究组合的推广，这不仅发生在大学部门，而且也发生在政府实验室。回溯性评价过程得到了加强，全面提高了质量保证。战略规划激发了创新体系所需的全方位目标，涉及范围从承担风险和新方向变为战略调整和结果导向。通过调整和改进政府实验室的工作，部门创新系统得到了加强，如农业系统，而基础研究机构则获得了他们需要的灵活性去达到意想不到的结果。综上所述，这将是一项目创新体系的成功尝试。

备注：任务导向的机构（mission agencies）是相对于基础研究机构（basic research agencies）而言。

参考文献

Committee on Facilitating Interdisciplinary Research and Committee on Science, Engineering and Public Policy（2004）, Facilitating Interdisciplinary Research, Washington, D. C. : National Academies Press.

Committee on National Needs for Biomedical and Behavioral Research Personnel, Studies and Surveys Unit, Office of Scientific and Engineering Personnel, National Research Council (1994) Meeting the Nation's Needs for Biomedical and Behavioral Scientists, Washington, D. C. : National Academies Press.

COSEPUP ［Committee on Science, Engineering, and Public Policy］（1996）, An Assessment of the National Science Foundation's Science and Technology Centers Program, Washington, D. C. : National Academies Press.

COSEPUP ［Committee on Science, Engineering, and Public Policy］（1999）, Evaluating Federal Research Programs: Research and the Government Performance and Results Act, Washington, D. C. : National Academies Press.

COSEPUP ［Committee on Science, Engineering, and Public Policy］（2001）Implementing the Government Performance and Results Act: A Status

Report, Washington, D. C. : National Academies Press.

Cozzens, Susan E. (1997), 'The Knowledge Pool: Measurement Challenges in Evaluating Fundamental Research Programs', Evaluation and Program Planning, 20,77 - 89.

Cozzens, Susan E. , Steven Popper, James Bonomo, Kei Koizumi and Ann Flanagan (1994), Methods for Evaluating Fundamental Science, Washington, D. C. : RAND, Critical Technologies Institute.

Cozzens, Susan, with Barry Bozeman and Edward A. Brown (2001), Measuring and Ensuring Excellence in Government Laboratories: Practices in the United States, Report prepared for the Canadian Council of Science and Technology Advisors, http://www. csta-cest. ca/files/States. pdf (accessed on 6 November 2006).

Edquist, Charles (2006), ' Systems of Innovation: Perspectives and Challenges', in Jan Fagerberg, David C. Mowery and Richard R. Nelson (eds.), The Oxford Handbook of Innovation, Oxford: Oxford University Press, pp. 181 - 208.

Freeman, C. (1987), Technology policy and economic performance: Lessons from Japan, London: Pinter Publishers.

GAO [General Accounting Office] (2004), Results-Oriented Government: GPRA Has Established a Solid Foundation for Achieving Greater Results, GAO 04 - 594T, Washington, D. C. : GAO.

GAO [General Accounting Office] (1998), Department of Energy: Uncertain Progress in Implementing National Laboratory Reforms, RCED 98 - 197. Washington, D. C. : GAO.

Lundvall, B. A. (1988), 'Innovation as an interactive process: From user-producer interaction to the National Innovation Systems', in G. Dosi, C. Freeman, R. R. Nelson, G. Silverberg and L. Soete (eds.), Technology and economic theory, London: Pinter Publishers, pp. 349 - 369.

Malerba, F. and L. Orsenigo (1997), 'Technological regimes and sectoral patterns of innovative activities' in Industrial and Corporate Change, 2, 45 - 74.

McMurty, Virginia A. (2002), Government Performance and Results Act: Overview of Associated Provisions in the 106th Congress, Washington, D. C. : Congressional Research Service.

NSF [National Science Foundation] (1993), Guide to Programs in the Division of Research, Evaluation and Dissemination with specific guidelines for individual programs, NSF 93 – 143. Arlington, VA: NSF, http://www. nsf. gov/pubs/stis1993/nsf93143/nsf93143. txt (accessed 6 November 2006).

NSF [National Science Foundation, Division of Science Resources Statistics] (2005), National Patterns of Research and Development Resources: 2003, NSF 05 – 308, Brandon Shackelford: Arlington, VA.

Nelson, R. R. (1993), National Innovation Systems: A Comparative Analysis, Oxford: Oxford University Press.

OSB [Ocean Studies Board, National Research Council, Committee on the Evaluation of the Sea Grant Program Review Process] (2006), Evaluation of the Sea Grant Program Review Process, Washington, D. C. : National Academies Press.

OMB [Office of Management and Budget] (2005), Guidance for Completing the Program Assessment Rating Tool' (PART), Washington, D. C. : OMB, http://www. whitehouse. gov/omb/part/fy2005/2005 _ guidance. doc (accessed 6 November 2006).

Stokes, Donald E. (1997), Pasteur's quadrant: basic science and technological innovation, Washington, D. C. : Brookings Institution Press.

U. S. Congress (1993), Government Performance and Results Act of 1993, 103rd Congress, S20/HR826, Washington, DC: Government Printing Office.

第十二章
科研评价体系的社会秩序①

约翰·格拉瑟
Jochen Glaser

一、 研究评价的社会学分析

　　科研评价体系是一种管理工具,旨在通过提升科学质量来改变科学,但与此同时,科研评价体系也改变了管理模式,公众担忧这种模式的改变会导致研究内容的变化。本章说明了科研评价体系极有可能与知识生产的条件、社会关系以及实践紧密相关。一些科研评价体系影响着知识生产的一个重要条件,即资源的获取。还有一些科研评价体系会通过开放和要求学者参与科学决策的方式,来改变科学社群中各方的关系,进而改变评价的主客体之间的权力平衡。同时,科研评价体系对大家对"好研究"的理解和讨论也有着重要影响,改变了学校和学科关于"好研究"的模型和看法。了解科研评价体系的影响机制,会提高我们对科学知识在个体和集体层面的生产方式的认识。这就是为什么社会学应该关注科研评价体系的原因。没有社会学的输入与补充,高等教育研究要想充分认识这一新的政治工具对知识生产的影响,是不太可能的。

　　本书的其他章节也讨论了科研评价体系的变化及其制度化过

① 此处我要感谢凯特.贝克,格瑞特·劳德尔、邹·席曼克和理查德.惠特利为本章节的初稿提出了许多宝贵意见。

程。科研评价体系在不同的情境中产生，在不同的层面上得到制度化——包括在德国和西班牙的州级以及在西班牙（对个体学者）、荷兰、日本、瑞典和澳大利亚的国家层面。制度化过程始于不同的时间点，其发展的速度也各有不同，这就是为什么我们说在英国和澳大利亚有稳定的科研评价体系，但在很多其他的国家只能说是出现了科研评价体系。

我们对科研评价体系的发展和影响的认识还相当不均衡。好几个国家对科学决策过程和组织的反应已经有所研究，但对于科研评价体系与科学界及其研究之间的互动研究才开始。本书为科研评价体系的社会学研究提供平台，概述了这项出现在很多国家科学政策中的重大制度创新，我们已然了解了什么，又应该去了解什么。这些章节提出了这些科研评价体系在社会学层面的重要性，描述了可以用什么方式来研究这些现象。

在本章中，我将重点放在科学政策与知识生产之间的联系上，将科研评价体系理解为知识生产社会秩序的变化。这个角度克服了高等教育研究的一个典型局限性，即高等教育研究对机构和管理的关注不考虑科学知识产生的主要社会背景，即科学社群。对科学社群的忽视导致了对科学知识生产以及管理这种生产的社会结构的忽视，把研究简化为学者在大学中的专业性工作，把学者与大学之间的互动在概念上简化为管理方面的关系。这种研究方法的一个典型例子是克拉克（Clark）关于"高等教育体系"的著作，在书中他首先认可了知识生产的社会结构的首要性（'disciplines'，Clark，1983：28 - 34），但随后将社会结构的影响简化为"学术寡头"在高等教育管理中的参与。他提出的国家、市场和学术寡头的"三角关系"（同上：137 - 145）、以这个观点为基础的文献（参见列表于 Enders，2002：75）以及其他更加详尽的理论——比如席曼克（Schimank，2005）所提出的5 个智力模式系统——的共同点是，它们实际上将管理问题与作为管理对象的知识生产过程内生动态分离开来了。

　　尽管这些方法足以分析管理的一些方面，比如大学与国家的互动关系，但是它们没有涉及大学的一个重要功能，即科学知识的生产。为了充分理解现代大学的动力机制，我们需要"把工作带回来"（Barley and Kunda，2001），意思是把科学社群带进研究范围。科学社群有它独特的社会秩序，这个秩序蔓延在所有的科学政策机构和组织中。它们对学者的影响往往比大学内部管理措施对学者的影响大得多。把管理看作变化中的社会秩序这一角度，能够使关于制度、机构和科学间互动的研究处于一个统一的框架和同一层级的抽象概括中。

二、管制科学的问题

　　科研政策，尤其是科研评价体系政策，总体上是如下的景象：科研机构是由组织有序的国家单位管理的，这些单位在某种程度上是一个自我管理的组织，但也要对科学政策制定者和各层管理组织负责。社会学对科研评价体系政策的分析的第一个贡献是：社会学坚持认为上述景象本身就是一种建构。科研体系由科学政策制定者与科学精英共同建构，科研评价体系为了评价而对科学进行定义、描述，并建构科研单位。本书中惠特利、斯恩与席曼克、范德默伦、兰格以及内勒的贡献则是为研究领域、研究项目或"关键群体"下定义，并投入资源使得这些实体组织的分界是有效且"真实"的。科学精英的建构也是同样的作法。政策制定者邀请科学精英来进行研究评价，赋予这些精英获得特定资助的资格，将这些精英形成一个区分于一般群体的可见团体，给予他们特别的对待和一些新权力。正如惠特利在介绍章节所说的，研究评估体系的影响没有哪个是直接影响的或者致命影响的。科研评价体系的实际影响形成取决于这些影响所对应的知识生产实践和社会结构。

为了评价科研评价体系对科学的影响，可能最有价值的方式是梳理典型的国际科学社群，而不是从政治建构的领域开始。科学社群是一些参与者形成的群体，这些群体成员自主决定要解决什么问题，如何解决这些问题，以及要如何或向谁提供这些研究结果。这个高度离散的群体的社会秩序产生，需要所有成员参照一套共同的知识体，这套知识体必须是可以公开获取的。尽管每个知识生产者对于知识的理解是独特的，但是知识对大众是通用的使得这些知识可以合并。这个群体的成员身份是由个人认知及行为所构成的，而不是由规则或归因组成。基于自我认知的成员身份可以保持隐藏状态，也很容易改变。没有人会认识一个社群中的所有成员，而片段式、分散式或者临时性的社群特点使得科学社群是一个非正式的、流动的、定义不清晰的社会集体(Gläser，2006)。

由于科研社群的社会秩序取决于本土的自主决策，这些决策过程是由知识观察所驱动的，这也是哈耶克(Hayek)所说的术语"自发的"社会秩序(Hayek，1991)。"自发"的意思是社会秩序是由社群成员单方面做出调整而出现的效果，而不是有目的性的协调结果。科学知识生产过程中通常是存在很多不确定因素的，在这种情况下这种社会秩序产生模式是很高级的。通常，知识生产的很多点是未知的：

(1) 需要解决的问题到底是什么(问题应该如何形成和表述)

(2) 在现阶段是否有解决该问题的方法；

(3) 如何解决这个问题；

(4) 哪些知识是有效的、可信的，并且应该被用来解决问题；

(5) 谁能解决这些问题。

在这些情况下，分散的自主决策是有效的，因为它意味着很多独立的主体会同时企图提出问题并尽可能解决问题。尽管很多(有时是大部分的)尝试会失败或者是多余的,但这种分散的方式为尽快解决问题提供了最大的可能性。第二个好处就是生产者基于"自我认识"来承担科研任务(Benkler,2002:414 - 415;Gläser,2007)。个体生产者最了解他们自己的能力,会以他们能够解决的方式来提出问题,决定他们要做什么。这种关于任务的分散性决策保证了任务和生产者的最佳配对①。

科学社群中的自发性社会秩序不仅促进了在不确定的条件下的知识生产进展速度,而且使得科学社群能够快速适应它们工作中知识或社会条件的改变。然而,这也意味着科学社群没有任何集体决策的结构体系或工作流程,它也不能作出对所有成员都有约束力的决定。因此,一个科学社群的知识生产过程就像是"漂流"而不是一个定向流动。科学社群中的这个"管理赤字"——即它不能协调大型的成员群体,让他们集中精力在规定时间内达成一个目标——造成了"社群失灵"。这种失灵在不同的科学社群②是不同的,而且也不一定会在知识生产背景下发生。为了弥补科学社群中的内部管理赤字,它们会使用其他的社会秩序。各种各样的正式机构——如专业性机构、期刊、会议以及制度化的同行评审程序——促进了内部的决策、沟通与合作。科学社群与市场秩序(学术期刊与书籍的市场)的共生使沟通得以进行。

科学社群不正式、不稳定的社会形态,给它们与社会的互动也带来了问题。把自己与社会联系起来是科学社群的生存需要,因为科学社群自己不能创造知识生产所需的资源(除了知识本身)。研究资

---

① 它也容易导致个体的误解(对无法解决或与科学界无关的问题的定义)和解决方案的重复。然而,这两种"低效率"都只能在问题得到解决后界定,即不可能事前知道哪些尝试是徒劳的。

② 惠特利(Whitley,2000)已经讨论了知识生产协调中不同程度的不确定性和变量之间的关系。克诺尔. 塞蒂纳(Knorr-Cetina)用大量的极端例子描述了科学社群中的大型协调——高能物理学中大型实验的协调(Knorr-Cetina,1995)。

源必须由(国家)社会提供，而社会这样做是因为科学社群对知识和物质福祉有贡献。这种交换关系——科学与社会的社会契约——是现代科学的立足之基。

为了得到国家和社会的支持、为社会福祉作贡献，科学社群需要一个交界面，把它们与"社会"所特有的社会秩序联系起来。由于这些社会是"组织社会"(Perrow，2002)，这个交界面大多数是正式的机构。每所研究机构(包括大学)都是科学社群的一部分，为它们提供研究资源，而中介机构负责资源分配(如资助机构)和关于研究与研究政策的决策。社会对研究的期望、研究资源以及研究对社会福祉的贡献，是通过这些机构以及管理这些机构的制度实现的，它们共同构成了国家学术系统(Whitley，2003)。需求与贡献的变化，以及改善科学管理的需要，激发了国家学术系统中的创新，而其中一个就是科研评价体系。

三、 社会秩序管理中科研评价体系的地位

（一）实施科研评价体系的三种理由

在很多国家，传统的研究资助方式是研究机构获得整笔补助金以用于研究的物资供给，这笔资金根据机构内部需要或者国家的制度来管理。整笔补助金的数额取决于机构需要，这是由国家来估算的，或者由国家与机构协商决定。研究人员可以申请竞争性资助来进一步支撑自己的研究。正如关于瑞典、德国、荷兰与日本的章节所述，这依旧是这些国家大学科研资助的主导方式。但是在很多国家，如今这种传统方式正迅速发生转变。研究机构被要求呈现出绩效而不是需求。这就是它们开始直接或间接地竞争整笔补助金的基础。本书指出这些改变的 3 种原因：第一，二战以来，科学界要求资助的主张十分成功。在短时间内，科学已经成为所有先进工业社会不可

或缺的部分,并且发展迅猛。科学也因此在预算中处于一个重要位置,导致了更细致的政府审查,为研究辩护的压力越来越大。自动催化发展的科学知识生产只有在科学预算大幅增长的情况下才能维持下来,而到 20 世纪 80 年代,这种预算的大幅增长已经不可能了。从那时起,科学进入了一个"稳定状态",实际发展缓慢或停滞(Cozzens 等人,1990),而社会开始认为或许节省科学开支是必需的而且是可能实现的(Whitley,本书第一章)。这种发展使得一般性政策和科学政策面临一个新问题:科学对社会福祉尤为重要,但其内部运作却不为外界所知,那么如何来节省其开支?

第二,与公共预算缩减紧密相关的一项发展是,对科学的信任不再是盲目的,而是基于审查的(Cozzens,本书第十一章)。尽管对科学的信任还是很重要,因为科学行为本质上就是高深知识,但是科学政策会要求科学界说明它应该被信任的理由。要求包括以外界能够明白的方式说明它的绩效以及有效的程序(包括资源的经济利用情况)。

第三,科学不得不忍受公共政策中一个主导政治范式带来的影响,即"新公共管理"观念(Lange,本书第七章;Schimank,2005)。"新公共管理"是如今公共政策和管理中最具影响力的理念结晶,该理念认为市场竞争与市场交换是为任务分配资源的最好方式,也因此是执行任务的最好方式,不管任务的内容是什么,也不管它们是在何种条件中执行的。新公共管理理念必然导致的观念是机构最好像公司一样运作——同样的,不管它们的任务内容是什么,也不管其执行条件如何。

这三方面的问题使得科学政策企图加大控制其资助的研究[①]。采用新管理体制来确保研究质量的最大阻碍是对质量问题的自由放任,而这又恰恰是科学界的典型特点。科学界的分散性决策鼓励各

[①] 第四个趋势是对科学为社会福祉做出贡献的需求不断增加,我在这里不予讨论,因为它是使用科研评价体系以外的治理工具来解决的,例如定向资助。

种形式的产出，然后通过同行评审和出版物来选出高质量的文章。质量的好坏会在之后的知识的使用过程（即"事后"判断）和在与文章产出的无序过程中的使用中确立下来。这种做法与研究的不确定性是一致的，即很难区分边缘研究、全新研究或质量差的研究。这就是为什么允许所有的研究都可以开展，之后再区分出那些有用的研究，这种方法是有效的但效率不高。资源的短缺所造成的结果是，原来的自由放任的做法受到了具有前瞻性的同行评审的制约，而同行评审将资源分配给最好的项目[1]。这项体制在美国被认为是充分的（Cozzens，本书第十一章），但在大学以国家资助为主的国家中就不（或不再）充分了。这些国家的科学决策者认为需要在第二大研究资助即对机构（其中包括大学）的研究资助中引入"问责"和"质量保证"的概念。在这个过程中，科学界对"质量控制"的自由放任态度面临着科学政策所采取的其他社会秩序中有针对性的方法的挑战。

惠特利在他的介绍性章节中区分了弱式科研评价体系和强式科研评价体系，弱式是非公开、不透明且对资助没有或几乎没有影响，强式是透明、公开且对资助有重要影响的。本书中的个案研究还作了进一步的区分。它们论证了公开透明却对资助没有或几乎没有影响的科研评价体系的存在（如：荷兰研究评价的"第三阶段"）。我们也同样观察到，有的评价体系对大学有显著影响，但这种影响是体制结构上的而非财政上的（如：下萨克森州的同行评审体系）。这些科研评价体系不一定是公开的或透明的。鉴于这几个维度会独立变化，似乎需要采用两个维度去分析科研评价体系，即科研评价体系所提供的信息类型与影响的程度（表12.1）。我们对惠特利的基本区分作进一步细分，形成四类科研评价体系。

---

[1] 足够多样的资金来源、同行评审程序和评审员有助于保持一定程度的多元化。柯仁斯对美国多元资助制度的描述与格拉泽和劳德尔对澳大利亚单一制度的描述形成了一个有趣的对比。

表 12.1　科研评价体系的类型（基于它提供的信息类型及其对大学的影响程度）

| | | 对大学的影响程度 | |
		弱	强
所提供的信息类型	所需改进（局部、不透明的信息）	有关研究绩效的信息	介入型科研评价体系 等级体系介入
	相对位置（公开、透明的信息）	对声誉与生源的竞争	竞争型科研评价体系 对资助、声誉及生源的竞争

　　这个表格背后的假设是，根据科研评价体系所产出的信息类型及信息传达方式的不同，产生了两种科研评价体系，而这两种科研评价体系可以是弱的或者强的——本章可以支撑这种假设。首先从竞争型科研评价体系说起，我们必须意识到，如果关于大学研究绩效的公开透明的信息是"可比较的"，那么必然导致竞争局面。互相之间被公开比较的大学会为声誉而互相竞争，因为舆论和学者的雇主选择对大学来说十分重要。由于研究质量的比较也影响着学生的选择，依赖这些选择的大学会在招收学生和研究生方面进行竞争。如果这种比较会影响资助决策，那么学校还会竞争这笔资助，这是对大学的最大影响。这些竞争领域和大学对这些竞争的依赖程度，形成了一系列从弱到强的科研评价体系。

　　有些科研评价体系提供的是完全不同的另一种信息，如关于某所大学研究条件、绩效或潜能的强项和弱项等非常详尽的信息。这种信息的特点是细致深入，这种特点意味着难以进行比较，这些信息只对该大学有意义。因此，这样的信息往往是用于政府和大学间的保密性的沟通当中。由于它包含了大学研究的具体强弱点分析，所以它必定是介入性的。介入的强度取决于它是否伴随着提出改变研究或研究条件的建议以及政府是否会施行这些改变。最弱的介入型科研评价体系只会为大学提供它们的研究绩效信息，而最强的体系包含了对大学科研施行实际的改变。

强式的介入型和竞争型科研评价体系就像是等级体系和市场制的社会秩序。因此，在分析(弱式和强式)介入型评价体系与(弱式和强式)竞争型评价体系的差别的基础上，本书提出的一些实例来讨论和强调这种区分，也是十分有意义的。

（二）介入型科研评价体系

本书中 5 个国家案例研究中分析的大学系统，都是被赋予了有限的自主权。根据前一章节的逻辑，国家对研究绩效的关心已经进入国家与大学的关系事项。这种关心的出现可以追溯到近 40 年前的荷兰，更近的有德国和日本，而在瑞典只是刚开始显现。西班牙是一个特别的例外，因为西班牙对大学研究绩效的关注如今只是作为大学地区化管理的一个部分，而特别的是，西班牙对个人研究绩效的关注却由来已久。

5 个国家中有 4 个拥有介入型科研评价体系，他们通过同行评审或大学自评收集关于研究绩效的信息以改进研究结构。下萨克森州基于同行评审的科研评价体系与德国大学自治权扩大的趋势是相抵的，因为科研评价体系介入了大学的内部事务，这是以前从未出现过的[①]。说来也怪，这种介入同时增强了大学对其教授的领导地位，因为它涉及符合大学利益的评估和决策，而以前这些评估和决策在大学教授抵制的情况下是不可能实现的。德国各州及其各自的大学之间的"绩效合约"也是同样的情况。绩效合约是基于自评和(如：在下萨克森州和北莱茵-威斯特法伦州)来自同行评审的先行评价。它们同样造成了对大学事务的新的介入，尽管如此，这种介入受到了大学

---

① 本章使用"大学"来表示企业型参与者，即正式组织的社会集体，能够就对其成员具有约束力的集体目标做出决定，并利用其联合资源实现这些目标。因为国家授予的自主权以及其学术权威的差异，大学享有的这种"参与者状态"(Weingart and Maasen，本书第四章)程度在各国家学术体系中有明显不同。为了捕捉这种差异，我根据管理在其决策和资源利用中所扮演的角色来描述大学，即根据"等级自治"相对于"学术自治"和"外部等级控制"的强度(Schimank，2005)。

的欢迎,因为它使得难以由内部决策完成的结构性改革合法化。这种悖论出现的原因是德国大学的双重弱点:大学在与国家的关系中自主权极小,在与教授的关系中领导力也很微弱(日本大学也是类似的情况,见本书中内勒所写部分)。

瑞典也引入了类似的但没有那么强的科研评价体系,由国际同行对瑞典所有的研究和教学作出评价,为大学提出建议,但是这种建议措施不是强制的。介入型科研评价体系最弱的形式出现在荷兰科研评价体系的第二个阶段。在大学内部的项目评价首先是一种"事前"评价,对资助有一定影响,然后转为"事后"评价,这对资助没有影响,或者说对国家决策没有其他方面的影响。然而,为大学提供的信息被用于研究绩效的内部管理。这种科研评价体系是一种非常弱的介入型体系,增加了大学作为战略性主体的自主性。一个同样的弱式体系目前也在日本使用,政府主要负责监管研究绩效数据的收集和大学的自评。

科研评价体系最特殊的例子是西班牙。至今为止,西班牙的研究评价是在个体层面上实施的,并且评价体系相当完备。这个体系是透明的,但并不公开。它对学者的资助有微弱的影响,即对他们的应聘资格(通过特许任教资格制度和资格认证)和工资有影响。也可以说它介入了大学研究行为,因为在国家层面上的评价是资格认证与特许任教资格的前提,这反过来影响了大学聘用学者的决策。因此,国家个人评价体系可以说是一种弱式介入型评价体系。它对研究内容和行为以及教学的影响是非常值得关注的,但除了改变发表行为以外(越来越倾向于在国际期刊发表文章,Jiménez-Contreras 等人,2003),目前还未有其他方面影响的调查讨论。克鲁兹·卡斯特罗和桑兹·梅内德斯的章节也报告了一项制度性结构的出现,它能够支持国家和地区对大学科研的评价体系。国家和地方政府建立了很多评价机构,它们原则上包含了研究评价,但目前还未付诸实施。

这就是为什么现在还不能评估针对个体学者的科研评价体系是否具有可持续性。它主要的缺点似乎是，它的激励措施针对个人，而没有针对大的研究团体，而且没有为研究资金分配提供依据。因此，它可能会被新兴的大学科研评价体系和大学在有足够的自主权时所采用的内部绩效管理方案替代。

介入型科研评价体系已经出现或正在出现的原因是国家有责任确保大学具有从事高质量研究的条件。评价体系的强度取决于国家选择在其中扮演怎样的角色。只有强式的介入型科研评价体系需要一双有力的"看得见的手"以完成所需的介入，低层次的大学自主性以及有力的等级管理是该体系运行的条件。弱式的介入型科研评价体系通过提供必要的和可能的研究改进方面的信息，把改革的执行权交给大学。就算是这种信息还伴随着建议措施，这些建议也不是强制性的。弱式的介入性评价体系因此与大学的高度自治能完美兼容。然而，这很可能只是一个过渡阶段，毕竟如果对低质量研究的唯一惩罚只是被私下告知，大学没有理由对它们的研究做任何改变。

（三）竞争型科研评价体系

当大学科研绩效的信息是可公开获取的、透明的而且是可比较的话，大学就会处于一种竞争的状态，因为它们的运转十分依赖于舆论、学生的选择以及政府资助，所有这些都可能受到科研评价信息的影响。德国资助公式的使用（这种公式被设计成零和博弈）、当今荷兰评价体系对大学院系的排名以及日本自 2010 年以来把评价体系用于大学的资助决策依据，这些评价方式均为：对研究资金分配没有影响（荷兰）或影响微弱（德国、日本）的竞争型评价模式。这些评价体系使用同行评审（荷兰）或量化指标（德国、日本）来评价过去的研究绩效。它们最后都会得出可供大学间比较的信息，进而导致大学间的竞争。这些评价体系把改进研究的任务交给大学，政府则保留衡量绩效、为大学提供信息以及激励研究改进的权力,但不再参与大学内部事务的决策。德国政府逐步拒绝直接干预,而是通过公式来控制资助额度;日本开始宣布评价对资助的影响;荷兰重新讨论通过评价体系来协助资助决策,这些做法都意味着弱式的竞争型研究评价模式是向强式竞争型研究评价的过渡阶段。在教授自治的条件下,这种竞争型评价会往越来越强的方向发展(德国),为后续更具影响力的体系奠定基础(日本),或者正处于路径依赖政策过程的一个阶段,在这个阶段中,政府对引入强式评价体系的兴趣及实施这种体系的机会逐渐产生(荷兰)。

还有一些弱式竞争型评价体系,它们并非处于过渡阶段,而是会一直保留下去。魏因加特和马森所分析的国际排名和全国排名不会对资助产生强烈影响。这些排名由各种非国家行为主体(原因不一,其中一些是商业性的)制作,在作为政策制定基础时很容易受到挑战。魏因加特和马森已经说明了为什么大学还是要关注所有排名,并用一种大家会觉得是相当疯狂的方式去回应它们。所有的排名都假装大学的研究是可以比较的,从而形成了竞争的态势。通过提供可以比较研究绩效的抽象信息,排名创造并影响着对声誉、学生和资助的竞争。这就是为什么大学拼命试图控制自己的排位,或者至少掌控着对自己排位的解读。排名由此形成了一个竞争氛围,促进强式竞争型评价体系的实施。

在现有的两个强式竞争型科研评价体系中,略为不知名的澳大利亚体系在本书中也有描述到。它通常被认为是完全不同于英国科研评估框架①,这是更著名的强式竞争型评价体系。澳大利亚的评价

---

① 鉴于英国科研评估框架是最古老且非常强大的科研评价体系,甚至已成为全球政策讨论中科研评价体系的范式案例,对其影响的社会学研究的缺乏是不可思议的。有大量可被称为"利益相关者文献"的文件,如受科学政策委托的报告[例如 McNay, 1997;评价协会有限公司(Evaluation Associate, Ltd),1999;Roberts, 2003]以及一些科学家和专业组织对科　(转下页)

体系用量化指标来衡量大学的绩效，而英国科研评估框架则通过同行评审来评估大学学科。但是，从社会秩序的角度来看，两个体系有明显的相似性。它们最后都会把质量情况量化，把它用于大学资源分配的公式计算当中，这是一场零和博弈，一个大学的收获是其他大学的损失。两个评价体系都是公开且透明的，都造成了大学间的激烈竞争，其激励方式具有市场的特点。

这就提出了一个问题，即竞争型评价体系能否被看作是市场制。由于弱式竞争型评价体系只提供绩效的相对情况信息，认为它创造的一种研究绩效与声誉的交换关系是对"交换"这一隐喻的过度使用了。如果是强式竞争型评价体系，这个问题就更加复杂，因为这些评价体系创造了双边交换关系，把对未来研究绩效的承诺用于交换研究资金，并且评价体系之间会通过相互竞争来获得这种交换的机会。为了确定强式评价体系是否为市场，我们可以参照泰克塞拉（Teixeira 等人，2004:4）所列出的市场的 8 个基本条件。结果是在我们的行为群体中的"供应者"，即大学，没有市场供应者所拥有的所有基本"自由"。尽管两个国家的大学很大程度上是自治的，可以自由使用现有资源，但在其他方面就不那么自由。澳大利亚大学既没有进入市场的自由，也没有指定产品的自由，因为资助公式应用在了所有大学的所有研究。英国的大学有这些自由并战略性地使用它们。但是，两个国家的大学都没有定价自由。

两个国家的政府作为研究的"消费者"也同样受到限制。足够的产品和质量信息由嵌在强式竞争型评价体系中的评价程序所提供。

（接上页）研评估框架对其学科的影响的评论（例如 Harley and Lee, 1997；Beecham, 1998）。一些作者试图通过将其产出与文献计量评估进行比较来评估科研评估框架的有效性（Oppenheim, 1997；Adams, 2002）。（Henkel, 2000；Morris; 2000）就研究执行的变化做了一些评论。（Lucas, 2006）最近的研究描述了大学各个层面（包括学者个体）的适应性行为，但排除了研究执行和内容的变化。因此，在科研评估框架存在 20 年后，它对科学知识生产的影响的比较社会学调查仍然缺失。

竞争对这些信息的依赖解释了各种排名(Weingart and Maasen,本书第四章)和研究绩效的量化评价(Gläser and Laudel,本书第五章)的爆炸式增长。但即使我们假设"消费者"拥有充分的质量信息,其选择供应者和产品的自由是有限的。它们在设计评价和资源分配程序时使用这些权利,但受到这些程序结果的约束。此外,政府既没有足够的价格信息,也不会直接支付覆盖成本的价格。

这些对"供应者"和"消费者"的约束所导致的结果是,大学所获得的资助与其研究成本没有任何关系,也不能就资助额(或者它们承担的研究)进行协商。强式竞争型评价体系促使大学很积极地去争夺政府分配在大学科研方面的资金。虽然研究绩效是这场竞争的主要标准,但基础研究的成本却无关紧要。

强式竞争型评价体系中供应者和消费者有限的自由表明这个体系只是准市场,即行为者群体中的服务提供者争夺政府资助(Le Grand and Bartlett, 1993;Barr, 1998;Dill 等人,,2004)。但尽管我们拒绝使用"市场"这一概念来描述现有的强式竞争型评价体系,市场社会秩序为分析这些体系提供了有用的工具,因为它们都遵循相似的经济逻辑(同上:331)。强式科研评价体系使用市场原理,根据绩效好坏来分配资金。我们可以通过思考市场失灵的一些原因是否也会导致准市场的失灵,以此来评估这项分配机制的影响,这意味着我们需要从弱式和强式竞争型评价体系中寻找这些因素。

（四）大学的回应

所有的科研评价体系的共同点是,它们改变了大学对研究的态度。只要国家疏于管理,大学就能让学者自行决定研究和研究质量的问题。但科研评价体系改变了这种情况,它发出信号,提醒人们研究绩效是会受到观察的,而且这些观察可能会引发一些行动。为了控制它们的环境,大学不仅需要获得对评价的解释权——如魏因加特和马森在本书所描述的那样,还要取得对它们的研究的控制。

由于控制了自己的研究，大学就会变成调节评价体系对科学知识生产影响的最重要的交界面。大学主要通过组织和资助本校的研究，塑造研究开展的直接环境和条件。大学为科学家们提供的研究机会，已渐渐受到大学对评价体系的认识及回应的影响。（大学会认为，译者加）需要采纳关于体系结构改进的建议，必须采取措施提高排名。

相较于科研评价体系的制度化和机制，对大学如何回应评价体系的研究还比较不充分。但是，一些关于英国评价体系的研究（Harley and Lee，1997；McNay，1997；Henkel，2000；Morris，2002）、荷兰大学对"第二阶段"评价方式的回应的研究（Westerheijden，1997），到关于德国新兴的科研评价体系（Schiene and Schimank；Lange，详见本书第七章）和澳大利亚的评价体系的研究（Gläser and Laudel，详见本书第五章）显示出大学对大相径庭的评价体系回应的相似性。尽管不同的国家有不同的评价单位（大学或大学中的学科）、评价方式（同行评审或量化指标）、资助相关度（无关或关系紧密），大学采取的改进研究的措施只有几种，即：

（1）大学内部采用同样的资助公式；

（2）管理上加大对科研的支持，特别是在申请外部资金方面；

（3）改变人员聘请策略（加大对科研的重视，偏好有良好研究资历的学者而不是新手研究人员，"挖走"知名学者）[①]；

（4）内部结构重组，重视"重要团队"和跨学科合作；

（5）通过基于量化指标的绩效管理增加研究人员的压力。

这些措施并不是以上所说的所有大学都会采用。例如，德国大学很少有机会聘请和解雇它们的研究人员。如果我们把这些国家的具体情况都考虑在内，会更加明显地看到，大学可以选择的内部策略

---

① 人员聘请策略的变化并没有呈现连贯性趋势，因为变化依赖于大学的自主权和战略，并且会被支持新手研究人员的中央资助项目部分抵消。

相当少。特别地,不管是对介入型还是竞争型评价体系,大学的回应似乎相差不大;对强式和弱式评价体系的回应的差别也不大。

大学对评价体系的回应的有限方式和具体内容可以从这个角度来解释:科研评价体系迫使大学改进它们的一部分工作程序,而这些程序不是它们能完全控制的。任务的制定、行为质量标准的制定以及将贡献纳入共同产品的过程都发生在科学界当中,这些形成了研究工作的主要背景(见上文)。尽管大学能够设置教学任务,像其他专业机构一样控制产出,但是,研究人员在自己的科学社群中制定任务和形成评价结果等行为,大大限制了大学对科研的控制。因此,它们只能试图在机构的子单位和个人层面建造一个"成功的黑盒子"。这涉及到自上而下的决策,这种决策不一定会有像前文所述的基于同行评审的介入型评价体系一样来自同行的评审①。

要提高个人的绩效,需要常规化实施研究绩效测量,这一般通过同行评审实现,并通过量化指标来测量(Gläser and Laudel,详见本书第五章关于文献测量法的文章)。在信息不足的情况下,单位和个人一般采用集中式组织决策的方式,为等级体系的失灵创造机会。

四、 等级体系和竞争与科学界的互动关系

(一) 科研评价体系的成功与可能的失灵

前一节概述了本书其他章节如何描述科研评价体系在国家等级、竞争性社群(包括准市场)以及机构(大学)中的位置。科研评价体系通过增强等级制元素或竞争性元素,或者两者兼有,来改变管理

---

① 这些决策对研究质量的影响不一定是负面的。对跨学科研究合作资助项目的深入研究(Laudel,1999;Laudel and Valerius,2001)已表明"机构主动性"可以引发新合作,这些合作涉及不会自然产生的新的知识组合。通过启动不会在"正常"研究过程中自然产生的知识组合,"贿赂"甚至"强制"合作可能会产生以其他方式不会出现的跨学科研究新线形式的科学创新。

的社会秩序。由于评价体系影响研究行为，它们也同样影响科学社群的社会秩序。具体来说，它们将特定的等级和竞争投射到科学社群中，以弥补科学社群对质量的相对忽视。

科研评价体系在多大程度上提高国家大学系统的研究质量？这很难评估。这个问题只能够针对实施时间已久的科研评价体系进行提问，如英国和澳大利亚的评价体系。文献计量法分析确实显示了英国相较于其他国家研究质量的提升。不幸的是，把这种提升归功于科研评价体系犯了"后此谬误"（*post hoc ergo propter hoc* fallacy）。英国既不是唯一提高其相对绩效的国家（没有科研评价体系的国家同样提高了），评价体系也不是影响相对绩效的唯一因素。例如，一些比较研究显示，与科研评价体系相比，大学科研的资金投入的绝对数额是一个更强的研究绩效预测因子（详见如 Liefner，2003；Lange，2005）。如果我们顺着这个逻辑思考，那么科研评价体系可能还是绩效提高的原因，因为它使资金增长合法化。但是，这个因果链会跟科研评价体系的拥护者所声称的完全不同。

尽管评价体系是否能大幅提高研究绩效依然存疑，但评论员都同意科研评价体系这一新的准市场和等级体系通过扩大具有重要影响力的质量评估领域范围，使科学领域在整体上更加关心质量问题。要么通过介入大学内部的科研管理，要么通过引发大学间的竞争，科研评价体系在已往研究的质量与继续该研究的机会之间建立了一个额外的反馈渠道。在科研评价体系内的大学需要给予它们的研究足够的关注。

这些无疑都是科研评价体系的积极效应。然而，也有很多关于评价体系的抱怨，称评价体系会为其消极的副作用付出代价。与积极效应一样，关于消极影响的证据也不是确凿的。对其批评的实证基础依然是很弱的，且大部分是传闻性的（Gläser 等人，2002）。尽管对消极影响有诸多担忧，这些消极影响依然是有关"科研评价体系"的研究中最少的方面。由于除了受到评价体系波及的研究人员和管理者的种种观点之外没有更多的证据，所以我会运用介入型和竞争性评价体系的区分来进行更加系统的讨论，可能会有助于发现科研评价体系可能存在的副作用。

两种科研评价体系都依赖于研究绩效测量方法的有效性。资源分配以及结构化改革的实行取决于对研究绩效的判定信息。评价体系的这种特点绝不是不足为道的。例如，在澳大利亚，人们反复指出评价指标（尤其是发表的数量和研究生的数量）衡量的是数量而不是质量，暗示质量没有得到应有的奖励（如：Butler，2002）。相较于普遍使用的简化的量化测量方法，评估范围更广的同行评审所受到的质疑更少一些。测评范围广泛的同行评审——在下萨克森州还与实地考察相结合——被认为是最好的研究绩效评估方式。但是，关于同行评审的文献指出，即使是这个"最好的评估方式"也很容易出错，进而可能会造成信息问题。同行的判断往往对高风险、非主流性及跨学科的研究有偏见（详见如 Chubin and Hackett，1990；Horrobin，1996；Berezin，1998），这意味着，这种研究的质量可能会遭到系统性误判，这种误判既存在于依靠同行评审的等级体系中，也存在于用同行评审来评估研究质量的准市场中。

由于科研评价体系可被看作是等级体系或者市场，我们可以从"市场失灵"和"等级体系失灵"两个角度来讨论科研评价体系的可能缺陷。大量经济类文献分析市场和政府等级体系的失灵将问题简化为资源配置的效率低下[①]。由于本文从社会学角度出发关注与这些

[①] "市场失灵"和"政府失灵"是指这些参与者未能实现静态效率，或者更准确地说是帕雷托有效资源配置。帕累托效率（Pareto-efficiency）被定义为一种"不可能让任何人变得更好……而不让其他人变得更糟"的状态（Bator 1958：351）。有关市场失灵的讨论，请参阅（Cowen，1988）编辑的经典文本，和在他的书中奇怪缺失但（Arrow，1962）编辑的重要文本。更近期的关于市场失灵的讨论可以在（Boadway and Wildasin，1984：55-82）和（Stiglitz，2000：76-92）中找到。（Le Grand，1991）讨论了政府失灵。（Wolf 1988）（Levacic，1991）（Lipsey and Chrystal，1999：285-332）提供了市场失灵和政府失灵的概述。

失灵有关的社会影响，我们对竞争型科研评价体系可能出现的"市场失灵"与介入型科研评价体系可能出现的"等级体系失灵"的讨论可以限定于以下几个问题。

准市场科研评价体系的"竞争失灵"

关于竞争和准市场的问题，我们首先需要考虑这样一个论断：市场对科研本身是有害的。科仁斯的章节很好地反驳了这一观点，文章表明，研究提案市场可以很好地发挥作用——如果存在各种各样的重叠市场，如果有足够的资金供其分配的话（另见 Geiger，2004）。内勒对日本的描述也表明了这一点，在日本，随着科学创新的机会增多，"事前"评价发展起来。一个反面例子是澳大利亚的外部资助，数量庞大的学者只能在资金盘子较少的唯一一个市场中投标竞争。就是在这些条件下，研究提案市场维系了科学界的等级体系，就像基于同行评审的科研评价体系维系科学界的等级体系一样。通过集中地评价全国的外部资助的研究，科学精英能够有效的对研究进行控制。

说明了准市场能够解决一些研究资金的分配问题之后，我们现在需要寻找导致"市场失灵"的可能原因，或者在准市场的情况下，寻找导致"竞争失灵"的原因。我们对"失灵"这个词作的调整已经可以表明，并不是所有市场失灵的可能动因都适用于竞争型科研评价体系[①]。在这里我们需要关心"竞争失灵"的两个可能原因分别是负外部性和公共产品。负外部性指的是发生在市场之外的交易造成的影响，即不会被交易方潜移默化的影响。[②] "公共产品"指的是具有非竞

---

① 我们可以排除由于信息不对称造成的分配不当，因为建立"产品质量"的评估是由"买方"（政府）联合大学（"卖方"）执行的。我们也可以排除垄断权力决定价格，因为"价格"并不反映成本而是由政府决定，这当然可以被认为是国家对垄断权力的使用，因此是导致竞争性科研评价体系"市场失灵"的最普遍原因。

② 最近流行的一个例子是"气候变化"（全球变暖），它被称为"有史以来最严重、范围最广的市场失灵"[Stern 2006，概要（Executive Summary）:1]。经济发展导致温室气体排放，其（现在被认识到的）巨额成本并未包含在商品价格中。

争性(一些人对它的消费不影响其他人对它的消费)和非排他性(要将一些人排斥在消费过程之外是不可能的或代价太高)的产品。一个经典的被广为讨论的公共产品的例子是学术性科学知识(Arrow, 1962；Dasgupta and David, 1994；Callon, 1994；David 等人,1999)。

两个强式竞争型科研评价体系(在英国和澳大利亚)的制定以及机构对这些体系的回应表明,虽然角度有细微差别,但至少有两个趋势既符合对负外部性的描述,又符合公共产品供应不足的描述。第一个趋势是研究多样性的丢失。研究多样性——即对某个问题的研究方法的多样性——是科学领域的一个特点,涉及到每一个参与竞争的大学。与生态学中的生物多样性相似(如 Purvis and Hector, 2000:216‐217),多样性被认为能够促进科学的稳定和发展,因为不同的研究方法产生互动,或者因为多样性越高,其中一个研究方法高度有效的可能性更大。竞争型科研评价体系鼓励大学偏好主流方法,而很少考虑其他方法,因而造成了多样性的丧失。当竞争型科研评价体系的评价程序把评估单位确立为极小规模的时候,会产生最大强度的激励。英国的科研评价体系就是这种情况,对个体学者的发表评估合并为部门的等级;澳大利亚的小规模评价体系也是一样,研究团体至少由 5 名学者组成(DEST, 2006:16)。当需要"提交"这些连贯一致的学者团体进行评估和资助时,大学面临着建立这些团体的压力。一般地,任何竞争环境都会促使大学创建"关键群体"以争取"竞争优势"(兰格、希恩和席曼克以及格拉泽和劳德尔提出)。

要创建连贯性研究单位,要么从一个领域中直接找到,要么通过联合来自不同领域的研究者来新建。由于主流研究领域更可能找到符合需要的关键群体成员,而且不是所有领域都同样容易合并,所以,创建小型连贯性研究单位的程序一定是选择性的,往往会把非主流与"不协调的"小领域或领域中的研究方法挤出去。德国的"奇异的"小学科已经出现了这种趋势①。由于这些学科不能形成"关键群体"，那么，它们就有被所有大学取缔的危险，因为大学需要"声誉建设"以及"创建关键群体"。这可能会导致这些领域在国家层面的弱化甚至消失。德国大学校长会议最近谈到了这种危险：

> 面对公共资金的日益稀缺和为大型跨学科群组创建关键性团体的需要，大学不得不确定一些事项的优先顺序和后续事宜，而这些优先事项势必会影响小学科发展。由于优先次序的设立是大学建立声誉过程的一部分，这些过程往往并行并超越区域范畴，所以对全国范围内的小学科都会构成威胁。
>
> （HRK，2007：4，作者译）

大学偏好主流的另一个原因是，它们需要在不能评估研究本身的情况下获得更多正面评价。在这种条件下，大学很可能会支持与所谓的"好研究"一致的研究方法，而导致其他研究方法不受重视。

这些机制可能会造成多样性的减少，惠特利在介绍性章节中提出，多样性的减少是强式科研评价体系的可能影响。前文指出了弱式的竞争型科研评价体系可能也会导致多样性减少，因为只要大学对竞争情况作出统一反应，这些机制就会运作起来②。

知识生产受到竞争环境影响的第二个因素是科学职业的稳定性。英国大学的猎头做法、澳大利亚大学通过物色人才并挖走、雇用有良好研究记录的学者等做法，都表明了所有大学都试图从成功的学者身上获利，却很少去培养成功的研究者。对人才外流和青年学者需要更多时间才能成功的政治担忧表明，未来的学术职业模式可能会发生改变（Roberts，2002；Bazeley，2003；Åkerlind，2005；Laudel，2005；Laudel and Gläser，2007）。

---

① 很感谢邹·席曼克提醒我注意这一点。
② 斯恩和席曼克在本书第八章的贡献表明，当制定建议的科学精英一致赞成创建"关键性群体"时，即使是非竞争性（即介入型）科研评价体系也可能触发这些机制。

根据所应用的观点,研究多样性的丧失与学术生涯的不稳定性,均符合负外部性和公共利益问题。如果我们把竞争性科研评价体系视为一个包含政府和大学等主体的行为群体,各大学间的两种准市场竞争的结果都是负外部性,因为它们影响了科学共同体及其成员,即不参与准市场交易的行为主体。如果我们把科学共同体视为生产公共产品的行为群体,这种公共产品不仅包括知识,还包括知识生产的结构性先决条件和多样性,那么对多样性和研究生涯的威胁似乎是强加的准市场无法生产这些公共产品的结果,因为它们不能通过把资源分配给表现最出色的人员就直接被生产出来了。

（二）介入型科研评价体系的"等级体系失灵"

等级体系的失灵（即政府干预的资源配置的效率低下）出现的原因是目标的互相矛盾或者信息问题(Lipsey and Chrystal,1999:328 - 329)。"目标的互相矛盾"指的是评价和介入可能受到与提高研究质量无关的目标的影响,所有的这些情况都属于目标的互相矛盾。例如,一项干预政策可能是为了加强政府认为具有政治重要性的领域的研究。介入型科研评价体系很容易出现这种失灵。其中一个例子是下萨克森州政府,它企图在评价报告上交之前,背离报告的建议,关闭一个社会学部门(Rehberg,2003)。科研评价体系的等级体系失灵本质上就是变幻无常的,且是难以合理化的,因为它与同行评审的建议相违背。这种失灵不太可能会对研究造成系统性的扭曲,至少就它出现在介入型科研评价体系中的时候而言。

信息不足也可能造成等级体系失灵,因为中央决策者可能没有所有局部具体情况的必要信息(Hayek,1945),或者是因为中央决策者在应对资源配置条件改变时不够灵活(Lipsey and Chrystal,1999:328)。如果国家不能确切地了解大学的研究绩效,在信息不足时进行决策的情况可能就会出现（见上文）。这种信息问题以及随之产生的等级体系失灵在机构内部更有可能发生,因为这些机构在日常决策中很难实施范围足够广的绩效评估，因此就需要依赖一些非同行的意见，或者依靠十分简化的量化评估。更为常用的是后一种方法，即量化评估，进而使不同领域具有可比性，但这种做法牺牲了可靠度，也失去了关于背景（工作条件）或潜能的信息。因此，大学或多或少地被迫依靠不充分的信息进行研究决策。

　　尽管同行评审不会导致国家与大学关系中的等级体系失灵，但它在科学界这个没有过等级的地方创造了一个控制等级。科学界有着明显的分层特征（Cole and Cole，1973），而且一直有非正式的等级，在这个等级中，精英成员是项目、职位和文章发表的守门人。然而，这个"普通"成员和精英成员之间的关系是多元的，因为几乎没有出现过一个学术和社会地位稳固的精英群体控制学界中所有研究的情况。但是，把精英纳入到科研评价体系就有可能改变这个局面。通过进入科研评价体系，精英们第一次能够对比评价全国学界中所有研究，并且影响着财政补助。斯恩和席曼克从他们对下萨克森州的同行评审程序分析中总结得出，这种评议方式赋予了精英们权力，限制了学界其他成员的自主权。它产生的对学界研究质量及研究条件更为系统的评价方法，对资助研究的人是有利的，因为资助决策可以受到指导并且合理化。它对那些符合现行质量标准观点的人也是有利的，这些人当中包括创造了这些定义的精英。同时，精英的聚集使得科学界成员更难以挑战处于主导性地位的观念（因为是精英或多数人的观念，所以是主导的）。在我对科学界生产模式的讨论中已经指出，对同一个问题可以同时从一系列不同的角度去阐释，这是共同生产方式的优点之一。正如惠特利在本书介绍中指出的那样，具有评估和分配权力的精英一出现，就有可能减少这种多样性。尽管基于同行评审的科研评价体系不会在国家与大学的关系层面上出现等级体系失灵，因为同行会在这个过程中会寻求恰当的信息；但它们有可能会引发科学界的等级体系失灵，因为一个控制等级投射到了科学界,而科学界原本存在的是一个更弱的和不连贯的等级体系。

与竞争型科研评价体系的准市场相似,介入型科研评价体系把它们的社会制度投射到科学界,进而改变了知识生产的条件。与竞争型科研评价体系类似,所投射的关系对科学界来说不是完全陌生的。竞争和等级都是科学界的固有部分,而科研评价体系社会制度的投射会强化这些关系,因而限制了科学界以无序的过程作为手段来弥补市场和等级体系的失灵。

五、 对未来研究的展望

我们在讨论科研评价体系在用于管理科学的社会秩序中的作用时,指出了一些管理制度和实践与科学知识生产相联系的方式。这些联系体现在两个层面。微观层面,学者对资助环境和大学的绩效管理措施作出回应。他们试图在这些信号间寻求平衡,努力找到一条硕果累累且可控的"研究生涯轨迹"(Chubin and Connolly,1982)。宏观层面,个体回应的叠加影响、科研评价体系中等级体系失灵和市场失灵以及这些失灵对科学界的投射,改变着科学界的社会结构和进程。微观与宏观层面的改变一同导致的结果是,科学知识在不同的条件下生产,所生产出的知识很有可能也会不同。

除了美国这一特殊的例子以外,很多高度发达的国家目前都在促进大学系统的科研评价体系制度化。科研评价体系有可能跟拨款提案的事前同行评审一样,成为普遍存在的知识生产背景。研究人员能够做的事情以及他们能怎样做,将会取决于那两个体系。这种新兴的情况对知识生产的行为和内容的影响难以预料。对它们的研究需要比较不同的国家和领域,也需要关注个体行为者的知识建构以及在科研评价体系与个体关系中起调和作用的行为条件。这不仅是把建构主义分析与制度分析联系在一起的机会,能够促进解决这

个联系所带来的理论与方法论难题,这也是展示我们能够认识到政
治在科学知识的社会建构中的作用的机会。

参考文献

Adams, J. (2002), 'Research Assessment in the UK', Science, 296,
　805 - 805.
Åkerlind, Gerlese S. (2005), 'Postdoctoral Researchers: Roles, Functions
　and Career Prospects, and Development', Higher Education Research &
　Development, 24,21 - 40.
Arrow, Kenneth J. (1962), 'Economic Welfare and the Allocation of
　Resources for Invention', in National Bureau of Economic Research
　(ed.), The Rate and Direction of Investment Activity: Economic and
　Social Factors, Princeton: Princeton University Press, pp. 609 - 625.
Barley, Stephen R. and Gideon Kunda (2001), 'Bringing Work Back In',
　Organization Science, 12,76 - 95.
Barr, Nicholas (1998), The Economics of the Welfare State, London:
　Weidenfeld and Nicholson.
Bator, Francis M. (1958), 'The Anatomy of Market Failure', Quarterly
　Journal of Economics, 72,351 - 379.
Bazeley, Pat (2003), 'Defining 'Early Career' in Research', Higher
　Education, 45,257 - 279.
Beecham, Linda (1998), 'Medical Academics Criticise Research Assessment
　Exercise', British Medical Journal, 316,481.
Benkler, Yochai (2002), 'Coase's Penguin, or, Linux and The Nature of
　the Firm', Yale Law Journal, 112,369 - 446.
Berezin, Alexander (1998), 'The Perils of Centralized Research Funding
　Systems', Knowledge, Technology & Policy, 11,5 - 26.
Boadaway, Robin W. and David E. Wildasin (1984), Public Sector
　Economics, Boston: Little, Brown & Co.
Butler, Linda (2002), 'A list of published papers is no measure of value-The
　present system rewards quantity, not quality-but hasty changes could be as
　bad', Nature, 419,877.
Callon, Michel (1994), 'Is Science a Public Good? Fifth Mullins Lecture,

Virginia Polytechnic Institute, 23 March 1993', Science, Technology &. Human Values, 19,395 – 424.

Chubin, Daryl E. and Terence Connolly (1982), 'Research Trails and Science Policies', in Norbert Elias, Herminio Martins and Richard Whitley (eds.), Scientific Establishments and Hierarchies. Dordrecht: Reidel, 293 – 311.

Chubin, Daryl E. and Edward J. Hackett (1990), Peerless Science: Peer Review and U. S. Science Policy, Albany, N. Y.: State University of New York Press.

Clark, Burton R. (1983), The Higher Education System: Academic Organization in Cross-National Perspective, Berkeley: University Of California Press.

Cole, Jonathan R. and Stephen Cole (1973), Social Stratification in Science, Chicago: The University of Chicago Press.

Cowen, Tyler (ed.) (1988), The Theory of Market Failure: A Critical Examination, Fairfax: George Maseon University Press.

Cozzens, Susan E. , Peter Healey, Arie Rip and John Ziman (eds.) (1990), The Research System in Transition, Dordrecht: Kluwer.

Dasgupta, Partha and Paul A. David (1994), 'Toward a New Economics of Science', Research Policy, 23,487 – 521.

David, Paul A. , Dominique Foray and Edward Steinmueller (1999), 'The Research Network and the New Economics of Science: from Metaphors to Organizational Behaviors', in Alfonso Gambardella and Franco Malerba (eds.), The Organization of Economic Innovation in Europe, Cambridge: Cambridge University Press, pp. 303 – 342.

DEST [Department of Education, Science and Training] (2006), Research Quality Framework: Assessing the Quality and Impact of Research in Australia-The Recommended RQF, Canberra: DEST.

Dill, David, Pedro Teixeira, Ben Jongbloed and Alberto Amaral (2004), 'Conclusion', in Pedro Teixeira, Ben Jongbloed, David Dill and Alberto Amaral (eds.), Markets in Higher Education: Rhetoric or Reality, Dordrecht: Kluwer, pp. 327 – 352.

Enders, Jürgen (2002), 'Governing the Academic Commons: About Blurring Boundaries, Blistering Organisations, and Growing Demands', in University of Twente (ed.), The CHEPS Inaugurals 2002, Enschede: University of Twente, pp. 69 – 105.

Evaluation Associates Ltd (1999), Interdisciplinary Research and the Research Assessment Exercise. A Report for the UK Higher Education Funding Bodies, http://admin. hero. ac. uk/rae/niss/1 _ 99. doc (accessed 31 May 2007).

Geiger, Roger L. (2004), 'Market Coordination of Higher Education: The United States', in Pedro Teixeira, Ben Jongbloed, David Dill and Alberto Amaral (eds.), Markets in Higher Education: Rhetoric or Reality, Dordrecht: Kluwer, pp. 161 - 183.

Gläser, Jochen (2006), Wissenschaftliche Produktionsgemeinschaften. Die soziale Ordnung der For schung, Frankfurt am Main: Campus.

Gläser, Jochen (2007), 'The Social Order of Open Source Software Production', in Kirk St. Amant and Brian Still (eds.), Handbook of Research on Open Source Software: Technological, Economic, and Social Perspectives, Hershey, PA: Idea Group Inc. (forthcoming).

Gläser, Jochen, Grit Laudel, Sybille Hinze and Linda Butler (2002), Impact of Evaluation-based Funding on the Production of Scientific Knowledge: What to Worry About, and How to Find out, http://repp. anu. edu. au/expertise-glae-lau-hin-but. pdf.

Harley, Sandra and Frederic S. Lee (1997), 'Research Selectivity, Managerialism, and the Academic Labor Process: The Future of Nonmainstream Economics in U. K. Universities', Human Relations, 50, 1427 - 1460.

Hayek, F. A. (1945), 'The Use of Knowledge in Society', The American Economic Review, 35,519 - 530.

Hayek, Frederick (1991), 'Spontaneous ('Grown') Order and Organized ('Made') Order', in Grahame Thompson, Jennifer Frances, Rosalind Levačić and Jeremy Mitchell (eds.), Markets, Hierarchies and Networks. The Coordination of Social Life, London: SAGE, pp. 293 - 301.

Henkel, Mary (2000), Academic Identities and Policy Change in Higher Education, London: Jessica Kingsley.

Horrobin, David F. (1996), 'Peer Review of Grant Applications: A Harbinger for Mediocrity in Clinical Research?', Lancet, 348, 1293 - 1295.

HRK [Hochschulrektorenkonferenz] (2007), Die Zukunft der Kleinen Fächer: Potenziale-Herausforderungen-Perspektiven, Bonn: HRK.

Jiménez-Contreras, Evaristo, Félix De Moya Anegón and Emilio Delgado

López-Cózar (2003), The Evolution of Research Activity in Spain-The Impact of the National Commission for the Evaluation of Research Activity (CNEAI)', Research Policy, 32,123 - 142.

Knorr-Cetina, Karin (1995), 'How Superorganisms Change: Consensus Formation and the Social Ontology of High-Energy Physics Experiments', Social Studies of Science, 25,119 - 147.

Lange, Stefan (2005), Hochschul-Governance im Wandel. Neuere Beiträge der vergleichenden Hochschulforschung', Soziologische Revue, 27,309 - 321.

Laudel, Grit (1999), Interdisziplinäre Forschungskooperation: Erfolgs-bedingungen der Institution 'Sonderforschungsbereich', Berlin: Edition Sigma.

Laudel, Grit (2005), 'Migration Currents among the Scientific Elite', Minerva, 43,377 - 395.

Laudel, Grit and Jochen Gläser (2007), 'From apprentice to colleague: The metamorphosis of Early Career Researchers', Higher Education (in press).

Laudel, Grit and Gabriele Valerius (2001), Innovationskollegs als Korrekturinstitutionen' im Institutionentransfer? Abschlussbericht zum DFG-Projekt Innovationskollegs als Instrument der Umgestaltung der unviversitären Forschung im ostdeutschen Transformationsprozess-Akteure, Strukturen und Effekte', FIT Arbeitsberichte, Frankfurt (Oder): Europa-Universität Frankfurt, Frankfurter Institut für Transformationsforschung

Le Grand, Julian, (1991), 'The Theory of Government Failure', British Journal of Political Science, 21,423 - 442.

Le Grand, Julian and Will Bartlett (eds.) (1993), Quasi-Markets and Social Policy, Houndmills: Macmillan Press.

Levacic, Rosalind (1991), 'Markets and Government: An Overview', in Grahame Thompson, Jennifer Frances, Rosalind Levacic and Jeremy Mitchell (eds), Markets, Hierarchies and Networks. The Coordination of Social Life, London: SAGE, pp. 35 - 47.

Liefner, Ingo (2003), 'Funding, resource allocation, and performance in higher education systems', Higher Education, 46,469 - 489.

Lipsey, Richard G. and K. Alec Chrystal (1999), Principles of Economics, Oxford: Oxford University Press.

Lucas, Lisa (2006), The Research Game in Academic Life, Maidenhead:
The Society for Research in Higher Education and Open University Press.

McNay, Ian (1997), The Impact of the 1992 Research Assessment Exercise
on Individual and Institutional Behaviour in English Higher Education:
Summary Report and Commentary, Anglia Polytechnic University.

Morris, Norma (2000), 'Science Policy in Action: Policy and the
Researcher', Minerva, 38,425 – 451.

Morris, Norma (2002), 'The Developing Role of Departments', Research
Policy, 31,817 – 833.

Oppenheim, Charles (1997), 'The Correlation Between Citation Counts and
the 1992 Research Assessment Exercise Ratings for British Research in
Genetics, Anatomy and Archaelogy', Journal of Documentation, 53,477 –
487.

Perrow, Charles (2002), Organizing America. Wealth, Power, and the
Origins of Corporate Capitalism, Princeton: Princeton University Press.

Purvis, Andy and Andy Hector (2000), Getting the Measure of
Biodiversity, Nature, 405,212 – 219.

Rehberg, Karl-Siegbert (2003), Brief an den niedersächsischen Minister für
Wissenschaft und Kultur vom 13. Oktober 2003, Dresden, http://www.
soziologie. de/dokumente/stellung_ hannover. pdf (accessed 19 February
2007).

Roberts, Sir Gareth (2002), Set for Success: The Supply of People with
Science, Technology, Engineering and Mathematics Skills, London: HM
Treasury.

Roberts, Sir Gareth (2003), Review of Research Assessment, London:
Higher Education Funding Council for England, http://www. ra-review.
ac. uk/reports/roberts. asp.

Schimank, Uwe (2005), ''New Public Management' and the Academic
Profession: Reflections on the German Situation ', Minerva, 43,
361 – 376.

Stern, Nicholas (2006), The Economics of Climate Change, http://www.
hm-treasury. gov. uk. /independent_ reviews/stern_ review_ economics_
climate_change/stern_review_report. cfm (accessed 31 May 2007).

Stiglitz, Joseph E. (2000), Economics of the Public Sector, New York and
London: W W Norton &. Company.

Teixeira, Pedro, Ben Jongbloed, Alberto Amaral and David Dill (2004),

'Introduction', in Pedro Teixeira, Ben Jongbloed, David Dill and Alberto Amaral (eds.), Markets in Higher Education: Rhetoric or Reality, Dordrecht: Kluwer, pp. 1 - 12.

Westerheijden, Don F. (1997), 'A Solid Base for Decisions: Use of VSNU Research Evaluations in Dutch Universities', Higher Education, 33,397 - 413.

Whitley, Richard (2000[1984]), The Intellectual and Social Organization of the Sciences, New York: Oxford University Press.

Whitley, Richard (2003), ' Competition and Pluralism in the Public Sciences: The Impact of Institutional Frameworks on the Organisation of Academic Science', Research Policy, 32,1015 - 1029.

Wolf, Charles (1988), Markets or Governments: Choosing between Imperfect Alternatives, Cambridge, MA: The MIT Press.

贡献者
LIST OF CONTRIBUTORS

Cozzens, Susan, Professor Dr. , Technology Policy and Assessment Center, School of Public Policy, Georgia Institute of Technology, Atlanta, GA 30332 - 0345, USA.

Cruz-Castro, Laura, Dr. , Instititue of Public Goods and Policies, Consejo Superior de Investigaciones Cientificas (CSIC), Albasanz, 26 - 28 3D14, E - 28037 Madrid, Spain.

Engwall, Lars, Professor Dr. , Department of Business Studies, Uppsala University, Box 513,75120 Uppsala, Sweden.

Gläser, Jochen, Dr. , Research School of Social Sciences, The Australian National University, Canberra ACT 0200, Australia.

Kneller, Robert, Professor Dr. , University of Tokyo, RCAST, 4 - 6 - 1, Komaba, Meguro-ku, Tokyo 153 - 8904, Japan.

Lange, Stefan, Dr. , Stiftungslehrstuhl Wissenschaftsmanagement, Deutsche Hochschule für Verwaltungswissenschaften Speyer, Postfach 1409, D - 67324 Speyer, Germany.

Laudel, Grit, Dr. , Research School of Social Sciences, The Australian National University, Canberra ACT 0200, Australia.

Maasen, Sabine, Professor Dr. , Programm für Wissenschaftsforschung, Universität Basel, Missionsstrasse 21, CH - 4003 Basel, Switzerland.

Nybom, Thorsten, Professor Dr. , Department of Humanities, Örebro University, SE - 70182 Örebro, Sweden.

Sanz-Menendez, Luis, Professor Dr. , Institute of Public Goods and Policies, Consejo Superior de Investigaciones Cientificas (CSIC), Albasanz, 26 - 28 3D13, E - 28037 Madrid, Spain. Van der Meulen, Barend, Professor Dr. , MB-STeHPS, University of Twente,

Schiene, Christof, Dipl. -Soz. , Referat 21: Hochschulentwicklung und - controlling, Niedersächsisches Ministerium für Wissenschaft und Kultur, Leibnizufer 9, D - 30169 Hannover, Germany.

Schimank, Uwe, Professor Dr. , Institut für Soziologie, FernUniversität in Hagen, D - 58084 Hagen, Germany.

Weingart, Peter, Professor Dr. , Institut für Wissenschafts- und Technikforschung, Universität Bielefeld, Postfach 100 131, D - 33501

Bielefeld，Germany.

Whitley，Richard，Professor Dr.，Manchester Business School，University of Manchester，Booth Street West，GB-Manchester M15 6PB，UK. xiii